seja um CHANGEmaker

ALEX BUDAK

seja um CHANGEmaker

UM GUIA ATIVO &
INCLUSIVO PARA LIDERAR
MUDANÇAS POSITIVAS
EM QUALQUER NÍVEL

ALTA BOOKS
GRUPO EDITORIAL
Rio de Janeiro, 2024

Seja um Changemaker

ISBN: 978-85-508-2360-7

Impresso no Brasil — 1ª Edição, 2024 —

Edição revisada conforme o Acordo Ortográfico da Língua Portuguesa de 2009.

Dados Internacionais de Catalogação na Publicação (CIP) de acordo com ISBD

B927s Budak, Alex

Seja um Changemaker: Um guia ativo e inclusivo para liderar mudanças positivas em qualquer nível / Alex Budak ; traduzido por Renata Vetorazzi. – Rio de Janeiro : Alta Books, 2024.
304 p.; 15,7cm x 23cm.

Tradução de: Becoming a Changemaker
Inclui bibliografia e índice.
ISBN: 978-85-508-2360-7

1. Autoajuda. 2. Liderança. 3. Inovação. I. Vetorazzi, Renata. II. Título.

2023-3807 CDD 158.1
CDU 159.947

Elaborado por Odilio Hilario Moreira Junior - CRB-8/9949

Índice para catálogo sistemático:
1. Autoajuda 158.1
2. Autoajuda 159.947

Produção Editorial: Grupo Editorial Alta Books
Diretor Editorial: Anderson Vieira
Vendas Governamentais: Cristiane Mutüs
Gerência Comercial: Claudio Lima
Gerência Marketing: Andréa Guatiello

Assistente Editorial: Isabella Gibara
Tradução: Renata Vetorazzi
Copidesque: Andresa Vidal
Revisão: Carol Costa e Silva; Renan Amorim
Diagramação: Fernanda Buccelli

ALTA BOOKS
GRUPO EDITORIAL

Rua Viúva Cláudio, 291 — Bairro Industrial do Jacaré
CEP: 20.970-031 — Rio de Janeiro (RJ)
Tels.: (21) 3278-8069 / 3278-8419
www.altabooks.com.br — altabooks@altabooks.com.br
Ouvidoria: ouvidoria@altabooks.com.br

Editora **afiliada à:**

ASSOCIADO

Para Asher e Bex,
meus dois
changemakers favoritos.
Eu amo vocês.

Sumário

Introdução XI

PARTE 1: MINDSET DE CHANGEMAKER

Capítulo 1: Desenvolva um Mindset de *Changemaker* 3
Capítulo 2: Questione o Status Quo 25
Capítulo 3: Confiança Sem Arrogância 51
Capítulo 4: Além de Si Mesmo 73
Capítulo 5: Eternos Aprendizes 95

PARTE 2: LIDERANÇA CHANGEMAKER

Capítulo 6: Reinvenção da Liderança 125
Capítulo 7: Microliderança 141
Capítulo 8: Seja o Líder que Gostaria de Ter Tido 163

PARTE 3: AÇÃO CHANGEMAKER

Capítulo 9: Incentive a Mudança: Da Ideia à Ação 185
Capítulo 10: Liderar Mudanças é Difícil 203
Capítulo 11: O Canvas *Changemaker* 221
Capítulo 12: Catalise Sua Jornada *Changemaker* 251

Agradecimentos 259
Notas 263
Índice 277
Sobre o Autor 281

O MU
NUNCA
TÃO P
PARA RE

O MUNDO
NUNCA ESTEVE
TÃO PRONTO
PARA RECEBÊ-LO.

Introdução

EM 2012, PASSEI UM DIA EM LOS ANGELES, TRABALHANDO NOS ESCRITÓRIOS da Tala, uma startup sediada em Santa Mônica, fundada por Shivani Siroya. Como um jovem empreendedor, se estivesse com o meu notebook e tivesse acesso a café, eu poderia trabalhar em qualquer lugar, mas também fui grato a Shivani, que, na época, era amiga de um amigo, por ter me oferecido uma mesa.

Demos um passeio matinal juntos, cafés em mãos, enquanto a neblina se dissipava e o oceano Pacífico emergia gradualmente de sua máscara. Shivani contou sobre sua vida e seu trabalho e, enquanto falava, ficou claro para mim que os rótulos que utilizamos frequentemente para nos referir àqueles que são bem-sucedidos no mundo dos negócios, como *empresário, fundador e líder*, não captavam totalmente quem ela era. Sem dúvida alguma, ela era tudo isso, mas também era muito mais.

Shivani começou a sua carreira nas Nações Unidas, em parceria com iniciativas de microfinanciamento, antes de mudar de carreira e se tornar analista financeira em Wall Street. Apesar de possuir uma carreira invejável, ainda sentia que faltava algo no setor financeiro tradicional. Embora fosse apaixonada por finanças, também estava bastante interessada nos mais de 2,5 bilhões de pessoas em todo o mundo que ainda não tinham uma identidade financeira formal e permaneciam excluídas dos mercados tradicionais. Isso a inspirou a esboçar as primeiras ideias do que se tornaria a Tala. Em um documento de meia página, Shivani escreveu que a Tala seria um "fundo de investimento global online... que permite às pessoas comuns usarem seu próprio dinheiro para mudar o mundo". E explicou a razão pela qual sua empresa era urgentemente necessária, pois buscava "diminuir a lacuna [no mercado], fornecendo investimentos financeiros menores e a formação necessária para garantir que empresários atinjam seus objetivos e causem um impacto profundo em suas comunidades".[1]

Essa é uma visão inspiradora, mas o que realmente me impressionou em Shivani não foi o *quê* da sua ideia, mas sim o *como*. Ela não tinha experiência formal como empresária, mas não deixou que isso a impedisse. Começou a construir a sua visão, tijolo por tijolo; entrou em contato com conhecidos e estranhos pelo LinkedIn (o que resultou no envio de mais de 1.500 mensagens individuais!) e reuniu uma pequena equipe de meio período. Com certo sucesso inicial, ela tinha uma escolha: continuar a carreira segura, prestigiada e duramente conquistada em Wall Street, que tanto tinha cobiçado, ou dedicar toda a sua energia e tempo à Tala.

Ela tomou coragem e seguiu em frente.

E não olhou para trás, fazendo sua empresa crescer e se transformar em vários continentes, vários produtos e vários escritórios. O percurso dela tem sido impressionante, mas o que mais me impressiona não é o tamanho da empresa de Shivani ou o impacto que ela teve.

São as qualidades pessoais que ela possui: a vontade de questionar o status quo. A liderança inclusiva. A orientação para o serviço.

Nessa caminhada, percebi que, muitas vezes, atribuímos o sucesso dos líderes que admiramos às suas competências mais tangíveis — como a perspicácia financeira de Shivani — quando tentamos reproduzir tal sucesso. Mas as qualidades pessoais que realmente fazem de Shivani a líder e fundadora impactante que ela é são, na verdade, qualidades de um *changemaker*. São características como o caráter, o empenho, a garra, a paixão e a persistência. E essas qualidades de *changemaker* podem ser aprendidas e praticadas por qualquer pessoa, independentemente de quem somos ou por onde passamos.

Durante a nossa caminhada, o conceito de "changemaker" ganhou vida. Assim como notei essas qualidades de *changemaker* em Shivani, comecei a notá-las em tantas outras pessoas à minha volta, mesmo naquelas que talvez ainda não se considerem *changemakers*.

Naquele momento, a minha perspectiva sobre o conceito de mudança... bem, ela mudou. Até esse ponto da minha vida, eu considerava que a mudança acontecia através de apenas de uma ou duas grandes organizações — como a Cruz Vermelha ou o Banco Mundial. O que percebi foi que, na verdade, a mudança positiva ocorre por meio da busca individual de cada um de nós, por meio da liderança de onde quer que estejamos. A mudança não está reservada a poucos. Na verdade, a mudança pede a qualquer um de nós para que sejamos líderes, a partir de onde quer que estejamos, da maneira mais verdadeira a quem somos.

No entanto, também percebi, em primeira mão, que havia muitas barreiras, tanto sistêmicas como individuais, que impediam que todos esses líderes emergentes tornassem as mudanças que desejavam em realidade.

Comecei a imaginar um mundo cheio de *changemakers* e liderado por eles. Onde a mudança positiva acontece tanto nas salas de reuniões das empresas como nas mesas de cozinha. Onde *changemakers* entram em ação tanto atrás de um notebook como nas ruas. Onde *changemakers* das mais diversas origens e experiências, paixões e interesses possuem o mindset, a liderança e as ferramentas de que precisam para fazer a mudança acontecer.

Desde aquela caminhada com Shivani, fiquei obcecado em descobrir o que é preciso para ser um *changemaker* e em estudar o impedimento mais frequente para não se tornar um. A missão da minha vida passou a ser ajudar os outros a criar as suas próprias versões pessoais da história de Shivani. A ativar a capacidade inata de liderar mudanças positivas de onde quer que estejam, para si próprios, para as suas organizações e para as suas comunidades. A ajudar cada um de nós a nos tornar *changemakers*.

Definição de *Changemaker*

A primeira menção popular à palavra *changemaker* foi em 1981, quando a organização de impacto social Ashoka usou o termo em seu boletim anual. A Ashoka define um *changemaker* como "alguém que toma medidas criativas para resolver um problema social".[2] Embora a Ashoka mereça o crédito por ter trazido o termo para a nossa linguagem coletiva, acredito que o conceito de *changemaker* merece uma definição mais ampla e inclusiva, muito além dos desafios sociais.

Simplificando, defino um *changemaker* como alguém que lidera mudanças positivas a partir de onde está.

Estou deliberadamente mantendo a definição simples e radicalmente inclusiva. Acredito que um gerente de nível médio de uma empresa de tecnologia que cria um novo recurso criativo tem tanta pretensão de ser um *changemaker* quanto um ganhador do Prêmio Nobel. Não determinarei aqui o tamanho ou o escopo da mudança, preferindo um convite inclusivo para liderar a mudança de onde quer que estejamos — seja como estagiário, colaborador individual ou CEO.

Por fim, *changemakers* não devem ser definidos por funções, setores ou níveis de impacto. Em vez disso, acredito que o que nos une é o nosso mindset, nossas habilidades de liderança e ações que buscam por mudanças.

Lembre-se de que estamos falando aqui de um *changemaker*, não de um pensador de mudanças. Os *changemakers* agem, pois acreditam na possibilidade de um futuro mais brilhante, de um caminho melhor, decidindo criá-lo.

Em um mundo que muda rapidamente diante de nossos olhos, ao se tornar um *changemaker*, você aprenderá a navegar, moldar e liderar mudanças positivas para si mesmo e para os outros, além de adquirir habilidades de liderança para prosperar em meio à incerteza.

A capacidade de liderar mudanças começa com a compreensão delas. E nunca houve um momento melhor ou mais importante para se estar no mercado da mudança do que agora.

Início

O dia é 24 de janeiro de 2019, 10h: lembro-me vividamente desse momento. Caminhei até a frente da sala de aula, com as palavras "o mundo nunca esteve tão pronto para recebê-lo" saltando da tela atrás de mim em fonte tamanho 140, de modo que até mesmo os alunos na última fileira podiam sentir seu peso. "Bem-vindos ao curso Seja um *Changemaker*", disse eu. "O mundo nunca esteve tão pronto para recebê-lo."

Embora não seja incomum que os alunos se sintam nervosos durante o primeiro dia de um novo semestre, raramente ouvimos como é o primeiro dia de aula para os novos docentes.

Eu tinha acabado de ser contratado pela Universidade da Califórnia, em Berkeley, e estava prestes a dar minha primeira palestra em uma faculdade; digamos que "nervosismo" não refletia bem a intensidade do momento. Senti-me vulnerável ao me expor pela primeira vez como um novo membro do corpo docente, sem saber como os alunos reagiriam a esse curso fora do comum que eu havia criado ao reunir todas as minhas experiências pessoais e profissionais. Era o mesmo curso que gostaria de ter feito no meu último ano de faculdade, e agora estava prestes a descobrir quantos outros alunos se sentiam da mesma forma.

Se eu tivesse focado no futuro aos 22 anos, quando me formei na faculdade e estava iniciando minha jornada como *changemaker*, teria sido impossível me imaginar em uma sala de aula da UC Berkeley aos 34 anos, ensinando a próxima geração de líderes. Apesar disso, essa oportunidade de ensinar estava bastante alinhada com o trabalho ao qual havia me dedicado de corpo e alma na década anterior.

Dediquei minha carreira profissional à criação de plataformas e oportunidades para ajudar *changemakers* de todos os tipos possíveis a ser bem-sucedidos. Comecei cofundando o StartSomeGood.com, que ajuda *changemakers* de todo o mundo a dar o primeiro passo da ideia à ação. O site e a comunidade que minha equipe e eu criamos capacitou um grupo incrível de mais de 1.500 *changemakers* a estimular, financiar e criar projetos que tornariam as suas iniciativas de mudança positiva em realidade. Em seguida, tive o privilégio de liderar uma incubadora para inovações sociais na Suécia, chamada Reach for Change. Fui mentor de muitos *changemakers* inspiradores, ajudando-os a atingir seu maior potencial de impacto, ao passo que incentivava muitas outras pessoas em toda a Escandinávia a começarem a se ver como *changemakers* também. Ao lado de pessoas extremamente talentosas, ajudamos a arrecadar mais de US$30 milhões para transformar a Change.org na maior plataforma de mudança social do mundo. Durante todo esse tempo, tive o prazer de realizar workshops e treinamentos para *changemakers* iniciantes em dezenas de países, da Ucrânia ao Camboja, e em ambientes que vão desde o Banco Mundial até agências da ONU, com corporações e universidades líderes em todo o mundo.

Olhando para trás e ligando todos os pontos, é óbvio que todas essas experiências levaram a um encontro fortuito com Jay Stowsky, reitor assistente sênior de instrução do curso de Administração de Haas, da Universidade da Califórnia, em Berkeley. Ao longo de minha carreira como empresário, executivo e educador, sempre houve um fator comum a todos os meus trabalhos: ensinar e inspirar mudanças. E, no entanto, eu nunca havia considerado possível fazer isso a nível universitário. Jay sempre foi um mentor para mim e, por isso, fui ao seu escritório em busca de conselhos sobre uma transição de carreira. Lá, ele me fez uma pergunta que nunca esquecerei: "Mas, Alex, o que você realmente quer fazer?"

"Bem", disse eu, contorcendo-me um pouco na cadeira, "quero muito dar aulas, mas sei que a maioria dos professores é algumas décadas mais velha do que eu..."

Para meu choque, Jay não se intimidou. Em vez disso, perguntou-me diretamente o que eu gostaria de ensinar.

"Como se tornar um *changemaker*", respondi com confiança, sem um pingo de hesitação ou medo na voz.

"Certo", concluiu Jay. "Faça um programa para a disciplina, mostre-me e partiremos daí."

Demos um aperto de mãos. Eu, animado com a ideia de que outra pessoa tinha considerado minha visão possível, saí do escritório, peguei meu celular e imediatamente pesquisei no Google "como escrever um programa de disciplina". Minha confiança inicial desmentia o fato de que não tinha ideia do que realmente era necessário para lecionar uma matéria.

O processo de desenvolvimento das aulas permitiu que eu refletisse sobre todas as lições que havia aprendido até então, especialmente em minha busca por mudanças positivas. Os livros que li, as pessoas de todo o mundo cujas histórias me inspiraram, as ideias sobre como liderar mudanças em disciplinas tão abrangentes quanto a física e a música: tudo isso serviu como base para o programa de disciplina, para as palestras e para as experiências práticas. Por meio desse trabalho, um quadro mais claro começou a surgir, um que ajudaria os alunos a aproveitar sua energia e entusiasmo e lhes daria as habilidades e mindsets necessárias para capacitá-los a criar mudanças positivas a nível individual, organizacional e social.

Levei comigo todas as minhas experiências — as vitórias, os contratempos e as percepções — enquanto permanecia do lado de fora da minha sala de aula pela primeira vez. Parei por um momento para me recompor e abri a porta. O que vi quase me fez chorar: não apenas todos os assentos da sala de aula estavam ocupados, mas os alunos estavam sentados nos corredores, nos parapeitos das janelas e em pé ao longo das paredes laterais, esperando por uma vaga na aula. Os alunos da UC Berkeley podem escolher entre mais de 6 mil cursos por semestre, portanto, ver minha sala de aula lotada tornou clara a minha missão: eu deveria me esforçar para garantir que esses alunos não se tornassem apenas líderes, mas também os *changemakers* de que o mundo precisa.

Um Mundo de *Changemakers*

Recentemente, dei uma palestra para um grupo de alunos da sétima série em uma escola de ensino médio em Antelope Valley, na Califórnia, como parte de um projeto que a professora deles, Ally Benedetti, havia criado sobre possibilitar mudanças.

A primeira pergunta que recebi, feita por uma garota que falava baixo, teve as implicações mais profundas. Ela perguntou: "Quem pode ser um *changemaker*?"

Ao que respondi enfaticamente: "Qualquer um!"

Temos a tendência de pensar em pessoas que ocupam cargos de liderança como *changemakers*: empresários, tecnólogos, políticos. A maioria das outras pessoas provavelmente não se identifica imediatamente como *changemakers*. Em nosso mundo polarizado, passamos muito tempo criando identidades inerentemente exclusivas, que nos define de alguma forma, que nos diferencia dos outros. Para lutar contra isso, minha definição de *changemaker* é deliberada e radicalmente inclusiva. E, para reforçar, apresentarei *changemakers* de todos os tipos ao longo deste livro.

Você conhecerá introvertidos e extrovertidos, cientistas e artistas, indígenas e imigrantes, homens, mulheres e pessoas não binárias. Conhecerá pessoas que possuíam a noção da mudança que gostariam de fazer ainda crianças e aquelas que escolheram essa missão muito mais tarde na vida, após o fim de sua carreira tradicional. Conhecerá pais, filhos, graduados do ensino superior e aqueles que não concluíram o ensino médio.

Este livro se concentra naquilo que nos une: o fato de sermos todos *changemakers*.

Talvez você não se enxergue em cada uma das histórias, mas espero que se conecte de forma significativa com pelo menos uma delas. Não é possível ser o que não se vê, e espero que descobrir um pouco de si mesmo nestas páginas o ajude a se considerar um *changemaker* também.

Entenda a Mudança

Temos duas opções para lidar com o ritmo e o tamanho das mudanças atuais. Devemos enterrar nossas cabeças e esperar que, de alguma forma, saiamos intactos do outro lado? Ou devemos reconhecer nossa própria capacidade de, não apenas sobreviver à mudança, mas de, ativamente, incentivá-la, moldá-la e conduzi-la para criar novas oportunidades para nós mesmos, para as nossas comunidades e para o nosso mundo?

Os *changemakers* escolhem a segunda opção — o caminho da ação, do impacto, aquele que instiga a mudança.

Antes de escolhermos conscientemente esse caminho proativo, devemos primeiro entender melhor a própria mudança. Para nos sentirmos confortáveis com ela, precisamos entender dois aspectos fundamentais hoje: primeiro, ela está acontecendo; e segundo, ela é desafiadora. Consideremos esses pontos.

Se o mundo parece mudar cada vez mais rápido... bem, é porque isso realmente está acontecendo! Vamos recapitular o crescimento acelerado da tecnologia nos últimos seiscentos anos.

Passaram-se mais de 150 anos entre o momento em que Johannes Gutenberg, de Mainz, Alemanha, inventou a prensa de tipos móveis, por volta de 1440, e a invenção do telescópio, em 1608. Mais noventa anos se passaram antes da invenção do motor a vapor e mais algumas décadas para, então, surgir o telégrafo e a lâmpada.

Séculos atrás, um avanço tecnológico dessa magnitude era a única mudança que uma pessoa veria durante a vida!

Mas, nos últimos cinco anos, houve avanços tecnológicos incríveis: pense nos carros autônomos, na modificação genética, na inteligência artificial e em tantas outras coisas. Quando este livro chegar até você, ainda mais descobertas que mudarão o mundo terão surgido.

Esse rápido crescimento tecnológico é explicado pela lei de Moore, uma percepção do cofundador da Intel, Gordon Moore, em 1965. Ele previu que o número de transistores em um microchip dobraria a cada dois anos, ao passo que o custo cairia pela metade. Isso levaria a um crescimento exponencial do poder computacional e, portanto, da mudança tecnológica.

Embora muitos de nós tenhamos passado a considerar as mudanças rápidas como algo natural quando se trata de telefones e computadores, Thomas Friedman, em seu livro *Obrigado pelo atraso*, ajuda a contextualizar a lei de Moore ao aplicá-la aos automóveis: "Se os carros acompanhassem a lei de Moore, o Fusca de 1971 viajaria a 483.000 km/h, custaria US$0,04 e consumiria apenas um tanque de gasolina ao longo de sua vida útil."[3]

Pode ser útil estender a análise da nossa compreensão a respeito da mudança exponencial do ponto de vista dos meios de transporte. Não faz muito tempo que a grande inovação dos veículos significava trocar uma carruagem puxada por cavalos por uma carruagem motorizada, com rodas e capotas enormes.

Hoje, nós nos preparamos para um futuro tomado por hyperloops e veículos automáticos. Embora isso tenha muitas implicações positivas, desde menos poluição a viagens mais curtas, quando pensamos em mudanças, devemos sempre ter em mente as consequências negativas externas. Em 2020, havia mais de 3,3 milhões motoristas de caminhão estadunidenses — um emprego que quase certamente desaparecerá à medida que as mudanças no transporte do futuro se consolidarem.

À medida que nós, *changemakers*, obtermos certo avanço com nossos esforços, precisamos nos lembrar também de que as mudanças afetam diversas pessoas de diferentes maneiras, e temos o imperativo ético de liderar mudanças com empatia, reconhecendo que nem toda mudança será bem recebida por todos.

Essa perspectiva é útil ao lembrarmos que a mudança é desafiadora.

As temporadas de incêndios florestais de duração e intensidade crescentes são um lembrete terrível do aquecimento global, e ainda assim, temos dificuldade em tomar medidas coletivas para impedi-lo, mesmo enquanto os oceanos aumentam e as geleiras derretem diante de nossos olhos.

A pandemia da covid-19 é um lembrete patogênico de como o mundo inteiro se tornou interconectado por meio da globalização, das viagens e dos negócios, mas ainda sentimos dificuldade em mudar nossa vida diária e nossas ações comunitárias para que impedir sua disseminação.

O assassinato de George Floyd, em 2020, é um lembrete visceral do racismo sistêmico existente nos EUA e, na verdade, em nações do mundo todo. A morte dele e os protestos que se seguiram geraram uma conscientização há muito esperada sobre a prevalência de sistemas racistas e da injustiça racial. No entanto, também foi um lembrete de que a mudança ainda não ocorreu, apesar de tanto esforço. Até mesmo, e principalmente, muitas vezes, nas questões mais cruciais, a mudança é extremamente desafiadora e, às vezes, paralisante.

Nossas formas antigas de pensar, de liderar e de agir não funcionarão mais ao enfrentarmos a magnitude da mudança que vem com tanta velocidade e complexidade em nossa direção.

Embora a lei de Moore ajude a explicar a aceleração das mudanças que vivenciamos, a lei de Martec a complementa, ao explicar a dificuldade em acompanhar tal aceleração:[4] a tecnologia, como vimos, muda exponencialmente (aumenta rapidamente), ao passo que as organizações mudam logaritmicamente (devagar). Com o passar do tempo, a lacuna entre as mudanças que ocorrem e a nossa capacidade de acompanhá-las cresce em descontrole.

Os conceitos subjacentes à lei de Martec nos ajudam a entender o abismo crescente entre as mudanças mundiais e a nossa capacidade de acompanhar seu ritmo como pessoas, líderes, membros da comunidade, organizações, empresas e sistemas. Esse é um desafio enorme — talvez o maior desafio da nossa vida.

Mas defino os *changemakers* como aqueles que enxergam oportunidades onde outros só veem desafios.

O mundo muda, de fato, cada vez mais rápido, como nunca.

E é cada vez mais difícil não ficarmos para trás.

Agora é a hora dos *changemakers*.

Os *changemakers* acreditam que o futuro pode ser melhor do que o presente e que podemos garantir que assim seja.

A mudança está acontecendo. E ela é desafiadora. Mas com o mindset, a liderança e as habilidades de ação dos *changemakers* que aprenderá neste livro, você não só conseguirá acompanhá-la, como também terá o poder de moldá-la e liderá-la. Você está no caminho do domínio próprio, e este é o seu primeiro passo.

Sua Jornada como *Changemaker*

Este livro segue a mesma estrutura das minhas aulas na UC Berkeley (mas, para sua sorte, este é o único livro que você precisará ler!). Assim como na matéria, este livro é composto de três partes.

A Parte 1, "Mindset de *Changemaker*", apresenta as atitudes e os comportamentos que os *changemakers* bem-sucedidos compartilham, independente da função, do setor ou do nível de experiência. Tomei como base a pesquisa original que fiz com a Verificação de *Changemaker* para compartilhar percepções esclarecedoras da ciência social, e assim, ajudá-lo a aplicar os principais conceitos à sua própria vida e ao seu trabalho. Ancorada em princípios como "Questione o Status Quo" e "Vá Além de Si Mesmo", essa seção apresenta traços cruciais como resiliência, tomada inteligente de riscos, empatia, curiosidade e adaptabilidade. E, pela primeira vez, compartilho com o mundo externo alguns dos exercícios originais de liderança que peço que meus alunos de Berkeley façam para ajudá-los a desenvolver e aplicar um mindset de *changemaker*.

A Parte 2, "Liderança *Changemaker*", concentra-se em ajudá-lo a se tornar o tipo de líder do qual nosso mundo precisa. Ancorado nas principais habilidades de liderança do século XXI, tais como influenciar sem autoridade, liderar por meio de contatos e gerar confiança em um mundo virtual, você será convidado a reinventar suas próprias abordagens à medida que ganhar confiança para liderar outras pessoas em direção a uma visão de mudança. Você terminará essa seção deixando de ser um colaborador individual e transformando-se em um *changemaker* que trabalha melhor por meio de outros e com outros, possuindo a coragem e a capacidade de ser um líder, mesmo que não tenha um cargo de liderança.

A Parte 3, "Ação *Changemaker*", o ajudará a usar seu mindset e habilidades de liderança recém-desenvolvidas e aplicá-las para transformar uma ideia em uma ação. Ancorado na metodologia Canvas de *Changemaker* que desenvolvi, você criará seu próprio kit de ferramentas para começar e realizar mudanças positivas. Ouvirá diversos *changemakers*, incluindo artistas, enfermeiros, engenheiros e empreendedores, para aprender a dar o primeiro passo crucial e descobrirá conceitos importantes sobre como sustentar a mudança ao longo do tempo.

Sou profundamente grato pela oportunidade de me juntar a você nessa jornada e ajudá-lo a encontrar seu propósito e identidade e a exercer impacto à medida que seu potencial de liderança se desenvolve.

Este é o momento. Este é o seu momento.

O mundo nunca esteve tão pronto para recebê-lo.

PARTE 1

MINDSET DE CHANGEMAKER

Capítulo 1

Desenvolva um Mindset de *Changemaker*

Hana não conseguia acreditar.

Ela estava sentada na sala de aula, com os braços cruzados e um olhar sério. Sua expressão se destacava em meio ao mar de sorrisos.

Preocupado, enviei uma mensagem depois da aula para saber como ela estava se sentindo em relação às aulas e se estava tudo bem. Sei que muitos dos meus alunos estão passando por todo tipo de problema, dos quais nem sempre tenho conhecimento.

Quando Hana me respondeu, fiquei surpreso.

"Eu realmente quero ser uma *changemaker*", dizia seu e-mail. "Gostaria mesmo. Mas simplesmente não consigo mais acreditar que isso seja possível. Perdi a esperança de ser capaz de realizar mudanças."

Senti, e até reconheci, seu desespero, além de um aperto no coração. Ainda assim, vi nisso uma oportunidade de entender melhor a experiência dela e talvez ajudá-la a se identificar novamente como uma *changemaker*.

Nós nos encontramos durante meu horário de expediente, e Hana me contou sobre uma experiência frustrante que teve durante um estágio no verão, quando tentou liderar um projeto sobre diversidade e inclusão. Embora tivesse bastante apoio de seus colegas e de seu supervisor, e muita paixão pela liderança do projeto, seus esforços foram repetidamente impedidos pela gerência superior. Não importava o quanto tentasse, ela simplesmente não conseguia fazer a mudança acontecer. Como resultado, Hana travou. Ela deixou de acreditar que a mudança era possível e que era capaz de fazer qualquer tipo de transformação positiva acontecer.

Consegui me identificar com a situação dela. Na verdade, eu mesmo já havia passado por algo muito semelhante. Assim, começamos a trabalhar juntos para desenvolver seu mindset de *changemaker* — uma nova maneira de enxergar a si mesma e seu lugar no mundo.

Seu Mindset

Começamos por aqui porque o ponto positivo de um mindset de *changemaker* é que ele o ajudará independentemente das suas paixões ou da área que você escolher. Os empreendedores se beneficiam dela tanto quanto os artistas; os cientistas, tanto quanto os professores ou os programadores.

No entanto, antes de começarmos a realizar mudanças para os outros, precisamos começar por nós mesmos. Há quatro razões pelas quais sou apaixonado por ajudar as pessoas a desenvolver esse mindset, que discutirei nesta seção:

- Temos um poder incrível sobre nosso mindset; que se baseia em um locus interno de controle.

- O desenvolvimento do mindset de *changemaker* é praticável, podendo ser aprendido e realizado por qualquer um. Já trabalhei com todos os tipos de pessoas, desde ex-presidiários até o CEO de uma grande empresa financeira. Definitivamente, o processo foi abordado de maneiras diferentes, mas o resultado foi o mesmo.

- Essa mudança é um processo, não uma finalidade. Não é como se houvesse um momento em que pudéssemos bater palmas e dizer: “Ok, ótimo, completei meu mindset de *changemaker*!” Em vez disso, é como o condicionamento físico — não é algo que se desenvolve em uma ou duas idas à academia, mas por meio de uma rotina regular de treinos.

- Por fim, é um círculo virtuoso para o trabalho e para a vida. Embora muitas pessoas se sintam inspiradas a desenvolver o mindset de *changemaker* para atingir metas profissionais, essa mudança é igualmente importante para suas outras funções como pais, amigos e vizinhos.

Mindset pode ser definido simplesmente como o "conjunto estabelecido de atitudes de alguém". O termo ganhou destaque no final da década de 1990. Grande parte do crédito por isso se deve à psicóloga Carol Dweck, da Universidade de Stanford, que posteriormente escreveu um livro influente sobre o assunto, no qual ela diferencia dois tipos de mindset: o de crescimento e o fixo.[I]

O mindset fixo, de acordo com Dweck, é o conjunto de crenças de que as qualidades básicas de uma pessoa — por exemplo, inteligência ou talento — são traços inalteráveis e predeterminados.

O mindset de crescimento, por outro lado, surge da crença de que as habilidades de uma pessoa podem ser desenvolvidas por meio de esforço e dedicação. Pessoas com um mindset de crescimento aceitam o aprendizado e praticam a resiliência em prol do progresso pessoal.

Dweck ensina que cada um de nós tem a capacidade de desenvolver um mindset de crescimento — e que ele não é totalmente binário. Em alguns casos, podemos demonstrar mais um mindset fixo e, em outros, preferimos o mindset de crescimento.

Alguém com um mindset fixo acredita que a inteligência é estática, o que leva ao desejo de simplesmente parecer inteligente. Enquanto isso, uma pessoa com um mindset de crescimento acredita que ela pode ser desenvolvida, o que leva ao desejo de aprender.

Isso também pode ser observado em atitudes tomadas diante de desafios e obstáculos. Uma pessoa com um mindset fixo evitará desafios a todo custo. Imagine que você acredita que tem certa habilidade natural em matemática e, então, atinge um ponto em que ela já não é fácil; com um mindset fixo, a tendência é se afastar e desistir, visto que isso é um desafio à sua crença sobre sua inteligência inata. Enquanto isso, alguém com um mindset de crescimento persistirá. Ele enxergará esses desafios como uma chance de aprendizado e desenvolvimento.

E quando se trata de críticas, com um mindset fixo, sua tendência será ignorá-las, porque as enxergará como um desafio fundamental a quem você é. Enquanto isso, alguém com um mindset de crescimento as receberá bem e aprenderá com elas. Pense no feedback que você recebe em um teste ou prova. Você o ignora porque ele é doloroso ou aceita até mesmo um mais severo e diz: "Certo. Essa é uma oportunidade de melhorar ainda mais minha disciplina e fortalecer minhas habilidades"?

Como reage ao ver o sucesso dos outros? Com um mindset fixo, você tende a se sentir ameaçado pelo sucesso dos outros, vendo-o como um jogo de soma zero: alguém ganha, você perde. Enquanto isso, com um mindset de crescimento, você verá lições e se inspirará no sucesso dos outros, acreditando que, se outra pessoa teve sucesso, isso significa que você também poderá ser bem-sucedido no futuro.

Embora o mindset de crescimento seja uma base crucial para começar, o simples fato de possuí-lo não é, por si só, suficiente para ter um mindset transformador. Neste capítulo, apresentarei as principais características de um mindset transformador e, em seguida, você aprenderá a desenvolvê-las em cada um dos quatro capítulos seguintes.

O Mindset de *Changemaker*

Amanda Gorman chamou a atenção dos Estados Unidos, e de grande parte do mundo, quando apresentou seu poderoso poema "The Hill We Climb" na posse presidencial de Joe Biden, em 20 de janeiro de 2021.[2] Seus versos finais incorporaram a metáfora da luz, uma menção tanto àquele momento no tempo quanto a algo maior. Seu apelo inspirador para encontrar a coragem de ver a luz e ser a luz capturou os componentes essenciais de um mindset de *changemaker* e despertou novas conexões para a forma como penso sobre desenvolver um mindset, mesmo em tempos desafiadores.

Em um mundo com tanta dor e desespero, nosso primeiro instinto é nos sentirmos sem esperança. Mas nunca devemos nos esquecer de que um amanhã melhor sempre será possível.

Em um mundo com tanta desigualdade e injustiça, nosso primeiro instinto é nos sentirmos impotentes. Mas nunca devemos nos esquecer de que cada um de nós tem o poder de ser a mudança que desejar.

Um futuro mais brilhante é possível, e cada um de nós pode fazer sua parte para iluminar coletivamente nosso caminho compartilhado.

Ao longo desta parte do livro, eu o guiarei pelos principais traços e características que compõem um mindset de *changemaker*, todos eles começando com três blocos de construção fundamentais.

1. Sempre Existe Outro Jeito

Changemakers acreditam que existe um jeito diferente.

Qual navegador de internet você usa? Você acreditaria se eu lhe dissesse que o navegador que você usa pode realmente prever seu sucesso em um emprego? Parece loucura, não é? Mas os pesquisadores da empresa de software de RH, Corenstone OnDemand, descobriram um padrão notável e surpreendente.

Em 2015, ao analisarem dados sobre pessoas que trabalhavam em uma função de atendimento ao cliente, tentando descobrir o que tornava certos funcionários mais bem-sucedidos do que outros, eles descobriram uma correlação estatisticamente significativa entre o sucesso e o navegador escolhido pelos funcionários. As pessoas que usavam o Firefox ou o Chrome tinham maior probabilidade de prosperar na função e 15% mais chances de permanecer mais tempo no emprego do que aqueles que usavam o Safari ou o Internet Explorer.[3] Será que isso acontece porque determinado navegador lhe dá superpoderes ou, de alguma forma, o torna mais eficiente no trabalho? Não, é claro que não. A despeito de qualquer argumento de marketing, todos são formas semelhantes de acessar a internet. A única diferença crucial é a seguinte: o Firefox e o Chrome não são padrões. É preciso escolher conscientemente fazer o download desses navegadores. É preciso desafiar o status quo, acreditar que há algo melhor além do que a maioria das pessoas usa e dar a si mesmo permissão para encontrá-lo. A Cornerstone descobriu que os funcionários que estavam dispostos a dar esse passo e ver que sempre há uma maneira melhor tinham uma probabilidade maior de fazer um trabalho melhor e de permanecer mais tempo em seu emprego.

Como disse Michael Housman, o diretor de análise da Cornerstone na época, à Freakonomics Radio: "Minha opinião é que o fato de ter dedicado tempo para instalar o Firefox no seu computador nos mostra algo sobre você... Uma escolha ativa de buscar algo que não era padrão."[4]

Um mindset de *changemaker* começa com a lembrança de que sempre há luz, de que o status quo não é predeterminado, e sim um convite para imaginar um caminho diferente.

2. Existir na Margem

Os *changemakers* inovam nas margens. Se pensarmos nos problemas mais relevantes que podem ser resolvidos no século XXI — desafios como a fome, o acesso à água, as mudanças climáticas, a justiça racial, a polarização política —, nenhum deles provavelmente será resolvido por uma única área ou uma única abordagem. Um mindset de *changemaker* nos ajuda a reconhecer oportunidades de criar mudanças ao combinar diferentes perspectivas, modalidades e formas de ver o mundo. Os *changemakers* usam seu mindset para identificar onde uma área termina e outra começa, e para encontrar as oportunidades que aguardam nessas margens.

Os cofundadores da Saathi encontram oportunidades de mudança na interseção entre a saúde e o meio ambiente. Eles se propuseram a resolver dois problemas ao mesmo tempo: a falta de acesso a absorventes entre a maioria das mulheres na Índia e os impactos ambientais terrivelmente negativos dos absorventes tradicionais. Eles desenvolveram um novo tipo, com fibras de banana, colhidas dos caules das bananeiras — uma opção muito mais sustentável comparada ao plástico e à polpa de madeira branqueada usados pela maioria dos absorventes. Isso significa que, além de não conterem produtos químicos, serem mais econômicos e amplamente acessíveis às populações locais em torno da sede da Saathi em Gujarat, eles se degradam naturalmente em apenas seis meses, em comparação com os quinhentos anos ou mais dos absorventes tradicionais.

A equipe encontrou uma oportunidade ao analisar simultaneamente a saúde da mulher e a sustentabilidade e abordar dois desafios sistêmicos de uma só vez. A cofundadora Kristin Kagetsu explicou à YourStory por que a inovação deve ocorrer nas margens: "Ao criar apenas um absorvente de baixo custo não se está pensando em todo o ciclo de vida do produto. Se fabricar um produto descartável, precisará se preocupar com o que acontecerá com ele e como isso afetará o meio ambiente. Caso contrário, como seríamos diferentes de qualquer outro fabricante de absorventes?"[5]

A Saathi é diferente porque adota a mistura de áreas, e as contribuições de cada forma de pensar geram possibilidades totalmente novas. Pensar de maneira tradicional, dentro dos eixos existentes, ainda poderia ter resultado em um produto ótimo. Mas como a equipe da Saathi inovou nas margens, ao trazer várias áreas e abordagens, ela criou um poderoso bloco de construção para a mudança.

3. Esperança Aprendida

Os *changemakers* são inerentemente esperançosos. Realizar mudanças é o otimismo em ação, mas não se trata apenas de esperança. Ela está aliada a uma atividade com propósito. Como descreve a autora Rebecca Solnit: "A esperança não é um bilhete de loteria que você segura com força enquanto está sentado no sofá para se sentir sortudo... a esperança é um machado utilizado para arrombar portas em uma emergência."[6]

Para deixar claro, não me refiro ao otimismo no sentido binário tradicional de pessimismo *versus* otimismo. Em vez disso, apresento esse aspecto do mindset de um *changemaker* como uma alternativa à impotência aprendida: algo que chamo de esperança aprendida. Por desenvolver uma maneira de ver o mundo como *changemaker* e realizar ações a serviço dela, aprendemos que, mesmo quando passamos por dificuldades — especialmente nesses casos —, ainda devemos manter acesa a vela da esperança.

Essa versão mais aplicada do otimismo é chamada de otimismo aprendido. Desenvolvido pelo fundador do campo da psicologia positiva, Martin Seligman, da Universidade da Pensilvânia, o otimismo aprendido é aprender a lidar com os contratempos de uma nova maneira. Como minha aluna Hana aprendeu em primeira mão, liderar mudanças é difícil e os contratempos são inevitáveis. O otimismo aprendido é um aspecto poderoso de nosso mindset que pode nos fazer seguir em frente — mantendo-nos esperançosos e ativos, mesmo quando as coisas não saem do nosso jeito logo de início.

Muitos *changemakers* descobrem que um contratempo — ou até mesmo uma tragédia — é a faísca de que precisavam. Um mindset de *changemaker* os lembra de que, não importa o que aconteça, podemos escolher como reagir e encontrar esperança em meio à frustração ou à dor.

Dadarao Bilhore personifica a esperança aprendida. Seu filho, infelizmente, morreu devido a ferimentos enquanto andava na garupa de uma moto pelas ruas esburacadas de Mumbai, em 2015. Por causa da chuva forte, o motorista não viu o enorme buraco à sua frente, o que resultou no acidente fatal. Se alguém tinha motivos para se sentir desamparado em meio a uma perda inimaginável como essa, esse alguém era Bilhore. Mas ele escolheu a esperança conscientemente e a transformou em ação. Desde então, ele dedica sua vida a tapar buracos em Mumbai. Ele não só tapou pessoalmente centenas de buracos, como inspirou muitas outras pessoas a se juntar à sua missão.[7] Não deve ter sido fácil encontrar motivos para se manter esperançoso em meio à tamanha perda, mas, ao fazer isso, ele mostrou o que um mindset de *changemaker* pode tornar possível, tanto para o legado de seu filho quanto para as centenas de outros pais que, graças a esses buracos tapados, nunca sentirão a mesma dor que Bilhore sentiu.

Otimismo Aprendido

Em seu famoso livro de 1991, *Aprenda a ser otimista*, Martin Seligman descreve os três P's do otimismo aprendido — permanência, permeabilidade e personalização — que nos ajudam a aprender a processar melhor a adversidade.[8] Vamos analisar cada um deles e ver como se aplicam à frustração de Hana ao tentar realizar mudanças em seu projeto.

Permanência. Quando um problema surge, você o percebe como temporário ou como o resultado de causas permanentes? Nesse caso, Hana acreditava que, pelo fato de uma iniciativa de mudança — a primeira — ter fracassado, ela não confiava mais que qualquer mudança fosse possível. Ao ver os contratempos como temporários, desenvolvemos nosso mindset para ver que os obstáculos ao longo do caminho são um aspecto inevitável ao liderar mudanças. Em vez de temer nossos tropeços, os aprendizes otimistas se lembram de que desafios são um aspecto necessário do processo de mudança.

Permeabilidade. Você separa as situações ruins e revive os eventos bons ou faz o oposto? Otimistas instruídos são capazes de vivenciar algo negativo, mas o isolam dos outros aspectos de seu trabalho e de sua vida. Da mesma forma, quando algo bom acontece, permitem que o brilho desse acontecimento se infiltre em outros aspectos de sua existência. É uma linha tênue, mas devemos estar atentos à positividade tóxica, que nega ou minimiza toda a gama de emoções humanas. O otimismo aprendido nos permite aceitar totalmente os eventos negativos à medida que ocorrem, ao passo que nos permite vê-los como um incentivo para a mudança. Hana passou pela generalização, pois sua experiência frustrante dominou as outras partes de sua vida, incluindo seus estudos. Mas quando ela conseguiu separar o desânimo que sentia com os eventos negativos no trabalho, pôde encontrar significado e crescimento em seus contratempos iniciais.

Personalização. Você internaliza ou externaliza a culpa? Para ser claro, não se trata de fugir da responsabilidade, mas de reconhecer que, às vezes, apesar de nossos melhores esforços, trabalhamos em um sistema complexo com muitas partes móveis e muitas forças fora de nosso controle imediato. Foi nesse ponto que Hana realmente teve dificuldades. Como não conseguia fazer com que a mudança acontecesse, ela acreditava que a culpa era sua e que não era digna do título de *changemaker*. Na verdade, embora a mudança fosse absolutamente possível, ela lutou contra vários desafios sistêmicos. Era a mais baixa possível na hierarquia de poder: uma estagiária. Estava em seu emprego há apenas alguns meses, o que tornava menos provável que a liderança sênior investisse em sua ideia. Quem sabe quais outros obstáculos teve de enfrentar — desde sexismo até um chefe mal-humorado? Isso não quer dizer que ela não poderia ter tentado outras abordagens ou eventualmente encontrado uma maneira de fazer a mudança acontecer. Mas o otimismo aprendido nos lembra de que, apesar de nossas melhores intenções, às vezes passamos por problemas. A chave para possuir um mindset de *changemaker* é nos lembrarmos de que temos a opção de reformulá-los: passar por eles não sugere uma falha de caráter. Em vez disso, os problemas são um feedback para nos lembrar de que precisamos ser corajosos: aprender e tentar novamente. Continuar a ter a confiança necessária para ser a mudança.

Os Três Recursos da Mudança

Há três maneiras de acelerar rapidamente sua carreira e seu impacto:

A primeira é você se tornar um *changemaker*.

A segunda é cercar-se de *changemakers*. Mais adiante, na seção de liderança de *changemakers* do livro (consulte a Parte 2), você aprenderá como identificá-los, como colaborar com eles e como inspirá-los a se juntar a você em sua própria jornada.

A terceira e mais desbravadora é ajudar as pessoas ao seu redor a se tornarem *changemakers*. Isso pode ser feito de maneira formal ou informal.

Formalmente, veja o caso de Laura Weidman Powers, cofundadora da organização sem fins lucrativos Code2040. Criada em 2012, a missão da Code2040 era acabar com a lacuna de riqueza racial por meio de oportunidades na área da tecnologia para profissionais negros e pardos. Ao longo do caminho, ela construiu a maior comunidade de igualdade racial na área. Ao passo que muitos programas semelhantes se concentram em ensinar os participantes a programar, Weidman Powers pensa de forma diferente: a organização se concentra em habilidades de mindset de *changemaker*, como superar a síndrome do impostor, criar confiança e coragem e fazer conexões com outros líderes. O foco da Code2040 não está na formação de programadores; está na formação de *changemakers*, cuja presença no mundo da tecnologia gera mudanças em tudo o que ela chama de "economia da inovação". "A liderança não é um fim, mas um meio de alcançar algo além de si mesmo", disse Weidman Powers.[9] De fato, é a capacidade de inspirar e equipar tantas outras pessoas a serem *changemakers* eficazes em organizações de todo o país que criará mudanças simplesmente inimagináveis por uma única pessoa.

Um de meus mentores, Tony Carr, ex-presidente da Halloran Philanthropies, é o nome da mudança informal. Além de sua carreira tradicional, que também incluiu passagens como líder de um hospital e investidor com impacto inovador, Carr fez do apoio a outros *changemakers* seu legado. Como um verdadeiro *changemaker*, Carr não faz nada da maneira prescrita. Após um e-mail introdutório meu, Carr rejeitou a norma de uma resposta por e-mail e simplesmente me ligou (apenas cerca de dez segundos depois de clicar em ENVIAR, o que significa que ele não leu o meu e-mail inteiro)! Embora nunca tivéssemos nos encontrado, ele me pediu para visitá-lo em Fresno, dar uma palestra sobre mudanças para alguns alunos e almoçar com ele e com um de seus amigos, um dos diretores de escola que mais gosta de realizar mudanças. Apesar de outros compromissos, eu disse sim na hora, sem hesitar e, dois dias depois, fiz a viagem de quatro horas para encontrá-lo. E, desde então, ele faz questão de enviar e-mails, telefonar e me consultar regularmente para ter certeza de que continuo a fazer mudanças e para ver se preciso de alguma coisa. Isso seria excepcional, exceto pelo fato de que, no caso de Tony Carr, isso é comum — fiquei sabendo que ele apoia dezenas de *changemakers* da mesma forma. Ele abre seus contatos, seu cérebro criativo e sua inspiração infinita para cada um de nós.

Esse terceiro recurso para a mudança — ajudar os outros a se tornar *changemakers* — nos leva de volta a Hana. Ela ainda estava cética quanto a se tornar uma, então a incentivei a realmente refletir sobre alguém que a inspirou para minha tarefa de "*Changemaker* da Semana", para se lembrar de que a mudança é possível. Isso foi um desafio para seu mindset fixo, pois ela precisava superar a crença de que o sucesso de outra pessoa inevitavelmente acontece às suas custas.

Na aula, Hana fez uma apresentação sobre uma pessoa que era completamente desconhecida para o restante da turma, inclusive para mim. Ela escolheu essa pessoa não por ser famosa, mas por sua resiliência e capacidade de perseverar após um trauma (aspectos que repercutiram pessoalmente em Hana). Ainda duvidando de si mesma, enviou seu trabalho com uma observação que dizia que achava que poderia ter se saído melhor. Mas eu não saberia dizer como. Sua apresentação foi, ao mesmo tempo, profundamente pessoal e impressionantemente inspiradora, merecendo a excelente nota que recebeu.

No entanto, normalmente, o trabalho de mudança não recebe notas. Os impactos reais geralmente vêm depois. Isso foi verdade no caso de Hana, quando outra aluna me escreveu um bilhete para dizer especificamente o quanto a apresentação de Hana a havia inspirado. Ela também estava tentando encontrar sua própria base como *changemaker* — para unir suas grandes aspirações ao que via como uma falta de habilidades como *changemaker*. Ela identificou Hana e sua liderança como as do tipo que deseja personificar algum dia.

Compartilhei essa mensagem com Hana, e ela respondeu: "Não sei bem como começar, mas esse e-mail, honestamente, mexeu completamente comigo. É incrivelmente gratificante e não consigo acreditar que alguém me veja como uma *changemaker* e seja inspirada pelo que fiz. Estou bastante comovida e sou muito grata por isso."

Naquele momento, Hana percebeu que, apesar de toda a resistência, de todas as crenças autolimitantes e de toda a dúvida e desespero, ela fez algo notável. Provou a si mesma que realmente possuía um mindset de *changemaker* e que ninguém poderia tirar isso dela. Naquele momento, ela se tornou uma *changemaker*.

Atividade de *Changemaker* da Semana

Uma das minhas atividades favoritas em minhas aulas de Seja um *Changemaker* é chamada de "*Changemaker* da Semana". Os alunos preparam uma apresentação para a classe em que escolhem uma pessoa que os inspira e apresentam um caso persuasivo sobre por que essa pessoa é uma *changemaker*. A escolha da pessoa fica totalmente a critério deles: pode ser alguém famoso ou conhecido apenas por alguns. Pode estar vivo ou morto. Pode liderar a mudança em qualquer função ou setor. Cabe aos alunos nos contar a história de seu *changemaker* e mostrar como essa pessoa possui os traços, conceitos e as características que aprenderam em sala de aula.

Adoro essa atividade porque significa que, a cada semestre, cada aluno é apresentado a dezenas de *changemakers* diferentes e presencia uma variedade de maneiras pelas quais os indivíduos lideram mudanças positivas. Imagine que você está em minha classe e foi solicitado a fazer uma apresentação sobre um *changemaker* favorito. Quem você escolheria? O que há no mindset, na liderança ou na ação dela que faz você achar que essa pessoa uma *changemaker*? Eu o encorajo a ter essa pessoa em mente ao ler este livro e considerar se e como ela incorpora os conceitos de agentes de mudança que exploraremos juntos.

Esse também é um convite para você assumir a tarefa extra que ofereço aos meus alunos: depois de pensar por que essa pessoa é uma *changemaker*, considere entrar em contato com ela por meio das redes sociais, e-mail ou outra forma de comunicação. É um grande elogio dizer a alguém por que você acha que ele é um *changemaker*, e os alunos descobriram que essa é uma linha de abertura perfeita para começar a se conectar com pessoas que os inspiram. Ofertas de emprego, ligações telefônicas e mentorias de longo prazo surgiram a partir desse exercício. Sei que pode parecer arriscado no início (se esse for o seu caso, continue lendo, pois, no próximo capítulo, aprenderá estruturas que o ajudarão a correr riscos inteligentes). No mínimo, mesmo que não receba uma resposta, você poderá dar ao seu *changemaker* favorito a mesma sensação mágica que Hana teve quando descobriu que fez a diferença na jornada de outra pessoa.

A Verificação de *Changemaker*

Embora eu goste de uma boa história inspiradora tanto quanto qualquer outra pessoa, também estou no mundo acadêmico e nos negócios, que são orientados por dados e empíricos. Desde o início de meu trabalho como *changemaker*, acredito na importância de estudar e medir resultados me baseando em dados verificáveis, não apenas em evidências empíricas.

Como muitos líderes focados em dados adoram dizer: "Não se pode gerenciar o que não se pode medir."

Até o momento, ninguém estudou adequadamente os *changemakers* e, no início de 2019, considerei qual seria a melhor maneira de fazer isso.

Às vezes, as pessoas aparecem em sua vida no momento certo, e esse foi o caso de uma reunião fortuita com Calvin Chu Yee Ming, sócio do Eden Strategy Institute, uma empresa de consultoria e inovação com sede em Cingapura. Ele estava na cidade por apenas 24 horas e, por acaso, me procurou para tomarmos um café. Durante nosso bate-papo, conversamos sobre a importância de desenvolver novos líderes e, ao mesmo tempo, medir resultados, então fizemos um brainstorming sobre como fazer isso no cenário único de desenvolvimento de *changemakers*.

Na hora, decidi colaborar com Calvin e sua equipe. Juntamente com seus colegas Jessica Kalip, Callysta Thony e Angeline Seah, criamos a Verificação de *Changemaker* no início de 2019, o primeiro estudo longitudinal de *changemakers* já realizado.

Embora ainda estejamos no início do estudo de longo prazo, já temos resultados estatisticamente significativos entre os alunos que participaram do Seja um *Changemaker*.

Entramos no estudo com a mente aberta, sem tentar provar nada, apenas curiosos para fazer a seguinte pergunta: seria possível alguém se tornar um *changemaker*?

Agora podemos dizer de forma conclusiva que, sim, isso é possível! E temos os dados para provar que isso acontece e traçar com segurança as etapas para se tornar um de maneira efetiva.

A mudança, como campo e como abordagem, pode parecer um pouco branda ou molenga para alguns. Minha esperança é que esses dados sejam uma prova de conceito de que não só é possível se tornar um *changemaker*, mas que isso é mensurável, quantificável e apoiado por uma abordagem fundamentada em pesquisas, sobre a qual você aprenderá neste livro.

O Modo de Pesquisa

A Verificação de *Changemaker* é um instrumento de autoavaliação. Suas principais medidas são: atitudinal, comportamental e situacional. Os participantes preenchem a verificação no início do semestre, antes da primeira aula; no final do semestre, após a última aula; e anualmente a partir de então. Buscamos medir como os indivíduos se desenvolvem como *changemakers* durante o curso e como eles conseguem manter — e até melhorar — suas habilidades nos anos seguintes. Correlacionamos a verificação anual pós-curso com eventos de vida, como promoções, novas carreiras e até mesmo o início de uma família, para observar pontos de inflexão interessantes.

Ela é composta por 25 perguntas quantitativas que medem o desenvolvimento de uma pessoa como *changemaker*. Elas também fornecem informações gráficas e respostas qualitativas para compartilhar mais sobre o desenvolvimento percebido e suas necessidades atuais de continuar desenvolvendo suas habilidades. As cinco dimensões temáticas da verificação são:

- Consciência *Changemaker*. Essa área mede o grau em que um participante se identifica com o conceito em sua vida e trabalho e sua autoconsciência em relação aos pontos fortes como *changemaker* no tempo presente, áreas de crescimento e oportunidades para realizar mudanças.
- Mindset de *Changemaker*. Essa área mede até que ponto um participante é capaz de navegar em ambientes dinâmicos e de mudanças rápidas e até que ponto ele é capaz de identificar prontamente novas oportunidades de mudanças ao seu redor.
- Liderança *Changemaker*. Essa área mede o grau em que os participantes são capazes de desenvolver uma visão para a mudança e, em seguida, convocar outras pessoas para se juntar a eles em seus esforços — de maneiras grandes e pequenas — independentemente do título de liderança ou da autoridade formal do participante.
- Ação *Changemaker*. Essa área mede até que ponto os participantes são capazes de dar os primeiros passos cruciais para transformar uma ideia em ação ao passo que são capazes de conceituar como sua ideia pode crescer e se expandir além deles.
- Eficácia *Changemaker*. Essa área mede até que ponto os participantes são capazes de colocar em prática as quatro áreas

anteriores para incentivar efetivamente a mudança sustentável e perseverar em meio a contratempos inevitáveis.

Resultados

Os resultados da Verificação de *Changemaker* surpreenderam até mesmo a mim. Em todas as turmas, em todas as temáticas, os grupos de alunos se desenvolveram como *changemakers* em um grau estatisticamente significativo. Embora haja um aluno ocasional que permaneça essencialmente estável em seu próprio desenvolvimento, em nível populacional, os dados são consistentes e claros. Não só é possível se tornar um *changemaker* em apenas algumas semanas, como também, ao examinar variáveis como idade, gênero e raça, a verificação mostra conclusivamente que qualquer pessoa pode, em um grau estatisticamente significativo, ter sucesso nisso.

A seguir, apresentamos os dados da Verificação de *Changemaker* desde sua criação. Esses dados estão divididos em cinco temas de *changemakers*. As pontuações médias por tema mostradas foram medidas antes e depois de os alunos concluírem o curso.

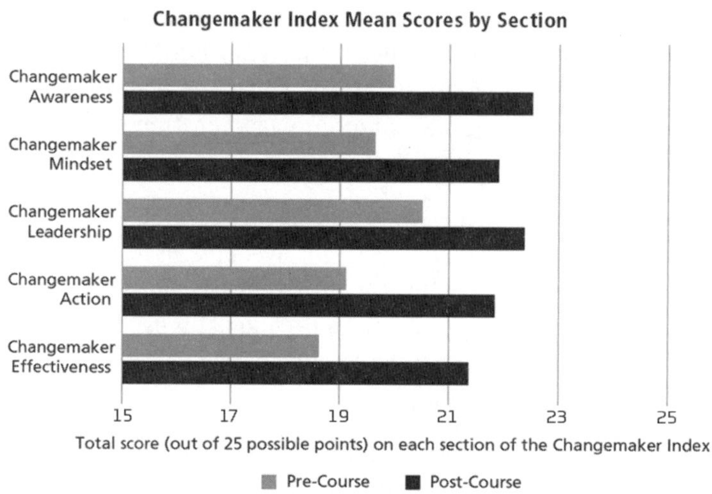

Temática Changemaker	*Média por Questão Pré-Curso*	*Média por Questão Pós-Curso*	*Desvio Padrão Pré-Curso*	*Desvio Padrão Pós-Curso*
Consciência *Changemaker*	3,99	4,51	0,80	0,69
Mindset de *Changemaker*★	3,93	4,38	0,84	0,70
Liderança *Changemaker*★	4,10	4,48	0,78	0,69
Ação *Changemaker*★	3,82	4,37	0,91	0,71
Eficácia *Changemaker*★	3,73	4,27	0,99	0,84

★ = diferença estatisticamente significativa da média teste em $p < 0,05$

Em todas as coortes, de 2019 a 2021, com um total de 619 participantes, há uma série de destaques interessantes:

- Na avaliação de linha de base, a Eficácia *Changemaker* é, de longe, a temática com a pontuação mais baixa antes de os alunos fazerem o curso. Isso faz sentido, pois minhas aulas geralmente atraem alunos que estão ansiosos para se tornar *changemakers*, mas que ainda costumam estar no início da jornada. Relacionado a isso, vemos na avaliação de linha de base que uma das pontuações médias mais altas de todas as 25 perguntas é para uma sobre o quanto eles se sentem inspirados a se desenvolver pessoal e profissionalmente como *changemakers* (4,62/5). A empolgação é alta, assim como a oportunidade de se tornar mais eficaz na liderança de mudanças.
- Talvez não seja surpreendente ver que a maior mudança medida nas pesquisas antes e depois do curso está no tema Eficácia *Changemaker*, mas a Ação *Changemaker* não fica muito atrás. Isso está de acordo com o que observo nos dados e nos relatos dos alunos no início do curso. As respostas à "Tenho confiança em ser capaz de transformar uma ideia em ação" trazem uma das pontuações médias mais baixas (3,55/5) de todas as perguntas. Esse número sobe mais de 20% nas pesquisas pós-curso, o que mostra que talvez a eficácia como *changemaker* ande de mãos dadas com a capacidade de agir com base em ideias.
- Meus mestrandos em administração (idade média: 28 anos) melhoraram quase exatamente na mesma proporção que os calouros

da graduação — com pontuações semelhantes antes e depois do curso na verificação total. Mas há diferenças notáveis nas pontuações pré-curso, especialmente na seção Liderança *Changemaker*. Os mestrandos têm muito mais probabilidade de se ver como líderes antes de fazer o curso em comparação com os calouros, mas ambos notaram saltos igualmente notáveis na capacidade de influenciar sem autoridade depois de fazer o curso. Os mestrandos melhoram mais em sua capacidade de navegar e prosperar em ambientes altamente dinâmicos — provavelmente um reflexo de experiências de trabalho anteriores e da capacidade de aplicação imediata dos aprendizados das aulas no âmbito profissional, que certamente é altamente dinâmico e muda constantemente!

- A maior melhoria em uma única temática está no conhecimento dos alunos sobre as oportunidades do mundo real para se tornarem *changemakers* (aumento de 23,92%). Espero que você encontre o mesmo efeito ao ler este livro. Não importa se seus esforços de mudança desejados são grandes, ou pequenos, ou se nem mesmo sabe quais são, os exemplos, as histórias e os conselhos deste livro têm o objetivo de ajudá-lo a se conscientizar e a se inspirar para se tornar um *changemaker* eficaz no final.

Embora, até o momento, os dados sejam encorajadores, ainda há um longo caminho a percorrer na análise de desenvolvimento de *changemakers* e do que possibilita que suas aspirações de mudança se tornem uma realidade mensurável. É uma alegria compartilhar esses resultados publicamente com vocês pela primeira vez. Mas, acima de tudo, espero que ver essas descobertas estatísticas lhe dê confiança ao iniciar sua própria jornada para se tornar um, sabendo que estará seguindo uma metodologia que funcionou para tantas outras pessoas.

A Pesquisa Changemaker

Ao ler este livro, você se torna parte da nossa comunidade! Se quiser participar da Verificação de *Changemaker* de início de jornada, eu adoraria que você o fizesse. Você pode acessar exatamente a mesma ferramenta de avaliação que meus alunos utilizam em changemaker.us/index.

Segue uma versão especial, resumida, com dez perguntas, para que você possa ter uma ideia dos tipos de perguntas que encontrará online e também para que entenda melhor a pesquisa e seu próprio desenvolvimento como *changemaker* imediatamente. Responda a cada afirmação honestamente, em uma escala de 1 (discordo totalmente) a 5 (concordo totalmente).

Consciência Changemaker

1. Eu me considero um *changemaker*.
2. Eu conheço pessoalmente outros que considero *changemakers*.

Mindset de Changemaker

3. Atrevo-me a sair da minha zona de conforto e correr riscos inteligentes.
4. Eu considero problemas como oportunidades de crescimento.

Liderança Changemaker

5. As pessoas ao meu redor podem ser elas mesmas e experimentar coisas novas.
6. Consigo influenciar os outros de forma eficaz, mesmo sem autoridade formal.

Ação Changemaker

7. Mesmo que eu lidere mudanças menores, posso ver como elas podem levar a mudanças maiores e sistêmicas.
8. Tenho confiança de que posso transformar uma ideia em ação.

Eficácia Changemaker

9. Atualmente, lidero uma iniciativa que resulta em mudanças positivas de alguma forma.
10. Ajudo outras pessoas a se tornarem *changemakers*.

Definição de *Changemaker*

A Faculdade de Administração da UC Berkeley é meu lar acadêmico e profissional. Aprecio particularmente o compromisso da escola com seu lema e seus valores, com seu objetivo explícito de "competir na cultura" quando se trata de se diferenciar entre outras faculdades.

A Haas codificou seus quatro "Princípios Definidores de Liderança", e esses valores estão incorporados em todos os aspectos imagináveis da escola.[10] Perguntaram-me sobre esses princípios durante minha primeira entrevista de emprego na Haas; as avaliações dos cursos perguntam aos alunos se o corpo docente incorpora esses princípios em seu ensino; e eles estão literalmente gravados no chão do pátio em frente aos prédios do campus, um lembrete tangível de nosso lema sempre que entramos e saímos.

Para mim, não é apenas a importância dada aos valores que importa; são os próprios princípios. Os quatro princípios são um ótimo modo de mostrar a sua presença no mundo com um mindset de *changemaker*. Como uma homenagem ao compromisso da Berkeley Haas de educar agentes de mudança, organizei os próximos quatro capítulos em torno dos Princípios de Definição de Liderança.

- Em "Questione o Status Quo", abordaremos traços de mindset como curiosidade e tomada de riscos inteligente.
- Em "Confiança sem Atitude", você aprenderá a trazer humildade, confiança e colaboração para seu trabalho e sua vida.
- Em "Além de Si Mesmo", exploraremos como desbloquear o dever, a ética, a visão e o pensamento de longo prazo na busca de suas metas de mudanças.
- Em "Sempre Alunos", você desenvolverá adaptabilidade, flexibilidade e empatia para se manter curioso, quer tenha 8 ou 80 anos de idade.

Ao final dessa parte do livro, você terá experimentado cada um dos quatro Princípios Definidores de Liderança que são fundamentais para a Haas e para o meu curso Seja um *Changemaker* e, assim como Hana, estará pronto para começar a aplicar seu mindset em todos os lugares que for.

Seja a Mudança

Pontos Importantes

- Um mindset de changemaker começa com uma escolha consciente, lembrando que temos poder de decisão sobre como reagir às mudanças ao nosso redor.
- Todos nós podemos praticá-lo e desenvolvê-lo, seja fazendo mudanças positivas diante da dor, como Dadarao Bilhore; ao desafiar nosso mindset fixo, como Hana; ou inspirar outras pessoas a serem changemakers, como Laura Weidman Powers.
- A Verificação de Changemaker fornece evidência empírica e confiança de que cada um de nós independentemente de nossa formação, experiências, personalidade, carreira ou cargo — pode se tornar um changemaker.

Desafio Changemaker

- Está curioso para ver como você se desenvolverá como changemaker nas próximas semanas e páginas? Acesse changemaker.us/index e responda à pesquisa da Verificação de Changemaker agora mesmo! (E receba um lembrete para respondê-la novamente após concluir o livro.)

Capítulo 2

Questione o Status Quo

Bryan Stevenson não é qualquer graduado em direito de Harvard.

Quando começou a cursar direito, ele mesmo nunca havia conhecido um advogado, pois cresceu em uma pobre comunidade rural em Delaware. A crença de que todos tinham direito à justiça, especialmente aqueles mais facilmente esquecidos em nossa sociedade, foi o que o levou a seguir a profissão. Ele conta que sentiu o chamado para um "compromisso com os direitos humanos e com a justiça igualitária, que se tornou uma forma de pensar sobre como eu gostaria de usar o meu tempo".[1]

Mas durante a faculdade de direito, Stevenson observou que, entre seus colegas de classe, "as conversas pareciam, inicialmente, muito desconectadas de questões como ajudar aos pobres ou levar a justiça àqueles que eram marginalizados".[2]

Quando se formou, ele não sabia exatamente o que faria com seu diploma, mas havia desenvolvido um conjunto de habilidades jurídicas incríveis e sabia que não se contentaria em simplesmente manter a ordem existente em sua carreira: "O Estado de Direito foi, para mim, um meio muito cativante para pensar na mudança", disse ele, "e continuo acreditando que é um espaço poderoso para a reforma."

Uma experiência inicial durante a faculdade de direito, quando trabalhou no Southern Center for Human Rights, transformou-o. Lá, ele conheceu pessoas que precisavam desesperadamente de assistência jurídica, mas cujas histórias e sentenças demonstravam o preconceito do sistema jurídico contra pessoas pobres e não brancas. Essa experiência o levou de volta à sua própria reflexão sobre como foi crescer em sua pequena cidade: "Havia uma rachadura no mundo, e crescer em um dos lados dela era definitivamente muito diferente de crescer do outro."[3]

Em 1989, com pouco dinheiro no bolso, mas com grandes ambições de mudança, ele começou o trabalho de sua vida, fundando a Equal Justice Initiative (EJI), que "trabalha para acabar com o encarceramento em massa, a punição excessiva e a desigualdade racial".[4] A EJI começou garantindo representação legal a qualquer pessoa no Alabama condenada à pena de morte (o único estado que não oferecia apoio legal nesses casos). Com isso, ajudou a reverter mais de 125 condenações injustas — pessoas que teriam sido executadas —, e Stevenson liderou um desafio que chegou à Suprema Corte dos EUA, que finalmente decidiu que condenar crianças com 17 anos ou menos à prisão perpétua sem liberdade condicional era inconstitucional.

Stevenson construiu sua carreira e causou impacto por estar disposto a fazer o que outros não fariam. "Alguém tem que ficar de pé quando outras pessoas estão sentadas", afirma ele. "Alguém tem que falar quando outras pessoas estão caladas."[5]

Com sua inteligência, treinamento e talento, Stevenson poderia ter obtido sucesso em qualquer área tradicional do direito que escolhesse. Em vez disso, ele deixou sua marca ao questionar consistentemente o status quo de tudo, desde o que significa ser um advogado até ao atendimento do sistema judiciário estadunidense. Stevenson foi capaz de realizar tantas mudanças positivas ao longo de sua vida porque adotou três princípios ousados de questionamento do status quo:

Ele estimulou a própria curiosidade na faculdade, e questionou regularmente por que tantas pessoas nos Estados Unidos eram excluídas de receber a justiça que mereciam. Ele divergiu da forma convencional de pensar sobre o conceito de justiça ao centralizar as necessidades das pessoas com menor probabilidade de receber justiça e, em seguida, defender ativamente os direitos delas.

Ele nadou contra a correnteza ao decidir criar sua própria organização jurídica em uma região do país muito diferente daquela de onde cursou a faculdade de direito. Tendo como base suas experiências iniciais, dedicou-se totalmente ao direito de interesse público, empregando a vida para defender os mais vulneráveis entre nós. Usou a voz para defender as pessoas que poucos aceitariam como clientes, inclusive pessoas condenadas à morte. Ao fazer isso, sempre defendeu a humanidade daqueles que são facilmente ignorados pela maioria, lembrando-nos de que somos mais do que a pior coisa que já fizemos.

Ele assumiu riscos inteligentes ao apoiar novos clientes, independentemente de quão problemáticos ou vulneráveis fossem. Esses eram casos desafiadores, em que as probabilidades estavam contra seus clientes e em que seria muito mais difícil conseguir uma decisão a favor deles. Além disso, também assumiu riscos como pessoa, ao colocar seu próprio sucesso e bem-estar em jogo, sabendo que o tipo de trabalho que fazia provavelmente não traria o retorno financeiro normalmente encontrado em outras carreiras jurídicas. Mas a recompensa — em muitos casos, salvar uma pessoa de uma sentença de morte — significava que esses riscos vinham com uma recompensa valorosa, o que, por fim, fazia valer a pena corrê-los.

“Não podemos mudar o mundo se não estivermos dispostos a fazer coisas que sejam desconfortáveis e inconvenientes”, aconselha ele a outros *changemakers*, ao equilibrar realismo e esperança. “A injustiça prevalece onde a desesperança persiste. A esperança é seu superpoder. Não deixe que ninguém ou nada a retire de você. Ela é inimiga da injustiça.”[6]

A disposição de Stevenson de questionar o status quo — e de canalizar os princípios mencionados acima — fez dele o *changemaker* que é hoje.

Questionar efetivamente o status quo requer duas capacidades de alto nível funcionando juntas. A primeira é aprender a reconhecer algo convencionado que vale a pena ser confrontado. A segunda é ter o mindset e as habilidades para assumir o risco de buscar a mudança e trazer outras pessoas com você. Este capítulo abordará ambos; começaremos analisando como você pode identificar áreas propícias à mudança ao seu redor. Afinal de contas, a capacidade de liderar mudanças começa com a capacidade de encontrar oportunidades que mereçam seus esforços para mudá-las.

Por que Questionar o Status Quo?

Na introdução, discutimos as duas questões sobre mudanças: que elas acontecem e que são desafiadoras. Com tantas mudanças ao nosso redor, desde os avanços tecnológicos até os desafios da saúde pública, a urbanização, a mudança de cultura no local de trabalho e muito mais, não podemos mais nos dar ao luxo de tentar nos isolar dessas macro e micro mudanças por meio da inação.

Mesmo os sucessos anteriores não garantem mais os triunfos futuros. Das 500 empresas listadas na primeira lista da Fortune 500, em 1955, apenas 52 (10,4%) permanecem nessa lista, pois a maioria se fundiu com outras empresas ou encerrou suas atividades completamente. Esse dinamismo significa que não podemos relaxar como indivíduos ou como organizações — devemos desafiar constantemente as convenções e encontrar novas maneiras de evoluir, mudar e crescer. Os *changemakers* capazes de questionar o status quo são aqueles que encontrarão oportunidades de mudanças positivas e as buscarão, mesmo que isso signifique alterar normas e práticas existentes.

Pense em todas as organizações que continuaram adiando a criação de uma estratégia de transformação digital na década de 2010 por acreditavam que haveria um momento mais fácil para realizá-la. Elas erroneamente consideraram como certo que o status quo se manteria por mais algum tempo. Em 2020, o surgimento da covid-19 revolucionou tudo e até mesmo as empresas mais conservadoras se depararam com uma escolha difícil: mudar ou correr o risco de deixar de existir. As organizações e as pessoas que se saíram melhor em meio a esse caos e à disrupção foram aquelas que criaram regularmente uma prática de desafiar o status quo — mesmo em tempos supostamente bons.

A Two Birds Brewing, na Austrália, sempre foi uma empresa inovadora; a primeira cervejaria de propriedade de uma mulher no país. Quando a covid-19 chegou, sua sala de degustação e seu restaurante em Melbourne enfrentaram grandes riscos, mas a empresa estava preparada para inovar com agilidade. Lançou uma "loja de garrafas *drive thru*" logo no primeiro fim de semana após o fechamento obrigatório dos restaurantes e lançou a entrega de alimentos e os pedidos on-line para seus clientes fiéis. A empresa estava pronta para se adaptar porque sua equipe já tinha o mindset de "questionar o status quo" ativo.

Os líderes que fazem grandes mudanças geralmente correm muitos riscos, mas, como aprenderemos neste capítulo, todos nós podemos aprender como e quando assumir riscos inteligentes e calculados com a adesão externa, independentemente de nossa função, poder ou influência formal.

Estimule sua Curiosidade

Como é, na prática, questionar o status quo? Para muitos *changemakers* isso começa com a disposição de ver o mundo como ele é e como pode ser — de forma um pouco diferente dos outros.

Esse foi o caso de Laila Ohlgren. Poucas pessoas podem afirmar com certeza que sua curiosidade levou à criação de algo usado por bilhões de pessoas. Mas Ohlgren, uma engenheira sueca nascida em 1937, certamente pode, porque estava disposta a questionar o status quo e a imaginar um caminho diferente.

Ohlgren trabalhava para a empresa nacional de telefonia sueca na década de 1970, sendo a única engenheira mulher em uma equipe que tentava desenvolver os primeiros telefones móveis e infraestrutura celular. A equipe havia feito um bom progresso, mas sempre se deparava com o mesmo problema. Eles estavam tentando reproduzir a experiência telefônica com a qual as pessoas estavam acostumadas em suas casas e escritórios, embora os primeiros telefones celulares fossem usados em carros. A equipe de engenharia acreditava que a experiência móvel tinha que ser exatamente igual à experiência fixa: pegar um aparelho e discar um número. Compreensível, mas em cada teste, a conexão era interrompida.

"Levava pelo menos quinze segundos para discar um número", disse Ohlgren. "Durante esse tempo, um prédio ou uma árvore podia atrapalhar [o sinal], então você acabava em um vácuo, o que significava que nem todos os dígitos eram transmitidos."[7] Quinze segundos era um tempo bastante longo para transmitir informações, e a equipe sentia que estava enfrentando desafios insuperáveis. Em junho de 1979, a equipe de Ohlgren estava quase sem esperanças. Muitos começaram a se perguntar se a tecnologia de telefonia móvel seria tecnicamente possível algum dia.

Nesse ponto de inflexão, Ohlgren teve um insight crucial que mudou a trajetória dos testes de sua equipe e da telefonia móvel como a conhecemos hoje. Ela se perguntou por que tinham que usar o mesmo processo para telefones celulares e para telefones fixos? Propôs mudar todo o processo e, ao fazê-lo, de acordo com a gigante de telecomunicações, Ericsson, "quebrou um dos mandamentos, que afirmava que o procedimento de discagem deveria ser o mesmo da rede fixa".

Ohlgren estimulou sua curiosidade e reformulou como poderia fazer a telefonia móvel funcionar ao questionar um dos princípios fundamentais de como os telefones sempre funcionaram. "Como cada telefone móvel teria seu próprio microprocessador, você poderia permitir que ele armazenasse os números antes de iniciar a chamada. Imaginei que isso tornaria as ligações mais confiáveis", disse ela. Em outras palavras, em vez de discar os números um de cada vez, Ohlgren inventou uma maneira completamente nova de discar números — armazenar cada número de telefone inteiro à medida que era digitado no telefone e, em seguida, conectar-se a uma torre de celular para obter sinal somente quando o número completo estivesse pronto.

O fato de hoje termos como certo que os telefones celulares se conectarão facilmente à rede sempre que discarmos um número é graças a essa engenheira corajosa que, diante da frustração de um problema que parecia impossível, acreditou que uma maneira melhor era possível (mesmo que não fosse inevitável) e imaginou um caminho totalmente novo. De fato, muitos leitores deste livro não conhecem a época em que o modelo de Ohlgren de discagem de telefones não era o funcionamento óbvio de todos os telefones. Talvez, da próxima vez que ligar para um ente querido, conte a ele a história de Laila Ohlgren, a *changemaker* que deu ouvidos à sua curiosidade, questionou o status quo e mudou para sempre o mundo dos telefones celulares.

Aprenda a Pensar Diferente

Qual é a capital da França? Quem foi o 26º presidente dos Estados Unidos? Quanto pesa um filhote de lhama?

Todos esses são exemplos de perguntas que exigem "pensamento convergente", o processo de chegar a uma única resposta, já estabelecida, para um problema.

Esse tipo de pensamento enfatiza a velocidade, a precisão e a lógica. Ao pensar de forma convergente, usamos abordagens cognitivas como o reconhecimento de padrões familiares, a reaplicação de técnicas que usamos no passado e o acesso às informações armazenadas. Portanto, a criatividade é menos importante. A busca está centrada em uma resposta única e objetivamente correta.

Ah, e para aqueles que aplicaram a solução convergente de problemas às perguntas que acabei de fazer, as respostas são Paris, Theodore Roosevelt e aproximadamente 11 kg (não é adorável?). Vamos agora contrastar o pensamento convergente com seu conceito oposto: o pensamento divergente.

Enquanto o pensamento convergente busca uma única resposta certa, o pensamento divergente tenta gerar ideias criativas ao explorar diversas soluções possíveis. Ele é de fluxo livre e não linear, e essas ideias geralmente são geradas de forma cognitivamente emergente. Ao contrário do pensamento convergente, o divergente não busca uma decisão imediata. Em vez disso, o foco está na criação de várias soluções possíveis. Se você já atuou com improvisação, essa é a abordagem do "sim, e" — a construção de ideias possíveis em vez da aplicação de probabilidades ou padrões específicos para análise.

Tanto o pensamento convergente quanto o divergente são incrivelmente valiosos e necessários em seu trabalho como *changemaker*. Infelizmente, muitas vezes, ignoramos rapidamente o processo divergente ao procurar por uma única resposta. Para abraçar a curiosidade e sermos criativos, sermos transformadores que rompem com o status quo, é bom entendermos quando aplicar cada tipo de pensamento e nos certificarmos de que dedicamos tempo e foco suficientes ao processo divergente.

O pensamento divergente é um processo de brainstorming em que um único estímulo leva a muitas respostas possíveis. Para ativar esse processo, é indicado escrever listas com o maior número possível de ideias ou a escrita livre. Há também a opção de meditar, criar mapas mentais ou até mesmo obras de arte que explorem seu lado criativo. Se você acha que isso parece coisa de criança, você está certo! A psicóloga J. Nina Lieberman estudou alunos do jardim de infância em 1965 e descobriu uma ligação entre a ludicidade e o pensamento divergente, observando um aumento na "espontaneidade, nos níveis de alegria e no senso de humor"[8], bem como na curiosidade e na criatividade.

Então acontece uma dança entre o pensamento divergente e o pensamento convergente: chegar a várias respostas possíveis e depois reduzi-las. Talvez por meio de outro brainstorming para encontrar mais possibilidades e, em seguida, refinar a lista com o pensamento crítico. Nossas escolas e universidades geralmente valorizam o pensamento convergente em detrimento do divergente; portanto, como *changemakers*, é benéfico criar um processo deliberado de pensamento divergente em que você possa ser criativo e curioso.

Uma oportunidade de romper com o status quo provavelmente surgirá de uma abordagem de pensamento divergente. Em vez de ficar confinado a uma única resposta "certa", o processo divergente acolhe uma ampla variedade de ideias, que evita o julgamento prematuro. Esse processo criativo pode produzir alguns insights surpreendentes — são esses que têm maior probabilidade de desestruturar o status quo. É claro que, uma vez que você se volte para sua curiosidade e identifique diversas abordagens novas em potencial, poderá ativar o pensamento convergente e selecionar aquela que vale a pena correr um risco inteligente para implementá-la.

Muitas vezes, ao trabalhar com equipes de gerenciamento, descobri que os desentendimentos que parecem pessoais ou sistêmicos durante as reuniões são, na verdade, um desalinhamento do tipo de pensamento aplicado naquele momento. Se metade da equipe estiver alinhada ao pensamento divergente e apresentar soluções em potencial, enquanto a outra metade aplica o pensamento convergente e tenta decidir a melhor estratégia, haverá um conflito inevitável, não importa quão boas sejam as intenções de todos. Portanto, ao liderar equipes e reuniões, é necessário definir claramente quando a equipe deve estar no modo divergente e quando deve estar no modo convergente. Isso auxilia na criatividade e no potencial de ruptura do status quo — e aproveita todo o potencial de apresentação de ideias da equipe —, bem como na eficiência para garantir que o pensamento divergente ocorrerá simultaneamente para que todos escolham uma única abordagem.

Em forma de T

A empresa de design IDEO é uma consultoria global de designers, empreendedores, professores, pesquisadores e muitos outros tipos de *changemakers*. Fundada em 1978 pelos designers David Kelley, Bill Moggridge e Mike Nuttall, a empresa trabalhou com algumas das maiores e mais impactantes empresas do mundo e produziu inovações que moldaram nossas vidas e nosso trabalho. Em 1980, a IDEO fez uma parceria com Steve Jobs, cofundador da Apple, para desenvolver um mouse para o computador Lisa, que ainda não havia sido lançado. A empresa também ajudou a projetar o primeiro modelo de notebook, além de inovações em setores tão variados como serviços financeiros, brinquedos e produtos médicos.

Qual é o segredo para formar uma equipe tão diversificada, infinitamente curiosa e criativa para dar vida a essas inovações? Um conceito chamado "pessoa em forma de T". Essa é a espinha dorsal do método de contratação da IDEO.

As pessoas em forma de T têm duas características cruciais, que podemos entender ao visualizar a letra T. A linha vertical representa profundidade em uma habilidade específica, como conhecimento especializado em engenharia, arquitetura, ciências sociais ou finanças. A linha horizontal representa a "disposição para a colaboração entre áreas".[9] Isso significa que a pessoa sabe um pouco sobre uma grande variedade de áreas, tópicos e abordagens e procura ativamente colaborar com outras, integrando, assim, todas essas perspectivas. Em outras palavras, uma pessoa em forma de T, ou um líder em forma de T, não tem só uma especialização em determinada área, mas também uma visão e uma propensão a se envolver com o mundo ao seu redor. Discutiremos isso com mais profundidade na próxima seção.

Seja Curioso sobre a Mudança

Como desenvolver essa linha horizontal em seu próprio T, essa ampla base de interesses e disciplinas? Ao praticar a curiosidade.

Ian Leslie, autor de *Curious* [sem publicação no Brasil], compara a curiosidade a um músculo. Ele diz que "é preciso exercitá-la para mantê-la... é preciso cultivar conscientemente o hábito da curiosidade para continuar sendo uma pessoa curiosa".[10]

Então, o que dificulta a prática e o fortalecimento da nossa curiosidade, que mais tarde nos ajudará a questionar o status quo? Há cinco obstáculos específicos que observei, todos os quais você, como *changemaker*, pode enfrentar para estimular sua curiosidade e criatividade.

1. Agendas lotadas e listas de afazeres. Se pulamos de uma reunião para outra e preenchemos todas as horas do dia com uma lista de itens a serem verificados, permanecemos no modo de execução constantemente. Nesse estado, não temos o foco ou a capacidade de deixar nossa mente vagar, fazer perguntas e simplesmente observar o mundo ao nosso redor. O fundador da Amazon, Jeff Bezos, é famoso por dedicar várias horas ao "tempo para pensar" em sua agenda todos os dias. Esse é um tempo não estruturado, que não pode ser interrompido por reuniões ou e-mails, em que você deve simplesmente pensar, traçar estratégias e... sim, ser curioso! Embora provavelmente não tenha o privilégio de controlar sua agenda como Bezos, você também não administra uma das maiores empresas do mundo. Portanto, mesmo que sejam quinze minutos por dia, programe esse tempo de reflexão — o chamado "tempo de curiosidade" — para ter a chance de colocar seus músculos da curiosidade para trabalhar.
2. Você faz as perguntas erradas. Para despertar sua curiosidade, considere abordar os desafios de uma das três maneiras a seguir. A primeira desperta sua criança interior de 3 anos: aborde um desafio com a admiração e a curiosidade de uma criança. Pergunte "por quê?" — várias vezes. Observe pela mente de um iniciante e tente ver as coisas sob uma nova perspectiva. Na segunda abordagem, você se pergunta: o que meu substituto faria? Às vezes, ficamos tão presos à maneira que sempre fizemos as coisas que é difícil imaginar que outra pessoa possa olhar para um desafio de uma perspectiva muito diferente. É uma pergunta maravilhosa e motivadora,

deixando seu ego de lado por um segundo e olhando para uma situação de novo pelos olhos de outra pessoa. Por fim, considere começar com a pergunta “Como poderíamos...?” Essa pergunta, uma parte fundamental da metodologia de “design thinking”, é brilhante. Observe que a pergunta é *poderíamos*, e não *deveríamos*, estendendo um convite ao pensamento divergente e às novas ideias e perspectivas. Observe também que se trata de nós, não de *eu* ou *você*, portanto, é essencialmente um convite à colaboração e à consideração de diversas ideias. A linguagem é importante, e essas perguntas podem ajudá-lo a explorar sua própria curiosidade latente.

3. Microgestão. Terei mais a dizer sobre isso nos próximos capítulos sobre liderança transformadora, mas, por enquanto, basta dizer que, quando as pessoas nos microgerenciam — dizendo-nos exatamente o que fazer a cada passo —, isso nos rouba a capacidade de sermos curiosos. Isso muda nossa abordagem de um mindset de aprendizado para um de execução e acaba com a nossa oportunidade de nos perguntar “Como poderíamos...?”, pois não nos permite pensar, apenas fazer.
4. Hiperespecialização. As universidades são especialmente culpadas disso, pois pressionam os alunos a escolher uma única especialização ou cursar matérias específicas. O mesmo acontece com muitos de nossos modelos de trabalho, que não evoluíram totalmente nos últimos séculos. *Changemakers* curiosos se beneficiam da participação em uma gama diversificada de atividades, mesmo que isso implique em perda de eficiência. Os benefícios de, por exemplo, ler um livro sobre antropologia ou conversar com um cientista de alimentos podem não ser óbvios no momento, mas ampliam nossa perspectiva e abrem novas possibilidades a insight futuros. Precisamos nos dar permissão para pensar de forma abrangente, não apenas de forma eficiente. Como minha avó costumava dizer: “Nada se perde”, o que significa que cada nova experiência que temos e cada coisa nova que aprendemos pode se tornar valiosa em algum momento no futuro e nos ajudar a estabelecer conexões novas e interessantes.

5. Não tirar um tempo para brincar. Quando o psiquiatra Bruce D. Perry e seus colegas estudaram a conexão entre a curiosidade, as brincadeiras e o desenvolvimento do cérebro das crianças, eles descobriram um ciclo poderoso que reforça a si mesmo: "O prazer de brincar impulsiona um ciclo maravilhoso de aprendizado", relataram a um artigo de jornal.[11] "[A criança] explora e descobre. A descoberta traz prazer; o prazer leva à repetição e à prática. A prática traz a maestria; a maestria traz o prazer e a confiança para agir novamente com base na curiosidade. Todos os aprendizados — emocional, social, motor e cognitivo — são acelerados e facilitados pela repetição, pelo prazer de brincar." Só porque trabalha de terno ou tem um título que soa oficial, não significa que você não possa brincar. Na verdade, pode ser extremamente importante! A brincadeira desperta não apenas a nossa curiosidade, mas também o nosso aprendizado, gerando um círculo virtuoso de mais curiosidade e mais criatividade.

Ficar atento a esses obstáculos o ajudará a identificar oportunidades de mudanças mais rapidamente e a perceber situações em que o status quo pede por elas. Vamos dar uma olhada em algumas práticas e estruturas de mindsets intencionais de *changemakers* que o ajudarão a incentivar a mudança que questiona o status quo efetivamente.

Nade contra a correnteza

Yvon Chouinard, fundador da Patagonia, apaixonou-se pela natureza aos 14 anos, quando aprendeu a escalar rochas em 1953. Um empresário improvável e um homem de negócios ainda mais improvável, Chouinard criou uma empresa que, desde o início, contrariou quase toda a sabedoria comercial convencional. O primeiro produto dele, os pitons de aço reutilizáveis, revolucionou a escalada. Entretanto, os pitons também acabaram causando impactos negativos imprevistos nas paisagens ambientais. Seus valores superaram seu desejo de lucro e, por isso, ele abandonou completamente aquele produto e seu fluxo de receita, por mais maluco que isso tenha sido na época.

Ele mudou seu foco para roupas de atividades ao ar livre, e garantiu que a Patagonia fosse diferente de qualquer outra empresa. Em 1985 — muito antes de se tornar moda — a Patagonia começou a doar 10% de seus lucros para grupos ambientais (mais tarde, em 2002, passou a doar 1% do total de vendas). A Patagonia também oferecia creches gratuitas aos seus funcionários, escritórios conjuntos e, estrategicamente, construiu a sede da empresa em Ventura, Califórnia, a poucos passos da praia, para que os funcionários pudessem surfar no horário de almoço. Esse espírito livre perdura até hoje, uma vez que a empresa continua a seguir conscientemente seu próprio caminho, de acordo com seus valores e visão. Quase todas as peças de roupa da marca são feitas de materiais reciclados e, em um anúncio do *New York Times*, a empresa ficou famosa por dizer aos clientes: "Don't Buy This Jacket" (Não compre essa jaqueta, em tradução livre), para incentivar, de forma contraintuitiva, as pessoas a comprar menos e reduzir nossa pegada ambiental coletiva.

No entanto, apesar de — ou, mais provavelmente, por — sempre seguir seu próprio caminho, Chouinard criou uma empresa amada, sustentável e impactante. Chouinard nadou contra a correnteza, uma característica compartilhada por muitos *changemakers* bem-sucedidos em todas as funções e setores. Outras organizações também podem colher os benefícios disso, contrariar a área em que estão inseridos e tomar medidas ousadas e baseadas em princípios.

Vá Além da Black Friday

Enquanto morava em Estocolmo, eu tive o prazer de ver muitos produtos americanos chegar à Escandinávia, desde garrafas de kombucha nas prateleiras dos supermercados até bonés dos Yankees nas lojas de departamento (embora eu preferisse muito mais os dos Cubs). Mas houve uma exportação que me deixou absolutamente chocado: a Black Friday — o costume de grandes vendas e um frenesi de compras no dia seguinte ao Dia de Ação de Graças. A parte mais louca? Eles nem mesmo comemoram o feriado na Suécia! No entanto, para meu desgosto, essa tradição exclusivamente estadunidense se infiltrou nos shoppings e na psique de Estocolmo.

A Black Friday pode ter se tornado um fenômeno cultural global, mas o conceito em si começou de forma bastante inócua. As lojas — muitas das quais dependem da época de fim de ano para atingir suas metas anuais — ofereciam vendas especiais no dia seguinte ao Dia de Ação de Graças para dar início ao mês de compras de Natal. Logo, as lojas se sentiram pressionadas a se superar; começaram a abrir às 6 da manhã para maximizar a duração da Black Friday. Essa tendência logo saiu do controle, com os principais varejistas abrindo suas portas cada vez mais cedo, primeiro à meia-noite de sexta-feira e, por fim, voltando às 18h de quinta-feira — o mesmo horário, ironicamente, em que as famílias deveriam estar sentadas para fazer uma refeição, passar um tempo juntas e dar graças. O impulso de vendas cada vez mais cedo e mais agressivo na Black Friday se tornou uma tendência que se espalhou por todo o setor varejista estadunidense, e parecia que as lojas não tinham escolha a não ser participar, com benefícios cada vez maiores para aquelas que conseguiam abrir mais cedo do que suas concorrentes, independentemente de quão destrutivas suas ações fossem para a premissa subjacente do feriado.

Enquanto praticamente todas as empresas dos EUA seguiam nessa direção, uma empresa teve a coragem de traçar seu próprio caminho. Em 2015, a loja de atividades ao ar livre REI decidiu que fecharia completamente suas lojas na Black Friday e sugeriu que os consumidores passassem o dia na natureza com a família e os amigos. Sua campanha #OptOutside foi um grande risco. Como o diretor de clientes da REI, Ben Steele, disse mais tarde: "As pessoas achavam que éramos loucos, e os lojistas diziam: 'Por que diabos você desistiria de um dos dias de compras mais movimentados do ano?'"[12]

A decisão foi de fato arriscada. Mas estava enraizada na missão da empresa e valeu a pena para a loja em todos os casos. Os funcionários gostaram da iniciativa, pois não precisariam trabalhar em um feriado e, ainda assim, seriam pagos. Os consumidores adoraram; a campanha teve um impressionante sentimento positivo de 91% nas mídias sociais.[13] E os investidores adoraram, pois a primeira campanha em 2015 resultou em um aumento de

9,3% nas vendas em comparação com o ano anterior, quando as lojas da REI estavam abertas na Black Friday.[14]

Você não precisa ser um CEO ou um líder influente para escolher aquilo que os outros deixaram de lado. Praticar esse mindset é igualmente acessível a cada um de nós se tivermos a curiosidade de prestar atenção às tendências em nível macro. Podemos perceber quando setores, grupos ou equipes inteiras tendem a pensar ou agir de uma única maneira e, em seguida, identificar oportunidades de impacto ao ir contra essa tendência. Como os experimentos de conformidade de Asch (que discutirei nas próximas páginas) nos mostram, os seres humanos naturalmente andam em bandos. Se você puder se apoiar em seus valores, como a REI, ou conectar sua inconformidade à sua missão e visão, como Chouinard, terá enormes benefícios e oportunidades de mudanças positivas. Isso não significa nadar contra a correnteza com uma empresa inteira; mas talvez criar uma nova norma em sua família ou uma nova abordagem para o trabalho voluntário na escola de seu filho. Nadar contra a correnteza tem tudo a ver com um mindset, que pode ser universal.

A Pressão Surpreendente da Conformidade

Você já viu uma foto no Instagram e sentiu vontade de recriá-la você mesmo? Ou viajou para uma nova cidade e a decoração do seu Airbnb em Phoenix era praticamente igual à de Toronto? Já ficou encantado ao receber uma notificação do Google Maps informando que encontrou uma rota mais rápida para você, mas todos os outros carros pegaram o mesmo retorno? Todos nós ansiamos pela originalidade, mas descobrimos que muitas vezes há muita pressão pela conformidade — uma pressão que só aumenta com as redes sociais.

A pressão para ser igual aos outros é um instinto profundamente humano e que vai muito além da atual era digital. Na década de 1950, o psicólogo Solomon Asch conduziu seus agora famosos "experimentos de conformidade" na Faculdade de Swarthmore, e estudou até que ponto as pessoas cederiam aos comportamentos e opiniões do grupo majoritário.[15] Um sujeito entrava em uma sala ao lado de atores que participavam do estudo. Eles eram solicitados a responder algumas perguntas óbvias de percepção — como quais linhas em um cartão tinham o mesmo comprimento. Cada participante anunciava suas respostas na frente do grupo, sendo que o sujeito era sempre o último. Embora as respostas corretas fossem claras e inequívocas, os atores foram programados para responder de forma incorreta de propósito para examinar se o sujeito se conformaria às opiniões do grupo, mesmo que fossem obviamente falsas. Como você acha que se sairia em um experimento como esse?

Enquanto o grupo de controle — no qual os atores responderam corretamente — resultou em uma taxa de erro de menos de 1%, Asch descobriu que 75% dos entrevistados deram pelo menos 1 resposta incorreta em 12 tentativas nas quais os atores deram respostas incorretas intencionalmente. Isso significa que três em cada quatro pessoas responderam a uma pergunta fácil com uma resposta que quase certamente sabiam ser falsa de propósito, pressionadas pela conformidade a não se destacarem. É claro que os resultados têm nuances; também houve muitas variações desse teste desde então, e uma análise mais detalhada mostra que apenas 5% foram influenciados pelos outros em todos os testes e 25% nunca foram influenciados. Mas isso ainda nos oferece cerca de 70% dos participantes que podem ser influenciados por um grupo a ir contra seus próprios instintos e, em vez disso, conformar-se com os demais.

O que isso significa para você como *changemaker*? Ao longo de sua vida, enfrentará a pressão para seguir a maioria, para fazer o que todo mundo faz. Em alguns casos, isso é inofensivo e talvez até preferível, como aprenderemos mais tarde com o conceito de "créditos de idiossincrasia". Desafiar constantemente o status quo pode nos levar ao esgotamento mental; portanto, devemos ser seletivos ao decidirmos ir contra as convenções. Por exemplo, ao ajudar a planejar um evento detalhado, com histórico de sucesso, talvez não valha a pena tentar encontrar um fornecedor diferente dos anos anteriores ou refazer uma tabela de assentos ligeiramente imperfeita. Ao permitir que essas decisões de status quo sejam mantidas, você poderá concentrar sua energia de forma mais eficaz em mudanças mais ousadas — como um evento sustentável, convidar novos palestrantes ou criar um acesso digital, que são áreas com maior potencial de impacto. *Changemakers* não são capazes de mudar tudo e, certamente, não tudo ao mesmo tempo; é saber quando e onde questionar o status quo que faz a diferença.

Ao encontrarmos um status quo que vale a pena desafiar, nossa capacidade de instituir e liderar a mudança requer coragem para questionar as normas — para enfrentar a pressão de colegas e até mesmo da família, que esperam que sigamos o caminho "padrão"; mas, ainda assim, devemos seguir uma direção que seja fiel a quem somos. Lembre-se das lições dos experimentos de conformidade de Asch: a pressão que sente para se conformar é normal e universal, mas ao desenvolver a confiança e aplicar as ferramentas deste capítulo para encontrar a coragem, você terá a capacidade de liderar mudanças positivas.

Arrisque-se de Maneira Inteligente

Você tende a correr riscos? Ou tende a ser mais cauteloso?

Ser uma pessoa que se arrisca está embutido em nosso DNA (essência) ou é uma função de nosso ambiente (existência)? Como muitos aspectos de nossas ações e personalidades, a resposta provavelmente é: ambos. Existem algumas características psicológicas relativamente estáveis que estão relacionadas ao fato de os indivíduos serem mais propensos a assumirem riscos. Mas as culturas em que crescemos, juntamente com nossos grupos sociais cotidianos, também influenciam nossa propensão ao risco.

Independentemente de onde você se enquadre naturalmente nesse espectro, como um *changemaker*, é fundamental desenvolver uma relação mais confortável com a assunção de riscos. Afinal de contas, o ato de liderar mudanças, de questionar o status quo, quase sempre tem riscos associados a ele.

Em minha definição radicalmente inclusiva de mudança, cada um de nós pode liderar a mudança à sua maneira. Para isso, esta seção se concentra em uma forma mais inclusiva de pensar sobre o risco, ensinando não apenas a aceitá-los, mas também a se arriscar de maneira inteligente. Por meio de um estudo de caso contraintuitivo de um empreendedor que assume riscos e insights da economia e da psicologia, você adquirirá as habilidades para ser o tipo de *changemaker* que se arrisca com confiança ao fazer mudanças positivas.

Riscos no Mundo Real

Além de nos protegermos contra as desvantagens dos riscos que consideramos correr, também podemos reservar um tempo para entender o quanto uma decisão pode ser arriscada.

Em minha carreira dedicada a ensinar, apoiar e aconselhar *changemakers* de todos os tipos — de executivos de empresas a diretores de programas sem fins lucrativos e gerentes de produtos iniciantes —, observei que muitas vezes não é um único risco que os deixa estressados; é o grande número deles, qualquer um dos quais pode render muito bem ou resultar em desastre. Saber quando correr riscos e quando não correr é uma habilidade inestimável que diferencia os *changemakers* bem-sucedidos.

Há uma ferramenta bastante simples e incrivelmente poderosa desenvolvida pelo empresário Tyler Tervooren, chamada "quociente de risco", que ajuda os aspirantes a líderes a ter uma perspectiva de quais riscos valem a pena assumir.[16] Primeiro, identifique o risco e, em seguida, quantifique as possíveis recompensas e as possíveis perdas em uma escala de 1 a 10. O quociente de risco é igual à recompensa potencial dividida pela perda potencial. Se o quociente de risco for maior que 3, então, de acordo com Tervooren, provavelmente vale a pena correr o risco. (Eu disse que era bastante simples.) O conceito pode ser aplicado a riscos grandes e pequenos, em todo o espectro de esforços das mudanças que buscamos liderar.

$$\text{quociente de risco} = \frac{\text{possíveis recompensas}}{\text{possíveis perdas}}$$

O quociente de risco nos ajuda a visualizar claramente se vale a pena ou não questionar o status quo. Vamos explorar como esse conceito se aplica ao trabalho de Bryan Stevenson na Equal Justice Initiative quando a organização examinou se deveria ou não assumir e apoiar um novo cliente. Não podemos saber com certeza o que Stevenson pensou ao decidir aceitar ou não esse caso específico. Mas, em retrospectiva, podemos ver como a utilização de uma ferramenta como o quociente de risco pode nos ajudar a entender melhor o processo de tomada de decisões de alto risco.

Em 1999, os advogados da EJI consideraram representar Anthony Ray Hinton, um homem do Alabama que havia sido condenado pelo assassinato de dois gerentes de fast-food em 1985. Hinton foi condenado à morte, apesar das poucas evidências e do histórico documentado de preconceito racial do promotor.

Quais eram as possíveis perdas para a EJI ao assumir um caso como esse? A tentativa de corrigir essas injustiças, especialmente devido à dinâmica de poder política e judicialmente desequilibrada, exigiria muitos recursos, tanto financeiros quanto de capital humano. Se os advogados não obtivessem êxito, isso poderia afetar a reputação da EJI, que estava apenas começando a ganhar notoriedade nacional por seus recentes sucessos. Havia até mesmo a possibilidade de que eles estivessem lutando para libertar um homem que, na verdade, havia cometido os crimes pelos quais eles buscavam inocentá-lo. Como você quantificaria essas possíveis perdas?

Agora vamos nos voltar para as possíveis recompensas de assumir o caso de Hinton. Se os advogados do EJI fossem bem-sucedidos, eles literalmente salvariam a vida desse homem. Restaurariam um senso de justiça e poderiam usar esse caso para inspirar mudanças em um nível sistêmico. Dariam esperança a outros condenados injustamente, construiriam a reputação da EJI e deixariam sua marca nos livros de história. Como você quantificaria essas possíveis recompensas?

O quociente de risco nos ajuda a ver que, embora as possíveis perdas fossem absolutamente significativas, as recompensas que poderiam advir do caso de Hinton eram imensas e faziam com que valesse a pena lutar.

A EJI, de fato, representou Hinton e, após mais de quinze anos de luta por justiça, na sexta-feira, 3 de abril de 2015, às 9h30, Hinton saiu da Cadeia do Condado de Jefferson como um homem livre, depois de ter sido mantido no corredor da morte por quase três décadas.

"O sol realmente brilha", comentou ele ao olhar para o céu azul.[17]

A recompensa por assumir seu caso, evidente quando Hinton foi cumprimentado por amigos e familiares, excedeu em muito as possíveis perdas. Stevenson e a EJI assumiram um risco inteligente. E valeu a pena.

Apoio Importa

Qual é o risco que você pensa em correr agora? Como o quociente de risco pode ajudá-lo a tomar uma boa decisão e garantir que não seja apenas um risco, mas um risco inteligente e calculado? Reserve um minuto para analisá-lo e calcular o quociente de risco. Com sorte, você determinará que é um risco inteligente que vale a pena correr. Ótimo! Mas o que acontece se você precisar que outra pessoa aceite a sua nova ideia e essa pessoa for mais avessa a riscos?

Nesse ponto, a ciência social pode nos ensinar como auxiliar outras pessoas. Ao preparar o cenário para agir no momento certo e com o posicionamento ideal, podemos convencer efetivamente até mesmo os mais cautelosos a se juntar aos nossos esforços de mudança.

Você pode dar os primeiros passos para questionar o status quo antes mesmo de saber como. Isso se deve ao desenvolvimento do que os psicólogos sociais chamam de "créditos de idiossincrasia", que o ajudam a ir contra as normas do grupo. Os créditos de idiossincrasia, conforme concebidos pelo psicólogo Edwin Hollander, são obtidos por meio da conformidade ou da competência. Hollander define esses créditos como as "impressões positivas recebidas" que um indivíduo adquire de outros membros do grupo.[18]

Você pode obter esses créditos de duas maneiras. A primeira é acompanhar a maioria em questões sobre as quais você não tem muita convicção — e assim aplicar os créditos na liderança de mudanças em questões importantes para você. Se você ganhar a reputação de questionar o status quo em tudo e em qualquer coisa, é mais provável que seja visto como um "do contra" do que como um *changemaker* (lembre-se do exemplo anterior sobre como identificar quando e onde questionar o status quo ao planejar um evento). Isso pode significar seguir o fluxo sobre o tipo de software de contabilidade a ser usado ou onde publicar uma vaga de emprego, de modo que, quando decidir se desviar do grupo e falar sobre a transparência dos fornecedores, as pessoas estarão mais propensas a ouvir porque sabem que você não contesta sempre.

A segunda maneira de ganhar créditos é desenvolver e demonstrar experiência e habilidades óbvias — por exemplo, fazer sempre trabalhos de alto nível. Em outras palavras, os membros de um grupo aceitarão melhor que alguém assuma um risco ou siga um novo caminho se souberem que essa pessoa geralmente faz parte do grupo e é competente e talentosa. Ao acumular esses créditos agora, quando chegar a hora de nadar contra a correnteza, você poderá colocar todas as suas fichas de crédito de idiossincrasia na mesa e influenciar as pessoas ao seu redor a se juntar a você nesse novo caminho. O técnico profissional de beisebol Joe Maddon é excêntrico; ele dirige uma van dos anos 1970, usa óculos grandes e moletons ousados e tem uma tendência a falar de filosofia em vez de táticas de beisebol. Mas, devido à sua reputação como um técnico talentoso — especialmente por ter ajudado o Chicago Cubs a vencer sua primeira World Series em 108 anos —, ele pode questionar regularmente o status quo em tudo, desde o estilo de treinamento até o comportamento. Ele tem os créditos de idiossincrasia para fazer isso, conquistados por sua experiência e capacidade.

No entanto, mesmo com créditos de idiossincrasia para gastar, você ainda pode enfrentar um chefe, por exemplo, que esteja mais interessado em preservar o status quo do que em desafiá-lo ativamente. Em um excelente estudo intitulado "Quando a busca por riscos se torna uma necessidade motivacional", a professora da Universidade de Waterloo, Abigail Scholer, e seus colegas analisam como podemos motivar outras pessoas, especialmente em posições de tomada de decisão, a buscar novas ideias.[19]

Suas descobertas mostram que podemos mostrar uma nova ideia ou uma nova iniciativa de mudança de um modo diferente, em vez de considerá-la um risco em si, e mudar a narrativa para considerar que não buscá-la é um risco maior. No mundo de hoje, onde todos os outros buscam por mudanças, é muito arriscado para nós não buscá-las. O insight desse estudo nos ajuda a ganhar confiança para comunicar nossa visão de mudança e inspirar outras pessoas a se juntar a nós — mesmo aquelas que se sentem mais cautelosas em relação às novas ideias e menos confortáveis com a mudança.

O Quociente de Risco em Ação

Jean Guo é realmente incansável. Ela é uma força empreendedora da natureza, com um impulso e uma visão singulares para ajudar os refugiados a superar a exclusão digital. Para tornar essa visão real, ela cofundou a Konexio, sediada em Paris, para ajudar comunidades de imigrantes a receber treinamento profissional crucial e competir nos mercados de trabalho locais. Em apenas seis anos desde sua fundação, a Konexio foi reconhecida pelo Google Impact Challenge e pelo Fórum Econômico Mundial por seu incrível impacto em toda a França, que agora se expande para o Malaui e outros lugares do continente africano.

Como membro da diretoria da Konexio, tive o prazer de trabalhar em estreita colaboração com Guo. Juntos, colocamos o quociente de risco em ação durante uma de nossas ligações regulares. Ao usar esse método, ela enxergou com clareza o que poderia significar o grande risco que considerava tomar.

O impacto mensurável do projeto piloto da Konexio foi inegável. Como resultado, Guo recebeu ligações de governos e organizações da Europa e da África que queriam levar os programas da Konexio para suas localidades. Como uma startup pequena, a Konexio enfrentava um desafio: para aumentar a escala, Guo precisava contratar muito mais colegas de equipe, mas novos funcionários significariam utilizar e potencialmente esgotar as reservas financeiras limitadas da pequena empresa.

Durante uma de nossas sessões, Guo pediu meu conselho sobre esse risco em potencial, e eu apresentei o quociente de risco como um recurso para que ela tomasse sua própria decisão com confiança, após ter refletido se valia ou não a pena correr o risco de contratar mais funcionários.

Conversamos e quantificamos as possíveis recompensas: aumentar a escala da Konexio, o que significaria mais refugiados apoiados, mais parceiros envolvidos, estar presente em mais regiões geográficas. Isso significaria formar uma equipe mais resiliente e robusta para lidar com os novos desafios que surgissem e daria a ela a chance de transferir algumas de suas tarefas menos favoritas, como RH, para alguém que as preferissem.

As possíveis perdas, no entanto, eram significativas: se os parceiros fracassassem ou se o interesse inicial não passasse de conversa, Guo poderia ser obrigada a demitir os novos contratados, implementar cortes salariais em toda a empresa ou até mesmo enfrentar o cenário aterrorizante de ficar sem dinheiro e ser obrigada a fechar as portas. Ela teria que investir muito do seu próprio tempo para treinar os novos colegas de equipe e, ao mesmo tempo, entregar novos projetos para parceiros importantes, tudo isso com uma equipe novata.

Depois de quantificar cada um deles, Guo conseguiu ver que o quociente de risco era maior do que três. Portanto, ela reconheceu que, embora esse fosse um risco com grandes perdas possíveis, as enormes recompensas possíveis as superavam. Agora, com os olhos abertos, ela pôde tomar uma decisão com confiança, tendo identificado e analisado essa decisão por meio do quociente de risco.

Com a ousadia possibilitada por essa análise, ela decidiu assumir esse risco inteligente — contratar pessoal e buscar mais projetos. E, assim como a ferramenta lhe sugeriu, valeu a pena: ela mais do que dobrou sua equipe em poucos meses, lançou um programa piloto no Malaui e abriu as portas para novas possibilidades de captação de recursos.

Percorra um Novo Caminho

Muhammad Yunus sempre foi um herói para mim. O ganhador do Prêmio Nobel da Paz incentivou o campo das microfinanças. Seu legado é o reconhecimento de que nossa maior alavanca como *changemakers* é nossa disposição de enxergar um status quo ineficiente ou antiético e, então, fazer algo a respeito. Ele revolucionou a ideia de conceder pequenos empréstimos a muitas pessoas, em vez de grandes empréstimos a poucas pessoas. Começou em seu país natal, Bangladesh, ao conceder pequenos empréstimos a empreendedores, em sua maioria mulheres, por meio do banco que fundou, o Grameen Bank. E demonstrou que essas pessoas, que muitas vezes eram excluídas do mercado tradicional, não apenas pagavam os empréstimos (os clientes do banco têm uma taxa de pagamento surpreendente de 99% historicamente)[20], mas faziam coisas incríveis com os fundos, desde abrir empresas até sustentar suas famílias. Ele se recusava a acreditar que os mercados financeiros tradicionais funcionavam para a maioria das pessoas e fez com que o trabalho de sua vida fosse interromper esses sistemas.

Não é preciso dizer que belisquei a mim mesmo quando ele concordou em fazer uma palestra para a minha turma no outono de 2020. Em suas observações aos meus alunos sobre a preparação para um mundo pós-covid, ele usou uma analogia que resume um *changemaker* que questiona o status quo. Perguntou por que as pessoas estavam tão ansiosas para voltar às mesmas estradas que percorríamos antes da pandemia. Em vez disso, sugeriu que aproveitássemos essa oportunidade para construir novas estradas em vez das antigas — que nos levariam a um futuro mais equitativo, saudável e conectado. Segundo ele, o conselho de voltar ao "normal" o mais rápido possível é errado. Em vez disso, precisamos questionar as estruturas ultrapassadas e encontrar outras melhores para substituí-las. Como *changemakers* que questionam o status quo, o novo normal está em nossas mãos, e cabe a nós criá-lo.

SEJA A MUDANÇA

Pontos Importantes

- A curiosidade pode ser aprendida, e a capacidade e a disposição de ver o mundo de forma um pouco diferente, como fez a engenheira Laila Olgren, podem criar muitas novas possibilidades.
- A mudança não se trata apenas de se arriscar; trata-se de se arriscar de maneira inteligente.
- Quando todos estão indo em uma direção, isso geralmente é um sinal de que vale a pena pensar no que a direção oposta torna possível.
- Podemos identificar quando usar o pensamento divergente — ao apresentar várias ideias novas — e quando usar o pensamento convergente para decidir sobre um único curso de ação.

Desafio Changema*ker*

- Use sua curiosidade e pratique o pensamento divergente. Com a analogia de Muhammad Yunus, pense na estrada em que você ou sua organização estão no momento. Que caminhos alternativos podem ser construídos? Identifique os riscos que seriam necessários para isso e, em seguida, use o quociente de risco para determinar se esse é um risco inteligente, que vale a pena ser assumido.

Capítulo 3

Confiança Sem Arrogância

Gwen Yi Wong, *changemaker* da Malásia, fala com uma confiança que não condiz com sua idade. É quase possível ver a rapidez com que as sinapses em seu cérebro disparam em seus olhos por trás dos óculos redondos de metal. Ela é inovadora desde que se entende por gente, e sempre teve um forte desejo de criar projetos significativos e de conectar, ajudar e inspirar outras pessoas.

Por causa disso, a maioria das pessoas presume que ela prosperou quando uma organização que ela cofundou, a Tribeless, recebeu atenção mundial por seu primeiro produto, a Empathy Box. A Empathy Box, que já foi usada em mais de trinta países, é uma ferramenta que facilita a conexão e auxilia equipes e grupos a praticar a empatia, o respeito e a compreensão mútua, sendo que Wong se tornou a representante da marca.

Wong formou uma forte equipe de fundadores e, para quem via de fora, a organização decolou sob sua liderança. Mas, internamente, à medida que a empresa crescia exponencialmente, ela passava por dificuldades diante do peso de tudo isso. Ela estava preocupada com o fato de sua identidade estar tão relacionada ao produto, que percebeu que poderia haver uma incompatibilidade entre suas habilidades mais fortes, como de visionária e como alguém que incentiva mudanças, e as características que a Tribeless precisava em um líder nesse estágio de crescimento para o gerenciamento de produtos e operações.

"Eu não era uma CEO brilhante e com visão de negócios para uma startup", disse ela ao chegar a essa conclusão, "e meu bebê estaria muito melhor nas mãos de outra pessoa."[1]

Foram necessários meses de processamento e diversas conversas difíceis para que ela percebesse que precisava deixar o cargo de

CEO. "Ao aprender a abrir mão dessa função", disse ela, "eu abriria mão de muitas outras coisas — a bagagem emocional que eu havia anexado à Tribeless, as expectativas sociais que eu havia internalizado e, o mais importante, a ideia de que eu era uma pessoa perfeita, sábia e irrepreensível." Sua decisão teve como base a humildade e foi possível graças à sua confiança em fazer algo realmente difícil.

Enquanto orientava e aconselhava *changemakers* em todo o mundo, apoiei muitos líderes na mesma situação de Gwen, mas muitos deles não tinham o autoconhecimento dela. Alguns também tinham ego demais, o que os impedia de reconhecer a atitude de Gwen: que o melhor para sua organização naquele momento — e particularmente para ela — não era continuar com algo que não funcionava, mas ter a humildade de se afastar. Ela permaneceu na equipe de liderança em uma posição que aproveitava seus muitos pontos fortes de outras maneiras, e seu cofundador foi promovido a CEO.

"Liderança não é fingir que você tem tudo sob controle ou dizer aos outros o que fazer", ela me disse. "Trata-se de humildade, vulnerabilidade, confiança e estar disposto a se colocar em último lugar."[2]

O fato de Gwen não apenas ser confiante, mas também humilde, tornou-se sua maior força, pois preparou a Tribeless para voar ainda mais alto.

O desenvolvimento de um mindset de *changemaker* geralmente exige que você possua duas características aparentemente contraditórias: uma forte visão pessoal e, ao mesmo tempo, estar aberto a colaborar com outras pessoas. Empregar a motivação e a determinação para superar barreira após barreira, mas saber quando dar um passo para trás e pensar melhor. E, neste capítulo, vamos explorar a polaridade crucial da confiança e da humildade.

Como aprenderemos ao longo deste capítulo, *changemakers* não são um meio-termo confuso entre "pouco confiante" e "um tanto humilde"; em vez disso, eles se desafiam a ser ambos — permanecem confiantes, corajosos e seguros de si, mas também humildes, dispostos a trabalhar, confiar e aprender com os outros.

Este capítulo o ensinará a desenvolver a confiança em si mesmo e nos outros, a abrir mão do controle sem perdê-lo completamente e a ser forte e seguro de si mesmo por meio da prática da humildade.

Ser Humilde o Torna Forte

Quando ensino executivos sobre a importância da humildade, estou acostumado a ver vários olhos se revirarem. Por isso, começo com uma mensagem crucial: apesar do que você possa pensar, humildade não é uma fraqueza. "Humildade não é o mesmo que fraqueza", repito com frequência para dar efeito, e enfrento essa suposição de frente. Faço isso com confiança (mas não com arrogância!), porque os dados me apoiam. Ser humilde é, na verdade, uma das maiores qualidades que um líder pode ter.

Um poderoso estudo conduzido por Amy Ou, David Waldman e Suzanne Peterson, intitulado "A Humildade em CEOs importa? Um exame da humildade em CEOs e resultados empresariais", deixa algo muito óbvio.[3] Eles examinaram 105 empresas diferentes, após a aplicação de um teste aos CEOs, para medir o nível de humildade deles. Pronto para alguns *spoilers*? Aqui está o que descobriram: que CEOs humildes reduziram a disparidade salarial entre eles e seus funcionários, contrataram equipes de gerenciamento com maior diversidade e deram aos funcionários a capacidade de liderar e inovar. Líderes humildes sofrem menos rotatividade de funcionários, os quais têm mais satisfação, e, o que é mais importante para meus queridos executivos céticos, observaram a melhora no desempenho dos resultados financeiros da empresa.

Ainda não está convencido? Um estudo de dois pesquisadores canadenses mostra que líderes com pouca humildade têm maior probabilidade de perder o controle durante um conflito.[4] E um estudo da Universidade de Duke mostra que, quanto mais intelectualmente humilde um sujeito é, menor a probabilidade de ser suscetível a informações errôneas e de seguir um caminho que sabe ser errado por medo de parecer fraco, além de lidar melhor com ambiguidades.[5]

Por que isso é importante para se tornar um *changemaker*? A falta de humildade costuma ser a falha fatal entre os líderes que buscam iniciativas de mudança. Dois exemplos bem conhecidos: Elizabeth Holmes, a agora infeliz fundadora da Theranos, promoveu um produto de exame de sangue supostamente revolucionário, apenas para ver seu império cair quando os consumidores descobriram que não havia estudo por trás de suas afirmações. A falta de humildade também nos ajuda a explicar o fracasso viral que foi o Festival Fyre, agora eternamente consagrado na história devido a um documentário da Netflix, *Fyre Festival — Fiasco no Caribe*. O que foi apresentado como o maior festival de música de todos os tempos, que se utilizou de influenciadores do Instagram e músicos famosos para a promoção, na realidade se tornou um desastre em que os participantes desembolsaram milhares de dólares para um evento prometido como premium, mas no qual receberam nada mais do que sanduíches, acomodações em barracas geralmente utilizadas em desastres naturais e alvoroço quando os músicos desistiram. O organizador do festival, Billy McFarland, recebeu vários processos judiciais e reivindicou centenas de milhões de dólares em fraudes e investigações criminais, tudo por causa da incapacidade em admitir que seu plano não se concretizaria.

Esses, é claro, são exemplos famosos, eternizados em jornais e filmes, mas aposto que você também consegue lembrar de um exemplo de sua própria vida em que a falta de humildade de alguém levou um projeto empolgante e muito promissor a um fim prematuro.

Em Busca da Humildade

Jim Collins, autor de *Empresas feitas para vencer*, é famoso por sua análise rigorosa e orientada por dados.[6] Em 2001, ele e sua equipe usaram a "análise de pares", em que analisaram duas empresas muito semelhantes — como a Wells Fargo e o Bank of America — para examinar por que uma empresa prosperou enquanto a outra permaneceu estagnada. Além das descobertas sobre estratégia corporativa e posicionamento de mercado, os dados mostram que os líderes das "grandes" empresas tinham duas características em comum: uma determinação feroz e humildade. Surpreendeu a muitos, até mesmo o próprio Collins, o fato de que uma das razões que leva ao crescimento de uma empresa é a humildade do líder.

Ao explicar o conceito de humildade para um público cético — aqueles que trabalham em empresas líderes como as que ele estudou normalmente não enxergam a humildade como um ponto forte —, Collins usa a metáfora de um espelho e uma janela.

Quando um líder não humilde recebe um elogio, mesmo que seja para sua equipe, esse líder se olha no espelho e o toma para si.

E quando esse mesmo líder recebe uma crítica, mesmo que seja para ele, ele olha pela janela e projeta a culpa nos outros.

Um líder humilde, por sua vez, faz o oposto. Quando recebe um elogio, mesmo que seja para ele, olha pela janela e compartilha com sua equipe. E, ao contrário, quando recebe uma crítica, mesmo que não seja para ele, olha para o espelho e assume a culpa.

Qual é a sua abordagem padrão ao receber elogios ou críticas? Ao buscarmos desenvolver nossa humildade, pense nesta analogia: se você receber elogios por uma equipe que liderou, terá a humildade de compartilhar esses elogios com outras pessoas em vez de considerá-los seus? E no caso de algo dar errado, mesmo que não seja sua culpa, assumirá a liderança e a responsabilidade?

Agora, é claro, há exceções. Por exemplo, uma pessoa marginalizada no mercado de trabalho, na qual as contribuições têm menos probabilidade de ser devidamente apreciadas, haverá momentos em que será preciso ter a confiança para aceitar os elogios que merece. Mas, como regra geral, essa analogia — apoiada pela rigorosa análise de dados de Collins — é uma estrutura simples, mas poderosa, que o auxilia a aceitar a humildade como um ponto forte, não como uma fraqueza.

Confiar é um Superpoder

No início da StartSomeGood, eu costumava avaliar minha capacidade de liderança com base na frequência com que minha equipe me procurava para fazer perguntas, a frequência com que minha equipe dizia: "Ei, Alex, o que você acha disso? Que estratégia de marketing devemos usar aqui?" E eu costumava pensar: "Nossa, que líder incrível eu sou. Veja como sou importante para todas essas pessoas que precisam de meus conselhos."

Na realidade, porém, falhei comigo mesmo e com minha equipe. Eu era o gargalo; meus funcionários não eram capacitados, meu ego impedia o crescimento da empresa e eu estava exausto por trabalhar 75 horas por semana.

Ao me colocar no centro de tudo, minha liderança era como o centro de um carrossel. Em torno de mim, havia muita ação e empolgação, a ilusão de movimento, mas estávamos firmemente plantados em um único ponto o tempo todo, andando em círculos.

Como consegui sair — e, mais importante, tirar minha equipe — do carrossel? Aprendi a liderar confiando nos outros.

Como sociedade global, vivemos em um paradoxo. Pense em todas as principais tendências que moldam o mundo atual: globalização, redes sociais, compras online, trabalho distribuído e remoto. Todas elas estão assentadas sobre um alicerce de confiança. A capacidade de confiar — e de ser alvo de confiança — nunca foi tão importante.

Mas essa confiança nunca esteve tão em falta.

De acordo com o Pew Research Center, de 1958 a 2021, o número de norte-americanos que dizem confiar no governo federal "sempre ou na maior parte do tempo" despencou de 73% em 1958 para menos de 25% atualmente.[7] Enquanto isso, 71% dos americanos dizem que a confiança uns nos outros diminuiu, e 70% diz que essa diminuição da confiança dificulta a resolução coletiva de problemas. Além disso, 72% dos entrevistados afirmam que as pessoas estão mais propensas a não se envolver em vez de ajudar outras pessoas, e mais de um terço das pessoas não confiam no próprio chefe.[8] Embora haja variações por país — por exemplo, os suecos têm níveis muito mais altos de confiança[9] —, de modo geral, a tendência é clara: a confiança nas instituições, nas organizações e uns nos outros despencou.

A confiança nunca foi tão importante, mas nunca esteve tão ausente.

Mas liderar mudanças requer a capacidade de confiar nos outros e fazer com que os outros confiem em você também.

Portanto, a pergunta para você, como *changemaker*, é: como aprender a usar a confiança como um superpoder e atingir suas metas?

A próxima seção apresentará o "salto de confiança", que o ajudará a reformular a maneira como pensa sobre confiança, e compartilharei conselhos sobre como aprender a confiar em si mesmo, confiar nos outros e fazer com que os outros também confiem em você.

Saltos de Confiança

Em sua palestra no TED, "Paramos de confiar nas instituições e começamos a confiar em estranhos", Rachel Botsman, professora da Universidade de Oxford, apresenta uma interpretação provocativa, mas acredito que correta, do que significa confiar.[10] Ela diz que a confiança é um "relacionamento próximo com o desconhecido". Muitas vezes tentamos conceber a confiança como algo completamente racional, mas, por fim, ela nos ensina que temos de dar um "salto de confiança" e reconhecer que a decisão não nos garante saber o que acontecerá.

Por exemplo, ela fala sobre o BlaBlaCar, um serviço de caronas na Europa. Cada vez que os usuários viajam com alguém que nunca viram antes, dão um salto de confiança. Algo que era absolutamente inimaginável há algumas décadas (você consegue imaginar alguém entrando em um Chrysler aleatório que parou ao seu lado nos anos 1970?), mas, graças a serviços como Uber e Lyft, entrar no carro de um completo estranho agora é algo que muitos de nós fazemos com frequência. Estamos constantemente dando esses saltos de confiança.

O que eu gosto na definição de Botsman é que ela diz que falha miseravelmente ao tentar transformar a confiança em algo completamente racional. Em algum momento, devemos estar dispostos a confiar no desconhecido e a dar esse salto.

Que salto de confiança você deu recentemente? O que o motivou a ir em frente?

O Pilar da Confiança

Costumamos pensar na confiança em termos binários; ou existe em um relacionamento ou não. Para nós, *changemakers*, é importante compreendermos que ela é composta de nuances, antes de podermos aplicá-la efetivamente em nossos esforços para promover mudanças. A confiança consiste em três aspectos ou pilares interligados:

1. Confiar em si mesmo.

2. Confiar nos outros.
3. Ganhar a confiança dos outros.

Cada um deles é importante por si só; mas para transformar a confiança em um superpoder, você deve ser capaz de construir todos os três pilares, que se reforçam mutuamente. Ter apenas dois deles deixará a base da confiança instável.

Se você tiver o primeiro e o segundo pilar, mas não o terceiro, correrá o risco de ficar isolado de suas equipes e de seus colaboradores e permanecerá como um colaborador individual em vez de um líder que regularmente traz à tona o melhor dos outros.

Se você tiver o primeiro e o terceiro pilar sem o segundo, correrá o risco de parecer arrogante, indiferente ou um tanto orgulhoso.

Por fim, se você tiver apenas o segundo e o terceiro pilar, mas não o primeiro, nunca conseguirá se apoiar totalmente em seus próprios talentos, percepções e experiência, limitando seu impacto e suas contribuições aos esforços coletivos de sua equipe.

Vamos dar uma olhada em cada um desses pilares e ver como podemos construir bases sólidas com eles.

Confie em Si Mesmo

O primeiro pilar da confiança, com o qual muitas pessoas têm dificuldade, é aprender a confiar em si mesmo.

Como desenvolver essa autoconfiança?

Minha primeira sugestão é desenvolver hábitos que a induzam.

O almirante aposentado da Marinha dos EUA William H. McRaven teve uma carreira notável, que incluiu a organização e a supervisão do ataque que eliminou o líder terrorista Osama bin Laden. Líder condecorado e com uma carreira estimada, que conselho ele tem para outros líderes iniciantes, militares ou não, que seguem seus passos? Teorias complexas de liderança por meio de conhecidos? Conselhos táticos sobre a execução de estratégias multifacetadas? Não. O conselho é: arrume a sua cama.

Em seu agora famoso discurso de formatura na Universidade do Texas em 2014, esse foi seu conselho para os formandos que estavam prestes a começar a deixar sua marca no mundo: arrume a sua cama.[11]

O conceito aqui é tão bonito quanto simples. "Se você arrumar sua cama todas as manhãs, terá realizado a primeira tarefa do dia", instruiu McRaven. "Isso lhe dará uma pequena sensação de orgulho e o incentivará a fazer outra tarefa, depois outra e outra. No final do dia, essa única tarefa concluída terá se transformado em muitas tarefas concluídas. Arrumar a cama também reforçará o fato de que as pequenas coisas na vida são importantes. Se você não conseguir fazê-las bem, nunca concluirá as maiores.

"E, se por acaso tiver um dia miserável, voltará para casa com uma cama feita — que você arrumou —, e ela lhe dará o incentivo de que amanhã será melhor."

Portanto, o primeiro passo para confiar em si mesmo é desenvolver hábitos que induzam à confiança. Realize pequenas tarefas de forma consistente para desenvolver a confiança em si mesmo e poder assumir tarefas maiores e mais assustadoras com confiança. Um exemplo divertido: meu cofundador da StartSomeGood, Tom Dawkins, sempre começa suas listas de tarefas com a mesma tarefa no topo: criar uma lista de tarefas. Dessa forma, assim que cria a lista, ele marca sua primeira tarefa como concluída, o que lhe dá um pequeno impulso para fazê-lo seguir em frente.

Minha segunda sugestão para desenvolver a autoconfiança: lembre-se de que a síndrome do impostor é totalmente normal e muito mais comum do que qualquer um de nós imagina. Originalmente chamada de "fenômeno do impostor", ela foi teorizada pela primeira vez pela psicóloga Suzanne Imes e pela professora da Universidade Estadual da Geórgia, Pauline Rose Clance, em 1978.[12] Mais recentemente, as escritoras Ruchika Tulshyan e Jodi-Ann Burey a definiram como "duvidar de suas habilidades e se sentir como uma fraude" em seu artigo de importância crucial "Pare de dizer às mulheres que elas têm a síndrome do impostor".[13] Embora muitas vezes sejamos duros conosco por nos sentirmos assim, quase todos nós experimentaremos a síndrome do impostor em algum momento da nossa vida. Ela prevalece mesmo entre pessoas que consideraríamos inequivocamente bem-sucedidas e o oposto de fraudes — desde Natalie Portman, a atriz vencedora do Oscar, até Howard Schultz, o famoso CEO da Starbucks, já falaram sobre terem sentido a síndrome do impostor.

Embora a maioria de nós a sinta até certo ponto, descobri que ela é especialmente comum entre as mulheres, alunos negros e aqueles da primeira geração na faculdade para os quais leciono. Isso reforça o argumento apresentado por Tulshyan e Burey de que precisamos ver a síndrome do impostor não como um problema individual, mas como uma questão sistêmica. Mas a boa notícia para aqueles que a sentem, inclusive eu, é que uma pesquisa realizada por Basima Tewfik, professora do MIT, mostra que podemos aprender a aproveitar esses sentimentos para obter resultados mais produtivos.

Tewfik descobriu que uma das principais características da síndrome do impostor é uma lacuna entre a percepção que os indivíduos têm de sua própria competência e a competência que eles realmente têm.[14] Aprender a confiar em nós mesmos pode ajudar a acabar com essa lacuna. Em um estudo com estudantes de medicina, Tewfik descobriu que aqueles que sofriam da síndrome do impostor eram "mais empáticos, ouviam melhor, faziam perguntas melhores" e até mesmo faziam melhor contato visual e tinham uma linguagem corporal mais acolhedora do que aqueles que não sofriam da síndrome. Em vez de nos culparmos por nos sentirmos assim, podemos lembrar que quase todos nós passamos por isso, e não só podemos melhorar em nosso trabalho, mas também podemos usar esse sentimento como um estímulo para nos lembrarmos de que provavelmente somos mais competentes do que realmente sentimos que somos. Talvez isso não torne a síndrome do impostor menos desconfortável no momento, mas, pelo menos, pode ser um incentivo para nos lembrarmos de confiar mais em nós mesmos, porque somos mais dignos de confiança do que somos capazes de reconhecer.

Confie nos Outros

Como mostra a prevalência da síndrome do impostor, aprender a confiar em nós mesmos será um desafio importante para alguns de nós ao longo da vida. É necessário desenvolvê-la. No entanto, não é suficiente para aproveitar totalmente a confiança como um superpoder.

Aprender a confiar nos outros é especialmente desafiador para meus alunos excepcionais, que atribuem grande parte de seu sucesso à sua própria fastidiosidade e dedicação em fazer as coisas da maneira "certa" — à maneira deles. Um desses alunos veio ao meu escritório para reclamar de sua equipe no projeto final em grupo da minha turma, que seus colegas de grupo não fizeram o projeto de acordo com seus padrões e, por isso, gostaria de fazer sozinho. Esse aluno era a definição de um grande empreendedor, com duas graduações e uma especialização, e mantinha um GPA de quase 4,0. Ao conversar com ele, percebi que havia sido treinado para pensar que trabalhar sozinho era a maneira mais eficiente de realizar o trabalho. Era compreensível que ele preferisse trabalhar sozinho. Afinal, na escola, seja em problemas ou em provas, somos avaliados pela nossa capacidade de aprendermos por nós mesmos. Infelizmente, como esse aluno estava prestes a aprender, o que havia sido reforçado positivamente em suas impressionantes realizações acadêmicas na escola não o prepararia bem para o ambiente colaborativo que o aguardava no mercado de trabalho após a formatura, muito menos em suas aspirações de ser um *changemaker*, em que confiar nos outros é crucial.

Compartilhei com ele três abordagens específicas para ajudá-lo a se tornar um *changemaker* que é capaz de confiar nos outros:

> Vá com calma. Muitos *changemakers* se sentem sobrecarregados com a ideia de perder o controle sobre seus projetos e veem a confiança nos outros como o primeiro passo para tudo desandar. Em vez de dizer a eles que devem confiar plenamente logo de início, aconselho os *changemakers* a começar com pequenos saltos de confiança. Dar espaço para que os colegas contribuam com uma pequena parte de um projeto à sua maneira. Depois, se isso funcionar bem (geralmente o resultado é muito melhor do que o esperado), ofereça um projeto um pouco maior na próxima vez. A confiança não é binária. Como aconselha o provérbio russo citado com frequência por Ronald Reagan durante as negociações de desarmamento nuclear entre os EUA e a URSS: "Confie, mas verifique." Dê um pouco de confiança, confirme se ela foi justificada e, na próxima vez, dê um pouco mais.
>
> Seja claro no "quê" e flexível no "como". Imagine que você queira criar um evento sobre cidades sustentáveis

e queira delegar o planejamento a alguém, mas não tem certeza de quanto controle deve ceder. Delineie a visão e o que não é negociável, mas dê muito espaço para a flexibilidade e a criatividade na forma como esse plano será realmente realizado. Você pode dizer ao seu colaborador que deseja que o evento seja realizado em um ambiente moderno, com um painel com quatro palestrantes — dois homens e duas mulheres — e que quer pelo menos cinquenta pessoas presentes. Esse é o "quê", e isso é bastante claro. Mas o "como" fazer isso fica a cargo da pessoa em quem você deseja confiar. Talvez ela recrute palestrantes por meio de seus contatos ou talvez por meio de *cold e-mails*. Talvez ela faça propaganda pelo Facebook ou crie uma campanha de e-mail. Esses detalhes não importam (e não deveriam importar!) para você. Você definiu quais serão os resultados e, ao fazer isso, permitiu-se confiar que outra pessoa executará essa visão à sua própria maneira — talvez ainda mais eficaz do que o caminho sugerido por você.

<u>Proteja-se em caso de falhas.</u> Mesmo que você vá com calma e seja claro quanto ao quê e flexível quanto ao como, ainda assim pode ser muito assustador dar um salto de confiança, especialmente em algo que significa muito para você. Aqui você deve se concentrar na proteção contra as falhas. Em outras palavras, descubra qual seria o pior cenário possível se alguém falhasse e planeje proativamente como superá-lo. À medida que aprende a confiar nas pessoas, não precisa fazer isso cegamente. À medida que se sentir mais à vontade para confiar nos outros, saberá avaliar melhor como e quando confiar. Mas, nesse meio tempo, prepare-se para o que aconteceria se a sua confiança não for bem aproveitada. Por exemplo, ao delegar o planejamento daquele evento sobre cidades sustentáveis, delimite o prazo de conclusão de todos os planos para duas semanas antes. Dessa forma, na pior das hipóteses, se o seu colega falhar, você ainda poderá realizar o evento por conta própria. Proteger-se contra as falhas lhe permitirá retirar sua confiança antes que seja tarde demais, caso tudo dê errado. (O que provavelmente não acontecerá.)

Tenho orgulho de dizer que meu aluno estava disposto a acreditar em mim quando lhe dei esse conselho, levando-o a sério em seu projeto de grupo. A apresentação final foi notável, pois cada membro do grupo desempenhou o papel de orador, e o conceito que apresentaram era significativamente diferente do conceito que meu aluno havia me apresentado inicialmente, o que sugere que ele escolheu confiar em seus colegas de equipe. Não apenas sua equipe se saiu melhor como resultado da confiança que ele depositou neles, mas seu próprio potencial futuro como *changemaker* também melhorou.

Ganhe a Confiança dos Outros

Agora você está mais preparado e disposto a confiar nos outros. Mas como fazer com que os outros lhe retribuam essa confiança?

A confiança não se sustenta sozinha; ela está sempre entrelaçada com a confiabilidade. Quando uma parte prova que é digna de confiança, a outra confia mais facilmente. Ao confiarmos, fica mais fácil confiar nos outros, o que reforça nossos instintos naturais. É um círculo virtuoso.

Isso não significa confiar cegamente — minhas desculpas às pessoas que inundam minha pasta de spam e me oferecem oportunidades urgentes e secretas de criptomoedas, que prometem transformar minha vida —, mas sim transmitir que seu primeiro instinto é confiar e que você é alguém a quem a confiança pode e deve ser concedida.

Isso permite que o círculo virtuoso de confiança e confiabilidade se estabeleça, pois transforma adversários em potencial em parceiros.

Posso ilustrar isso melhor com uma analogia da economia de compartilhamento. Suponhamos que você entre em um serviço de transporte compartilhado e acredita que será um passeio cinco estrelas, em vez de uma estrela. Se esperar por uma viagem de uma estrela, será mais crítico, mais controlador e mais nervoso. Isso, por sua vez, resultará em um motorista menos capaz de dar o melhor de si e, portanto, com menos chances de ganhar sua confiança. Mas ao entrar no carro e esperar por uma viagem cinco estrelas, encontrará o motorista em condições em que ambos poderão dar o melhor de si e ter uma ótima viagem, ou até mesmo possibilitar o florescimento de um ótimo relacionamento. É algo surpreendente: quando você confia que os outros são dignos de sua confiança, verá que eles se esforçarão para mostrar que a merecem.

Portanto, minha primeira recomendação para fazer com que os outros confiem em você é oferecer sua confiança primeiro. Essa é a definição de um salto de confiança, e é essa simplicidade elegante que lhe dá a capacidade de ser alguém que entra ativamente nesse círculo virtuoso.

Há mais três maneiras pelas quais aconselho aos *changemakers* a fazer com que os outros confiem neles: transparência, vulnerabilidade e ser firme com suas ideias, mas brando com as pessoas.

Vamos começar com a transparência. Quando as pessoas não têm informações sobre o que acontece, tendem a inventar histórias, pois tentam ligar todos os pontos daquilo que sabem. Quando elas inventam as próprias histórias, tendem a se transformar tanto em heróis quanto em vítimas. Cabe a você, como alguém digno de confiança, ajudar as pessoas a contar as histórias certas.

Muitas vezes, guardamos informações, e acreditamos que isso é do interesse deles — pense em uma startup prestes a ficar sem financiamento —, mas eu diria que, na maioria dos casos, deveríamos compartilhar mais informações em vez de menos. Um amigo meu adorava a startup em que trabalhava e foi pego totalmente de surpresa quando o fundador e CEO informou à equipe que a empresa fecharia naquele dia. Mal sabia o CEO que meu amigo pensava em todos os tipos de novas oportunidades de receita e até tinha alguns contatos fortes que guardou para um dia complicado. Se o CEO tivesse informado a equipe sobre as projeções financeiras desanimadoras há algumas semanas, ele poderia ter engajado toda a equipe, inclusive meu amigo, para ajudar a pensar em possíveis soluções. A falta de confiança demonstrada pelo CEO acelerou o fim da startup e fez com que meu amigo e eu nos perguntássemos como as coisas poderiam ter sido diferentes se o CEO tivesse sido transparente.

Da transparência, passamos à vulnerabilidade. Brené Brown, pesquisadora e autora de best-sellers, faz um trabalho incrível sobre esse tópico, e uma das percepções mais poderosas que obtive dela é que tendemos a ver a vulnerabilidade como uma fraqueza em nós mesmos, mas como uma força nos outros.[15]

Pense nesse paradoxo: valorizamos a vulnerabilidade quando a enxergamos nos outros, mas relutamos em demonstrá-la, pois acreditamos ser uma fraqueza. Como um *changemaker* que busca ganhar a confiança dos outros, ser vulnerável — ser humano, pleno, aberto e honesto — é uma maneira incrível de fazer com que os outros se sintam confortáveis ao nosso redor e confiem em nós. Como *changemakers*, muitas vezes achamos que precisamos usar uma armadura e parecermos invencíveis. No entanto, muitas vezes é essa armadura invulnerável que faz com que os outros não confiem em nós. É claro que a vulnerabilidade não é uma ferramenta de busca de simpatia. Ela deve ter limites. Assim como a mudança requer humildade e confiança, a vulnerabilidade eficaz requer abertura e limites. Ter ambos ajuda a catalisar a confiança.

Por fim, aconselho aos *changemakers* que buscam desenvolver a confiabilidade a ser firmes com as ideias, mas brandos com as pessoas. Para liderar mudanças, muitas vezes é preciso desagradar e promover ideias e visões incômodas aos outros. No entanto, embora chegar a um acordo possa não ser fácil, não precisamos ser desagradáveis enquanto tentamos. As conversas que mais geram confiança são aquelas em que as pessoas podem falar o que pensam e em que as equipes podem debater. Mas é fundamental desafiar as ideias — com novas abordagens, conceitos, visões, possibilidades — ao mesmo tempo em que as separamos das pessoas que as compartilham. Podemos valorizar e respeitar a pessoa por trás de uma ideia, mesmo que a consideremos como péssima, enquanto confrontamos tal pensamento.

Como fazer isso na prática? Ao criticar ideias, não pessoas. Ao respeitar alguém que tem a coragem de discordar de você e elogiá-lo por isso e, ao mesmo tempo, manter o foco em encontrar a melhor ideia possível. Como sugere meu colega da UC Berkeley, Morten Hansen, em seu livro *Great at Work* [sem publicação no Brasil], boas equipes "brigam e depois se unem".[16] Em outras palavras, esforçar-se para encontrar a melhor abordagem, enquanto cada indivíduo defende apaixonadamente o que acredita ser melhor. Mas, uma vez que cheguem a um consenso, todos se unem em torno dessa ideia para avançar em conjunto.

A confiança pode, de fato, tornar-se seu superpoder — desde que você esteja disposto a dar o salto de confiança.

A Mudança Como Um Esporte Coletivo

Você fará seu trabalho de mudança mais importante por meio de outras pessoas e em conjunto.

Sua capacidade de colaborar efetivamente — de envolver outras pessoas e de equilibrar sua confiança e sua humildade em uma parceria — determinará grande parte do seu sucesso como *changemaker*.

Yuval Sharon foi chamado pelo *New York Times* de "residente na distorção da ópera"[17] e, de fato, seu trabalho criou ondas de mudança na mais tradicional das formas de arte. Ele já dirigiu óperas em veículos em movimento, estações de trem e em alas de elevadores. Recriou óperas antigas para criticar as estruturas de poder colonial dentro da própria ópera. No entanto, Sharon não é um iconoclasta que trabalha sozinho para criar esses empreendimentos brilhantes. Seu grupo de ópera experimental com sede em Los Angeles, The Industry, leva a colaboração para um nível acima de qualquer outro. Em vez de um diretor, muitos dos trabalhos do grupo têm dois. Em vez de um único escritor principal, há dois coescritores e até mesmo dois compositores.[18] Ao criar estruturas que forçam o diálogo entre as pessoas, Sharon dirige uma colaboração repleta de uma criatividade fenomenal.

Você Colabora ou Chega a Um Acordo?

Seja grande ou pequena, artística ou não, a colaboração requer trabalhar de forma produtiva em meio aos conflitos. Vamos começar nossa análise mais profunda da colaboração ao ajudá-lo a entender qual é a sua abordagem padrão em um conflito, por meio da compreensão e da aplicação do Instrumento de Thomas-Kilmann de Modos de Conflito, ou modelo TKI.[19] É uma ferramenta simples, mas poderosa, que lhe proporciona a autorreflexão sobre sua abordagem padrão ao conflito e aos desentendimentos.

Imagine um gráfico com dois eixos. No eixo vertical y está a "Assertividade", definida como "a extensão em que a pessoa tenta satisfazer [suas] preocupações", de baixo para cima. No eixo horizontal x, está "Cooperatividade", definida como "o grau em que a pessoa tenta satisfazer as preocupações da outra pessoa", de baixo para cima. Onde você se colocaria nessas duas escalas? Sua resposta determinará como tende a reagir a conflitos e, como veremos, há um lugar surpreendente no gráfico que produz as colaborações mais eficazes.[20]

Se você se classificou como baixo em ambos, sua abordagem é a "esquiva". Você se esquiva do conflito sem tentar satisfazer suas preocupações ou as de seu colega de equipe.

Se você se classificou como alto em assertividade, mas baixo em cooperatividade, sua abordagem é "competição". Você tenta satisfazer suas próprias preocupações às custas de seu colega de equipe.

Se você se classificou como pouco assertivo, mas muito cooperativo, sua abordagem é de "acomodação". Você tenta satisfazer as preocupações do seu colega de equipe às custas das suas próprias.

Agora, é aqui que as coisas ficam realmente interessantes. A maioria das pessoas acha que a melhor abordagem possível para conflitos é ser moderado tanto em assertividade quanto em cooperatividade. Mas, na verdade, isso nos deixa em um meio-termo confuso e desconfortável chamado de "fazer concessões". Você busca por um acordo aceitável que satisfaça apenas parcialmente suas preocupações e as de seu colega de equipe, o que significa que nenhum dos dois sai do trabalho em conjunto sentindo-se particularmente feliz.

Pense na elaboração de uma atividade após as aulas com um colega. Você quer criar um programa prático de ciências para alunos do ensino fundamental, enquanto seu colega quer criar uma iniciativa de produção de vídeos para alunos do ensino médio. Fazer concessões no meio do caminho significa executar um programa de treinamento em tecnologia para alunos do ensino médio que fica entre o que vocês dois queriam inicialmente, mas que não atende a nenhum de seus pontos fortes, interesses ou paixões. É um acordo que não favorece ninguém — principalmente os alunos.

Pode parecer paradoxal, mas a melhor colaboração acontece em um alto nível de assertividade (atende suas próprias necessidades) e também de cooperatividade (atende seu parceiro). Isso é "colaboração" no gráfico TKI. Você tenta encontrar uma solução vantajosa que satisfaça completamente suas preocupações e as do seu colega de equipe. A colaboração abre todos os tipos de novas possibilidades. Por exemplo, a criação de programa que envolva alunos do ensino médio ensinarem ciências a alunos do ensino fundamental por meio da direção e atuação em vídeos educacionais criativos.

Essa é a personificação do paradoxo com o qual começamos este capítulo. Assim como ser confiante sem arrogância significa ser confiante e humilde ao mesmo tempo, a colaboração exige que você busque seus próprios objetivos e, simultaneamente, os de outras pessoas, e não a concessão em um meio-termo decepcionante.

A colaboração é onde a confiança, a humildade e a segurança se unem.

Colaboração em Ação

Quando ensino sobre colaboração, compartilho algumas recomendações com meus alunos e me concentro em ser o tipo de colaborador que faz o melhor trabalho de *changemaker* ao passo que trago à tona o que há de melhor nos parceiros. Mas, primeiro, vamos conversar com um dos colaboradores mais ousados que conheço.

Em um mundo cada vez mais polarizado, Scott Shigeoka (elu/ele), cuja história conheceremos no capítulo 11, é uma bela personificação de construtor de pontes. Shigeoka ajudou a lançar uma iniciativa chamada Bridging Differences, que explora "as chaves para o diálogo positivo e o entendimento entre raça, religião, ideologia política e muito mais".[21] Shigeoka busca regularmente oportunidades de se conectar com outras pessoas, mesmo, e especialmente, com aquelas que são abertamente antagônicas às suas crenças e valores. Elu faz isso não com o desejo de mudar de opinião, mas sim com o desejo de entender. Ao fazer isso, ajuda pessoas que estão em lados opostos dos sistemas de crenças a criar conexões significativas umas com as outras. O primeiro conselho de Scott para construir pontes é começar com "um reconhecimento da humanidade em comum". Scott nos lembra — em referência à nossa seção sobre humildade — que, para colaborar de forma significativa com os outros, devemos lembrar que não temos o monopólio da verdade, embora isso não signifique abandonar nossas crenças ou valores.

Embora suas colaborações possam não ser tão potencialmente voláteis como algumas das de Shigeoka, um ótimo ponto de partida para sua colaboração é encontrar o ponto onde valores se alinham. Talvez você esteja tentando colaborar com alguém com uma visão política muito diferente da sua. Embora sejam manifestações de escolhas políticas diferentes, os valores subjacentes a essas crenças provavelmente são mais semelhantes do que você imagina: valores como segurança, saúde e bem-estar. Agora, talvez você tenha uma longa ponte a construir para conectar esses valores ao seu objetivo comum, mas pode pelo menos reconhecer que, mesmo em colaborações antagônicas, é provável que existam valores compartilhados.

Para colaborar bem, muitas vezes é preciso ir devagar no início para então ir rápido depois. As etapas iniciais de liderança com valores e foco no alinhamento não são rápidas. Tampouco deveriam ser se forem bem executadas, onde cada parte está totalmente envolvida. Porém, ao dedicar um tempo inicial em uma parceria para alinhar e discutir valores primeiro, você poderá tomar decisões futuras com muito mais rapidez.

Aprendi isso em primeira mão em uma caminhada que fiz com a minha esposa, Rebecca, que era minha namorada na época, poucos dias depois de tê-la pedido em casamento. O que começou casualmente como uma discussão sobre nosso futuro casamento se transformou em um desentendimento sobre quais deveriam ser as “cores do nosso casamento”. Demos um passo atrás e percebemos que havíamos entrado diretamente no modo de execução sem antes nos alinharmos em relação aos valores. Passamos algum tempo sentados à beira de um rio, com os pés na água fria, enquanto conversávamos sobre o que realmente queríamos de nosso casamento e quais valores esperávamos que ele incorporasse. Para a surpresa de nossos pais, até criamos uma declaração de missão para o evento.

Ela dizia: “Estamos criando um casamento autêntico para quem somos como casal; que valorize as contribuições de nossas famílias; que nos permita celebrar com todos os que são importantes para nós; e que nos permita estar totalmente presentes e aproveitarmos o evento.” Isso serviu como ponto de ancoragem para toda a cerimônia e até mesmo para o casamento que estava por vir. Não foi rápido fazer essa declaração de missão, mas, ao dedicar tempo e espaço para nos envolvermos totalmente nesse processo desde o início, isso tornou muitas decisões futuras rápidas e fáceis (sim, até mesmo as cores do nosso casamento!).

A última lição sobre colaboração é que o processo é importante. É claro que você pode ter sorte e chegar rapidamente ao mesmo resultado por meio da força de vontade ou da persuasão, mas se os seus parceiros não se sentirem parte do processo e não se sentirem participantes plenos, é improvável que a sua mudança aconteça. Muitos *changemakers* preferem ser a primeira pessoa a compartilhar uma opinião ou ideias; essa é a parte da confiança, que é importante. Mas é igualmente importante a humildade de se afastar e deixar que os outros compartilhem suas ideias primeiro. É provável que eles sugiram ideias nas quais você não teria pensado. E se sugerirem uma ideia que você mesmo teria, melhor ainda. Você pode elogiá-los pela excelente ideia e deixar que recebam o crédito, enquanto aproveita o fato de que ainda obterá o mesmo resultado.

Ao encerrarmos este capítulo, você está curioso para saber o que aconteceu com Gwen e sua organização desde que ela deu seu humilde, porém confiante, passo para trás no final de 2018? Mais uma vez, ela teve a liberdade de experimentar, inovar e se apoiar em seus pontos fortes naturais em relação às pessoas, aos produtos e ao design. O momento para isso foi importante, pois permitiu que Gwen desempenhasse um papel fundamental no lançamento de um novo produto. Em abril de 2020, quando grande parte do mundo mudou do trabalho presencial para o remoto, a Tribeless lançou uma versão online da Empathy Box, e marcou a mudança da empresa de transformar um produto físico em algo completamente digital. Wong nunca havia imaginado o caminho que seguiria a partir daquela decisão de abrir mão do cargo de CEO, mas ela me contou: "Capacitar, confiar e investir na minha equipe nos trouxe até aqui."

Assim como Gwen, você agora é um *changemaker* que adota o conceito de "ambos" ao liderar mudanças — confiança e humildade, confiança e confiabilidade, lento e rápido. Esses conceitos o ajudarão muito quando passarmos para o próximo conceito do mindset de *changemaker*: ir além de si mesmo.

SEJA A MUDANÇA

Pontos Importantes

- A humildade é um ponto forte, não uma fraqueza. Os dados mostram que os líderes humildes têm resultados muito melhores, desde o faturamento ao envolvimento da equipe.
- Para ganhar confiança, muitas vezes é necessário oferecer a sua primeiro. Saia do carrossel da liderança e veja se há maneiras de ceder sua confiança aos outros (enquanto se protege das falhas).
- A verdadeira colaboração acontece no ponto ideal: você e os outros defendem ativamente suas próprias necessidades e, ao mesmo tempo, encontram maneiras de atender aos interesses dos outros, o que leva a soluções em que todos saem ganhando.

Desafio Changemaker

- Comece a fortalecer seus músculos da humildade ao colocar em prática o conceito do espelho e da janela. Na próxima vez que receber um elogio, considere compartilhá-lo. Na próxima vez que vir alguém de sua equipe receber a culpa por algo, considere assumir a responsabilidade. Em seguida, reflita: como os outros reagem quando você se mostra mais humilde?

Capítulo 4

Além de Si Mesmo

Talvez seja minha personalidade ou o tempo que passei na despreocupada Califórnia, mas, ao longo de toda a minha carreira como empresário, executivo e acadêmico, posso contar nos dedos de uma das mãos o número de reuniões que tive com alguém que se vestia com um terno de três peças. É ainda mais notável o fato de que o usuário de terno de três peças que eu estava prestes a conhecer naquele dia em particular tinha apenas 21 anos de idade. O pobre rapaz estava prestes a fazer uma reunião comigo enquanto caminhávamos, subindo e descendo as encostas íngremes do bairro de Potrero Hill, em São Francisco, e em um dia quente fora de época.

Demos um aperto de mão e partimos, prestes a subir uma colina que nos recompensaria com vistas da cintilante Baía de São Francisco e das colinas de Oakland.

Esse jovem havia entrado em contato comigo e pediu para ter uma conversa de mentoria sobre como se tornar um *changemaker* — uma das minhas coisas favoritas de se fazer. Mas, desde o início, percebi que essa não seria uma sessão regular para mim. E não foi apenas por causa dos sapatos daquele garoto.

O jovem tinha uma ambição tão grande quanto as colinas que subiríamos naquele dia, mas seu senso de direção estava tão bagunçado quanto o dos visitantes que perambulavam pelo bairro notoriamente turístico do Pier 39 de São Francisco.

Ele me disse que tinha uma única ambição: fazer parte da lista da Forbes 30 Under 30.

"O que você gostaria de ter feito para merecer esse reconhecimento?", perguntei-lhe.

O silêncio foi ensurdecedor. Ele olhou ao redor como se um transeunte pudesse milagrosamente gritar uma resposta à minha pergunta.

Mas ela não veio.

Ele me disse que não tinha ideia do que faria, mas reiterou que queria estar naquela lista.

Respondi, com uma mistura de franqueza e empatia, que ele estava errado. Ele havia confundido os fins com os meios.

“Inverta o roteiro”, disse a ele sem hesitar. “Você não pode controlar o impacto que terá sobre os outros. Mas pode controlar sua capacidade e decisão de servir aos outros.”

“Se você entrará ou não nessa lista, isso ficará a cargo de alguns estranhos em uma sala de conferência um dia, quando eles fizerem suas seleções”, acrescentei. “Você não consegue controlar isso. Mas o que você pode controlar é a decisão, aqui e agora, de encontrar maneiras de servir aos outros e melhorar a vida deles.”

Disse-lhe para se tornar um *changemaker* que vai além de si mesmo.

“Não posso prometer que a *Forbes* o escolherá”, falei, “mas o que posso prometer é que, ao longo do caminho, você melhorará muitas vidas. E isso é muito mais significativo e lhe dá muito mais poder de ação do que tentar entrar em uma lista dos trinta maiores.”

À medida que nossa caminhada prosseguia, expliquei, durante nosso tempo juntos, o que significa ter um mindset de ir além de si mesmo.

As quatro partes desse mindset são a prática da liderança servil, a prática da liderança ética, o envolvimento com o pensamento de longo prazo e o desenvolvimento e aplicação de uma visão.

Em outras palavras, trata-se de servir aos outros (liderança servil) da maneira correta (liderança ética) a longo prazo (pensamento de longo prazo) em direção a um objetivo significativo (visão).

Essa fórmula não garante fama ou riqueza. Mas promete, aos *changemakers* que a aplicarem, uma oportunidade de irem longe e causarem um impacto positivo nas pessoas ao redor.

Neste capítulo, você entenderá e aprenderá a aplicar os quatro elementos para se tornar um *changemaker* que vai além de si mesmo.

Servir aos Outros

Ao observar a situação da liderança no mundo atual e como ela é retratada frequentemente na mídia, na política e nos negócios, é provável que você a veja em termos pouco lisonjeiros e até perigosos. Você pode gravitar em torno de adjetivos como *alguém com fome de poder* ou *corrupto*, apresentado a indivíduos que, em última análise, servem apenas a si mesmos. Talvez você aponte para a crescente diferença salarial entre CEOs e seus funcionários ou para a grandiosidade dos líderes políticos que colocam seus próprios interesses à frente dos eleitores.

Essa pode ser a liderança que vemos com muita frequência. Mas isso não é, de forma alguma, o que ela realmente é.

Embora seja possível se safar com uma liderança egoísta a curto prazo, ela não é eficaz na liderança de mudanças positivas duradouras.

Você pode ser egoísta e provavelmente ter algum sucesso a curto prazo (talvez até uma boa quantidade de sucesso efêmero), mas se colocar em primeiro lugar o prejudicará, e certamente não o capacitará a ser um *changemaker* que causa impacto positivo e duradouro.

O mindset de um líder que vai além de si mesmo começa com o fato de se ver primeiro como um líder servil.

Um Método que Transcende o Tempo

A liderança servil é, ao mesmo tempo, um conceito milenar e uma abordagem contemporânea para liderar em um mundo acelerado e em rápida transformação. É igualmente aplicável em estruturas formais e informais, em grandes esforços de mudança e em pequenos grupos.

A ideia remonta ao filósofo Lao-tzu, que há 26 séculos ensinou: "O tipo mais elevado de governante é aquele de cuja existência pouco sabem... O Sábio é modesto e de poucas palavras. Quando sua tarefa é cumprida e tudo foi concluído, todos dizem: 'Nós mesmos conseguimos!'"[1]

Essa noção também encontrou um lar nas forças armadas dos EUA, embora com um nome diferente: Oficiais se Servem por Último. Durante a refeição, os oficiais fazem fila para comer na ordem do menor para o maior posto, o que significa que os oficiais de mais alto escalão comem somente depois que os que estão sob seu comando o fizeram. Não se trata de uma regra formal, não está codificada em lugar algum e não traz nenhuma punição para aqueles que a violam. No entanto, é uma poderosa personificação da liderança servil: aqueles que lideram se certificam de que as pessoas sob sua supervisão comam antes. É colocar os interesses daqueles a quem você serve à frente dos seus.

Robert Greenleaf popularizou o termo liderança servil em 1970 em seu ensaio *The Servant as Leader* [sem publicação no Brasil], em que afirmava que "a servitude deve ser a característica distintiva da liderança".[2]

A liderança servil, diz ele, começa "com o sentimento natural de querer servir", seguido pela "escolha consciente... de aspirar a liderar". Greenleaf ajuda a mostrar como meu orientando, em seu terno de três peças, estava errado. Em vez de começar com o desejo de liderar, a liderança servil nos ensina a começar pela servitude e, a partir daí, fazer a escolha consciente de liderar.

Por fim, Greenleaf nos diz que o melhor teste de um líder servil é perguntar: "Aqueles que são servidos melhoram como pessoas?" Em outras palavras, ao servirmos os outros, eles se tornarão mais fortes, mais capazes e mais dispostos a serem líderes servidores?

Como é a liderança servil na prática? Quando me reúno com subordinados diretos, considero que minha maior prioridade é auxiliá-los no que for preciso para que façam o melhor trabalho possível. Pergunto a eles o que os incomoda e como posso intervir para ajudá-los. Em vez de pensar que sei o que é melhor, procuro ativamente servir aos outros; confio que eles sabem mais do que precisam, ouço-os e, em seguida, tomo uma atitude. Isso significa que meu papel como gerente pode ser qualquer coisa, desde ter uma conversa difícil em nome da minha equipe, ajudá-la a criar uma estratégia para uma grande apresentação ou até mesmo ações menores, como garantir que ela reserve uma sala de conferência. É ser ativo para bloquear tudo o que possa atrapalhar o crescimento deles, permitindo-lhes se tornar mais fortes e mais capazes em seu trabalho. Tudo começa com a escolha consciente de servir aos outros.

Liderança Servil em Ação

Se a liderança servil é o que todos nós deveríamos aspirar em nosso mindset para ir além de nós mesmos, o que deveríamos fazer no campo da política, em que essa noção parece muito rara? Se você acha que o sistema atual de recrutamento de talentos políticos está quebrado, pode ter certeza de que Emily Cherniack concordaria com você.

Cherniack tem um longo histórico de liderança servil, desde a participação no AmeriCorps até ser uma das membras fundadoras do Be The Change, que envolveu 250 mil pessoas em um dia de ação de serviço em suas comunidades. Ela entrou na política quando seu mentor, Alan Khazei, candidatou-se ao Senado dos EUA em Massachusetts, em 2009, e a contratou como vice-gerente de campanha. Embora Khazei tenha recebido aproximadamente apenas 13% dos votos nas primárias democratas e ter ficado muito aquém da indicação para a cadeira do Senado que já foi ocupada por Ted Kennedy, a experiência abriu os olhos de Cherniack para o quanto o nosso sistema político atual é falho quando se trata de identificar e apoiar talentos.

Cherniack acredita que "o atual pipeline de talentos é intencionalmente exclusivo e tem barreiras significativas que impedem que líderes transformacionais concorram com sucesso a cargos públicos" e que "a única maneira de mudar isso é mudar o pipeline".[3]

Para ajudar a remediar isso, em 2013, ela fundou a New Politics, uma organização sem fins lucrativos e apartidária dedicada a revitalizar a democracia americana por meio do recrutamento de líderes servis, especialmente aqueles que serviram os EUA nas forças armadas ou em serviços nacionais como o Corpo da Paz. A organização afirmou que líderes servis são alguns dos melhores solucionadores de problemas e *changemakers* do país, e precisamos de sua liderança mais do que nunca.

Em vez de encontrar políticos talentosos e depois ajudá-los a ser eleitos, a New Politics segue à risca o roteiro da liderança servil.

A organização encontra indivíduos que têm um histórico efetivo de escolha consciente de servitude e se concentra nessa qualidade em primeiro lugar, em vez de se concentrar nas crenças políticas específicas ou na capacidade eleitoral desses indivíduos. Em seguida, ela treina esses líderes, que já mantêm um mindset de ir além de si mesmos, em política e diretrizes, para ajudá-los a ser eleitos. Dessa forma, a New Politics os prepara para se tornarem os líderes políticos de que tantas pessoas de ambos os lados do corredor acreditam que o Congresso dos EUA tanto precisa.

A New Politics já obteve grandes vitórias ao eleger líderes servis em níveis local, estadual e nacional, o que prova que um mindset de liderança servil pode ajudar a incentivar mudanças significativas e sistêmicas.

O Favor de Cinco Minutos

A liderança servil funciona em todos os setores e indústrias. O excelente livro *Dar e receber*, do professor da Wharton, Adam Grant, explora a liderança servil, embora usando termos diferentes.[4] Nele, identifica três personas diferentes: tomadores, compensadores e doadores. Os tomadores se orientam para extrair o máximo que puderem dos outros. Compensadores têm como objetivo equilibrar perfeitamente o quanto dão e recebem. Os doadores contribuem para os outros sem esperar nada em troca. Grant descobriu que os doadores são mais raros e, talvez sem surpresa alguma, mais propensos a se esgotarem. Mas ele também descobriu, por meio de uma rigorosa análise de dados, que os doadores são especialmente favoráveis a serem líderes inspiradores e *changemakers* que causam um impacto extraordinário.

Se estiver procurando uma maneira de começar a praticar a liderança servil, considere começar com o conceito de Grant do "favor de cinco minutos". Pergunte-se: "O que eu poderia fazer por outra pessoa, sem expectativa de retribuição, em cinco minutos?" Talvez apresentar, por e-mail, duas pessoas que você acha que realmente gostariam de se conhecer ou escrever um bilhete para um colega, gerente ou amigo para agradecê-lo por seu trabalho duro. Em apenas cinco minutos, você pode começar a ser um líder servil, um que serve aos outros.

Mudança Ética

Alguns líderes tentam fazer o mínimo necessário e se safam simplesmente por não serem ruins. Às vezes, essa abordagem funciona, pelo menos a curto prazo.

No entanto, como agentes de mudança, podemos e devemos aspirar a um padrão mais elevado. Agora é imperativo que os líderes vão além de simplesmente "não causar danos" e, em vez disso, concentrem-se em causar um impacto positivo de forma ativa.

De acordo com um estudo realizado pela Cone Communications, 85% dos consumidores (e 91% da geração do milênio) trocariam de marca por outra considerada mais ética e alinhada aos valores.[5] Além disso, 62% da geração do milênio e a maioria de todos os adultos estariam dispostos a aceitar uma redução salarial para trabalhar em uma empresa "responsável".

Os *changemakers*, tanto como líderes quanto como consumidores, acreditam que a ética não é apenas algo agradável de se ter; ela é imprescindível. E a pressão está sobre os CEOs, de acordo com o Edelman Trust Barometer de 2020.[6] Entre os entrevistados, 76% disse que os CEOs devem assumir a liderança em mudanças positivas em vez de esperar que o governo as imponha (um aumento de 11 pontos percentuais em relação ao ano anterior). A maioria dos entrevistados acredita que os CEOs podem criar mudanças positivas em questões que vão desde a igualdade de remuneração até o meio ambiente, e 71% dos funcionários disseram que é "extremamente importante" que seu CEO responda aos desafios.

Esperamos, com razão, mais de nossos líderes. E, como consumidores, estamos cada vez mais aptos a enxergar a "lavagem de propósito" ou as promessas vazias de impacto positivo, em que a retórica não corresponde à realidade. Observamos isso nas mídias sociais após o assassinato de George Floyd em 2020, quando marcas, desde a Amazon até a L'Oréal, expressaram apoio ao movimento Black Lives Matter, mas foram denunciadas por pessoas comuns que perceberam que as ações das empresas — desde a composição de suas equipes executivas até suas políticas no local de trabalho — não refletiam essas declarações.

Ser um *changemaker* que vai além de si mesmo significa não ver a liderança ética como algo básico e superficial, mas sim aceitá-la como uma oportunidade de usar sua posição para liderar outras pessoas, em sua equipe e em sua comunidade, para que se juntem a você na busca de objetivos maiores.

Os Três Passos da Liderança Ética

Há três chaves para se tornar um líder ético e eficaz hoje em dia: autenticidade, consistência e engajamento inclusivo.

Muitos de nós, especialmente os nativos digitais da geração do milênio e da geração Z, somos muito bons em enxergar promessas vazias relacionadas ao que é correto. Portanto, os líderes éticos devem começar com autenticidade. Durante movimentos sociais como o #MeToo, muitos líderes fizeram declarações públicas em que apoiavam a causa, mas suas próprias ações não refletiam seus apelos apaixonados pela mudança dos outros. Para sermos éticos, precisamos primeiro ser autênticos e garantir que nossas próprias ações reflitam o que incentivaríamos nos outros. Um mindset para ir além de si mesmo exige mais do que palavras: é necessário que nossas ações estejam, antes de tudo, alinhadas com nossas políticas e retórica.

Mas não basta simplesmente fazer a coisa certa em um momento específico. A ética não é efêmera; ela é duradoura. E um legado consistente em fazer o que é certo o ajudará a ser um líder que inspira outras pessoas a realizar mudanças significativas. Nesse ponto, podemos nos inspirar no CEO da Apple, Tim Cook, que defende os direitos LGBTQ+ há anos e anos. De modo pessoal, em sua própria filantropia, e profissional, tanto em suas próprias ações quanto em suas políticas corporativas, ele tem sido um defensor da causa da igualdade. Quando o caso histórico da Suprema Corte dos EUA, *Obergefell v. Hodges*, tornou o casamento entre pessoas do mesmo sexo um direito legalmente garantido, vimos muitos — embora certamente não todos — líderes e empresas começarem a apoiar o movimento. Embora isso seja bem-vindo, líderes como Cook, que têm se empenhado consistentemente na liderança ética nessa área específica (não analisaremos todas as políticas da Apple aqui), realmente incorporam um mindset que vai além de si mesmos, ao fazerem isso antes de todos os outros. De fato, esses primeiros líderes éticos fizeram com que fosse seguro para os outros seguirem seus exemplos na promoção de políticas éticas.

A terceira e última chave é envolver de forma inclusiva todos os tipos de partes interessadas em sua liderança ética. A liderança ética é mais forte quando envolvemos mais pessoas de todos os tipos. A REI provou isso em sua campanha #OptOutside Black Friday. A REI não só adotou uma postura ética com seus consumidores, mas também com seus funcionários, dando-lhes folga remunerada. Coletivamente, isso criou um movimento. Tanto a equipe quanto os clientes se engajaram no mesmo ato, em vez do que poderia facilmente ter se tornado ressentimento de um grupo de partes interessadas — por exemplo, se os clientes tivessem se beneficiado, mas os funcionários tivessem perdido um dia de pagamento.

Vemos todos esses três aspectos em ação na Ben & Jerry's, a popular empresa de sorvetes que frequentemente vai além de si mesma e estende seu impacto para muito além do corredor do freezer. Seu ativismo é o resultado de um investimento de longo prazo na vivência de seus valores.

Christopher Miller, chefe de estratégia de ativismo global da Ben & Jerry's, disse à *Harvard Business Review*: "Temos esse corpo contínuo de ativismo e defesa que está enraizado em nossos valores. Temos uma equipe de missão social com experiência em ONGs ou políticas, juntamente com uma equipe de marketing fenomenal que sabe como se conectar com nossos fãs e vender ideias. Assim, quando as coisas acontecem, temos o privilégio, o poder e a capacidade de nos comunicarmos."[7] Matthew McCarthy, CEO da empresa, entrou em cena: "Fazemos essas coisas não para vender mais sorvete, mas porque nos preocupamos com as pessoas e temos valores."

O que faz com que a Ben & Jerry's se destaque em sua responsabilidade social corporativa é a maneira como ela se envolve de forma autêntica com suas comunidades, desde fornecedores a consumidores e membros da comunidade. Miller descreveu sua resposta ao assassinato de George Floyd: "A equipe e eu tratamos com muitos amigos, aliados e parceiros e, por isso, certificamo-nos de verificar o que eles pensavam sobre o assunto. Na declaração sobre o BLM, tínhamos quatro recomendações de políticas muito específicas. Não pensamos nisso em uma sala de conferências em nossa sede corporativa. Nós amplificamos as vozes daqueles que estão na linha de frente, que conhecem as soluções de que precisamos."

Claro, é possível dizer que a ética e os valores estão tão incorporados ao DNA da Ben & Jerry's quanto os brownies e a massa de cookies estão no sabor Half-Baked (claramente, o melhor), mas e quanto às empresas que talvez ainda não tenham articulado seus valores? "A realidade é que nunca há um momento ruim para começar a fazer a coisa certa. E, de fato, precisamos de você", argumenta McCarthy. "Você pode decidir que sua ação será trabalhar na The Humane Society. Ou embalar almoços. Pode ser qualquer coisa. O que ela não pode ser é nada."

Seja Rápido, Mas Não se Apresse

A mudança leva tempo. Muitos *changemakers* com quem trabalho são naturalmente impacientes, uma característica que lhes é útil em muitos casos, porque essa inquietação leva à ação. Mas criar mudanças reais e duradouras é uma maratona, não uma corrida rápida.

Vemos isso na forma como estabelecemos metas para nós mesmos ao desenvolvermos novos hábitos. Quantas vezes você já começou um novo hábito e desistiu dele em uma ou duas semanas? Embora a maioria das pessoas ache que um novo hábito pode ser formado em cerca de três semanas, Phillippa Lally, pesquisadora de psicologia da saúde da University College London (UCL), analisou a formação de hábitos e, em um estudo publicado no *European Journal of Social Psychology*, ela e seus colegas descobriram que são necessários 66 dias para que um novo hábito se forme.[8] Isso reforça por que os *changemakers* devem se empenhar a longo prazo.

Talvez ao seguir um padrão estabelecido pela América corporativa, que salta de um foco de lucros trimestrais para outro, muitos indivíduos e organizações têm dificuldade de ir além de si mesmos e pensar a longo prazo. Lucro é apenas um retrato da saúde organizacional. A empresa de consultoria de gestão McKinsey estudou 615 empresas em um período de 15 anos e comparou as empresas orientadas ao longo prazo com as de curto prazo.[9] A McKinsey descobriu que, embora a proporção de empresas que adotam o pensamento e a estratégia de curto prazo esteja crescendo, as empresas que se concentram no longo prazo apresentaram um crescimento de receita 47% maior entre 2001 e 2014 e foram menos voláteis. Segundo a McKinsey, "cumulativamente, em média, os ganhos das empresas de longo prazo também foi 36% maior nesse período do que os das outras empresas e, em média, seu lucro econômico foi 81% maior."

Muitos líderes se sentem pressionados a se concentrar no curto prazo, e muitos sistemas reforçam essa perspectiva superficial. Desde os analistas de Wall Street, que se concentram em resultados trimestrais, até a pressão das redes sociais para a gravação de um momento viral — lembra do Ice Bucket Challenge em 2014? Mas esse foco em apenas superar o obstáculo imediato à nossa frente, sem observar e se preparar para a corrida completa, muitas vezes deixa os líderes exaustos e incapazes de realizar mudanças duradouras.

No entanto, *changemakers* que vão além de si mesmos são capazes de pensar no jogo por inteiro, reconhecendo que a mudança substancial e sustentável raramente é uma solução rápida. Ser capaz de ver o panorama e ser paciente é um diferencial cada vez maior para os *changemakers*.

Quando Sid Espinosa deu uma palestra à minha turma, esperei que ele falasse sobre como havia realizado tanto sendo tão jovem. Na época, ele era o diretor sênior de filantropia da Microsoft e já havia sido o primeiro prefeito latino de Palo Alto, na Califórnia, com apenas 30 anos. Em vez disso, seu conselho para os alunos me surpreendeu e, no início, fiquei preocupado com a possibilidade de que o interpretassem errado. Ele falou sobre as mudanças necessárias nas empresas e nas comunidades, e nos disse para pararmos de pensar em nós mesmos como velocistas individuais e começássemos a pensar em nós mesmos como competidores em uma corrida de revezamento. Ele disse à turma que é bem possível que nunca vejamos todas as mudanças que queremos criar se concretizarem durante a nossa carreira ou durante a nossa vida.

Achei que os alunos perderiam suas aspirações ao ouvirem isso, mas, na verdade, sentiram que o conselho foi libertador.

Viram o conselho de Espinosa como um convite para continuarem a realizar o importante trabalho que outros iniciaram antes deles e criarem um lugar melhor para aqueles que virão depois. Eles sentiram um senso de conexão e comunidade com todos os *changemakers* que vieram antes e com os que virão depois.

Do mesmo modo, o conselho de Espinosa se aplica bem em ambientes corporativos e de mudança social. Talvez sejamos responsáveis por metas financeiras ou outras metas de curto prazo. Mas é libertador lembrar que podemos cuidar do que precisa ser feito agora, ao passo que pensamos em como podemos passar o bastão para outros no futuro. Podemos seguir as palavras do lendário técnico de basquete da UCLA, John Wooden: "Seja rápido, mas não se apresse." Podemos cuidar do que precisa ser feito por agora e não apressar as mudanças cruciais que possivelmente levarão muito mais tempo para serem realizadas.

Jogos Infinitos

Simon Sinek expõe esse conceito de forma belíssima em seu livro *O jogo infinito*.[10] Sinek se baseia no trabalho original realizado na década de 1980 pelo professor emérito da NYU, James P. Carse, que diferencia dois tipos de jogos que todos nós jogamos: finitos e infinitos.[11] Jogos finitos, como *Banco imobiliário* e basquete, apresentam regras fixas, objetivos estabelecidos e um momento claro em que alguém é declarado vencedor. Os jogos infinitos não têm início nem fim aparente, há jogadores conhecidos e desconhecidos e não há regras específicas. De acordo com Sinek, os negócios, a política e até mesmo a vida são exemplos de jogos infinitos. Eu também acrescentaria "liderar a mudança" como um exemplo por excelência de um jogo infinito.

Não há vencedores claros em jogos infinitos porque os jogadores podem entrar ou sair a qualquer momento — por exemplo, eles podem sair quando ficam sem recursos ou sem vontade de continuar. Quando jogamos um jogo infinito, Sinek nos aconselha a parar de pensar em quem ganha e quem perde e, em vez disso, focar a criação de organizações fortes e saudáveis que possam resistir ao teste do tempo. Se pararmos de encarar nossos jogos infinitos — seja ao criar um ambiente mais saudável, melhores escolas, bairros mais seguros ou cidadãos mais bem informados — como finitos, estaremos mais bem posicionados para servir aos outros a longo prazo. Ao jogar um jogo infinito, nossa liderança e nossas organizações se tornarão mais resistentes a choques externos e mais capazes de navegar em direção a resultados sustentáveis em vez de soluções rápidas.

Construa um Mindset Infinito

Um mindset infinito também pode ser útil para nós como indivíduos *changemakers*. Os alunos sempre me procuram para pedir conselhos sobre seu primeiro emprego depois da faculdade. Por meio dessas conversas, descobri um padrão: os alunos tendem a controlar demais a dor de curto prazo em detrimento da felicidade e do impacto de longo prazo. Eles aparecem prontos para jogar o jogo finito de conseguirem o que desejam e esperam encontrar o emprego perfeito logo de cara. Lembro aos alunos que, apesar da sensação que podem ter no momento, o primeiro emprego não define toda a sua carreira. Embora conseguir um emprego seja "finito", a carreira de uma pessoa é "infinita", com inúmeras oportunidades de ajustes ao longo do caminho. Com um mindset infinito, podemos aguentar certo desconforto por um pouco mais de tempo ao optarmos ver nossa carreira de *changemaker* em sua totalidade, em que um ano ou dois são apenas um pontinho em uma longa carreira. Isso permite que os alunos não foquem tanto o primeiro emprego, enxergando-o como uma oportunidade de aprendizado, de crescimento e de refinar ainda mais o que esperam fazer nas próximas décadas.

Sempre compartilho com os alunos o conselho de minha amiga Jocelyn Ling Malan, especialista em design e inovação, que diz para encararmos os primeiros empregos como uma série de hipóteses a serem testadas e que servirão de base para sua carreira: eu gosto de trabalhar em uma empresa pequena? Prefiro trabalhar em um ambiente de ritmo acelerado? A carreira de escritor é tão gratificante quanto os cursos que fiz? Essa reformulação da busca de emprego, de finita para infinita, ajuda os alunos a desenvolver uma nova perspectiva sobre as decisões que tomam em busca daquele primeiro emprego empolgante.

A Infinidade do Airbnb

O Airbnb é um exemplo de uma empresa que mira ao "infinito" e trouxe muitos benefícios de longo prazo para a empresa e para seus acionistas. Em 2018, o cofundador Brian Chesky escreveu uma "Carta aberta à comunidade do Airbnb sobre a construção de uma empresa do século XXI".[12] Nela, ele escreveu: "As empresas enfrentam pressões baseadas em legados do século XX, e a tendência é se concentrar cada vez mais em interesses financeiros de curto prazo, muitas vezes às custas da visão da empresa, do valor de longo prazo e de seu impacto na sociedade. Pode-se dizer que essas são empresas do século XX que vivem no século XXI. Queremos que o Airbnb seja uma empresa do século XXI com duas características: 1. Seremos infinitos. 2. Serviremos a todos os nossos acionistas."

Ele continuou a carta e delineou a importância de uma visão de longo prazo — bem próxima do conceito de jogo infinito de Sinek — e forneceu uma estrutura crucial para a visão: "Precisamos concretizar nossa visão e garantir que ela seja boa para a sociedade. Isso significa que devemos ter em mente o melhor interesse de três partes interessadas: Airbnb, a empresa (funcionários e acionistas), a comunidade Airbnb (hóspedes e anfitriões) e o mundo fora do Airbnb."

O Airbnb não teve a melhor das experiências. Seu crescimento tem sido repleto de discordâncias compreensivelmente contenciosas com legisladores locais e vizinhos sobre questões cruciais como gentrificação e moradia acessível. Ao contar sobre a infinitude da história da Airbnb, não quero sugerir que a empresa é perfeita, mas em um ambiente em que a maioria das empresas só enxerga semanas, se não dias, à frente, no momento em que escrevo, a Airbnb é um exemplo de pensamento a longo prazo.

Ainda não se sabe se o Airbnb conseguirá mitigar suas externalidades negativas, fará jus aos seus ideais e concretizará sua visão infinita e seu impacto positivo para todas as partes interessadas. (Afinal, como um jogo infinito, não há fim!) Mas sua capacidade de passar conscientemente de um jogo finito, obcecado por resultados trimestrais e vitórias de curto prazo, para um jogo infinito, focado na visão e nas partes interessadas, é um passo fundamental para ter um impacto além de si mesmo.

Como um indicador inicial, podemos observar como o Airbnb se saiu bem durante os enormes choques no setor de viagens provocados pela covid-19. O setor hoteleiro nos EUA, em contraste, caiu mais de 50% nos três primeiros trimestres de 2020, ao passo que o Airbnb sofreu uma queda de apenas 5%.[13] Ao jogar a longo prazo, os líderes e as organizações estão mais bem preparados para enfrentar os choques de curto prazo, uma vez que seu foco é a longo prazo. É claro que o Airbnb ainda tem desafios a enfrentar, tanto sistêmicos quanto criados. Mas seu posicionamento sobre infinitude dá a muitas pessoas, de funcionários a investidores, confiança em sua capacidade de sustentação a longo prazo.

Descreva o Futuro

A parte final de um mindset que vai além de si mesmo é desenvolver e liderar outras pessoas em direção a uma visão compartilhada.

Rich Lyons, ex-reitor da Faculdade de Administração de Haas da UC de Berkeley, define visão de uma forma simples, mas poderosa: descrever o futuro para que outros possam se empenhar em prol dele.

Sua capacidade de descrever uma visão orientada para o futuro de forma clara e convincente é crucial para sua capacidade de liderança. James Kouzes e Barry Posner, membros do corpo docente da Faculdade de Administração de Leavey, da Universidade de Santa Clara, fizeram uma grande pesquisa para entender quais características as pessoas procuram nos colegas e quais características procuram especificamente em líderes.[14] Tanto para os colegas quanto para os líderes, a principal característica foi a mesma: honestidade. Porém, enquanto apenas 27% dos entrevistados disseram que queriam que seus colegas fossem voltados para o futuro, 72% das pessoas disseram que gostariam disso em um líder. Essa foi, de longe, a maior lacuna entre líderes e colegas. A sua capacidade de enxergar o futuro e de traçar uma imagem dele é um dos maiores diferenciais na sua capacidade de ir além de si mesmo, de colega de equipe a líder.

Como um *changemaker*, como visualizar e depois descrever um futuro que envolverá e inspirará outras pessoas? Dois insights, um do campo da linguística e outro do marketing, são cruciais.

Quando lançamos o StartSomeGood pela primeira vez, pedimos aos possíveis arrecadadores de fundos que usavam nosso site que respondessem a duas perguntas-chave que informariam se os possíveis apoiadores dariam ou não seu apoio financeiro: "Qual é o problema que você quer resolver?" e "Como você fará isso?". Para nós, essas perguntas pareciam necessárias, e não pensamos muito sobre isso.

Tivemos a sorte de contar com a ajuda de Hildy Gottlieb, cientista e empreendedora social. Gottlieb dedicou sua carreira a estudar as perguntas que fazemos e trabalha com líderes de todos os tipos para ajudá-los a fazer perguntas mais poderosas e liderar mudanças.

Ela nos ajudou a perceber que as perguntas que fazíamos não eram as que trariam o melhor para os financiadores ou para os arrecadadores. Perguntar sobre um problema e depois sobre a solução para corrigi-lo limita o escopo das possíveis soluções que poderiam surgir dessa visão. Isso só nos ajuda a ir de -1 a 0. Esse binário nos limita a encontrar um buraco metafórico no chão e, então, enchê-lo.

Gottlieb nos incentivou a mudarmos as perguntas que fazemos para mudarmos as visões que possibilitamos. Em vez de enquadrar as perguntas como um problema/solução, perguntamos: "Qual é o futuro que você deseja criar?" e "Como fará isso?".

Embora a diferença possa parecer apenas uma questão de uma semântica, o impacto da mudança dessas perguntas foi enorme. Não só as histórias e visões fornecidas pelos arrecadadores se tornaram muito mais inspiradoras, como também resultaram em quantias muito maiores de fundos arrecadados em nosso site.

A alteração das perguntas criou um convite para ir de -1 a 1 e ajudou os arrecadadores a descrever um futuro do qual os apoiadores não podiam deixar de participar. As visões não estavam mais limitadas à solução de um problema. Em vez disso, todos nós fomos convidados a fazer parte da criação do futuro. Essas perguntas nos ajudaram a descrever algo mais envolvente e, como resultado, mais pessoas aderiram a essas visões.

Articule Sua Visão

Agora que sabemos o poder da linguagem na elaboração de uma visão, como podemos defini-la e articulá-la de uma forma inclusiva que convença outras pessoas a se juntar a nós? Incentivo os *changemakers* a pensar em um horizonte de tempo aspiracional e de longo prazo. Para que uma visão seja realmente convincente, é preciso pensar muito além das aspirações para daqui um ou cinco anos, pensando, em vez disso, em décadas.

Você consegue imaginar a mudança que espera criar e descrever como ela será daqui a dez, vinte ou trinta anos? Articular uma visão nessa escala nos ajuda a sair do curto prazo e a adotar automaticamente o pensamento de longo prazo, à medida que orientamos nossas decisões e ações em direção a esse futuro compartilhado.

As mudanças delineadas nessas visões, por definição, não são soluções rápidas; são iniciativas que exigirão um esforço contínuo durante anos, não semanas. Em seu livro *The Long View* [sem publicação no Brasil], o autor Matthew Kelly explica por que pensar em décadas, e não em anos, é uma reformulação poderosa para liderar mudanças: "A maioria das pessoas superestima o que é capaz de fazer em um dia e subestima o que é capaz em um mês. Nós superestimamos o que podemos fazer em um ano e subestimamos o que podemos realizar em uma década."[15] Essas visões ambiciosas e coletivas nos ajudam a reorientar nossa energia para que nossas décadas sejam importantes.

Não tenha medo de ser ousado aqui! Descreva algo que ajude você e as pessoas ao seu redor a concentrar suas energias com clareza e convicção. Alguns bons exemplos desses futuros inspiradores vêm da SpaceX e da Volvo. O da SpaceX: "Possibilitar a exploração humana e a colonização de Marte."[16] O da Volvo:

"Ninguém deve se ferir gravemente ou morrer em um carro novo da Volvo."[17] A Volvo poderia ter falado sobre segurança aprimorada e a SpaceX poderia ter listado as aspirações em determinado número de missões. Em vez disso, em ambos os casos, as empresas apresentam uma visão clara e convincente que inspira os colegas de equipe a fazer parte dela e ajudar a torná-la realidade.

Essas visões não são apenas diferenciais para as empresas, mas também servem para atrair *changemakers* que desejam ajudar organizações a transformar essas visões em realidade.

Desenvolva Sua Própria Visão

Uma das perguntas mais comuns que recebo de *changemakers* é como desenvolver sua própria declaração de visão, seja para si mesmo ou para sua equipe. Uma visão é aplicável e importante para todos os tipos de pessoas, e não é preciso ser um empresário ou liderar uma grande equipe ou organização para encontrar utilidade em uma. Há duas dicas que dou aos *changemakers* que sentem dificuldade em identificar e definir a sua própria visão: busque inspiração de outras pessoas e obtenha um feedback sobre sua ideia.

Busque inspiração. Ao definir ou refinar uma declaração de visão, eu o incentivo a buscar inspiração em outras pessoas, seja em pessoas que você admira ou organizações que buscam mudanças semelhantes. As declarações de visão funcionam tanto em nível organizacional quanto pessoal. A visão corporativa da Microsoft no início da revolução dos computadores pessoais é excelente: "Um computador em cada mesa e em cada lar."[18] Há também declarações de visão pessoal, como: "Um mundo repleto de *changemakers* e liderado por eles." (Tente adivinhar de quem é essa visão pessoal!) Você pode ter uma visão para sua família, como Rebecca e eu temos: "Criar um filho que seja gentil, saudável e corajoso." Ou pode aspirar a ser gerente de uma equipe de três pessoas e garantir que ela "encontre alegria, realização e significado ao fazer o melhor trabalho possível a cada dia". Observe outros indivíduos, equipes e organizações que o inspiram e veja se você se identifica com alguns aspectos dessas visões. Se for o caso, considere incorporar partes delas em sua própria visão.

Obtenha feedback. Não tenha medo de pedir por um. A melhor maneira de saber se a visão que você escolheu realmente é uma imagem que outros vão querer seguir é compartilhá-la ativamente com as pessoas e ver como elas reagem. As visões mais inspiradoras não são criadas em uma sala vazia; elas são fundamentalmente centradas nas pessoas. Portanto, lembre-se de incluir o elemento humano ao testar e refinar sua visão. Por exemplo, ao trabalhar com a gerente cuja declaração de visão mencionei acima, eu a incentivei a compartilhar rascunhos de sua ideia com sua equipe. Ao fazer isso, ela descobriu que, originalmente, tinha "excelência" em sua visão, mas seus colegas lhe deram o feedback de que "realização" era mais importante para eles, de modo que pôde e quis ajustar a visão para ser mais inclusiva com quem gerenciava. Isso fez com que sua visão ressoasse em toda a equipe e também garantiu que ela se posicionasse como uma líder servil ao apoiar seus colegas da maneira que gostariam.

Pense Grande, Pergunte Por que

Eu aconselho os *changemakers* a sempre pensar grande — ainda mais do que eles inicialmente acham ser possível. É importante não fugir e, na verdade, incentivar a aspiração em uma declaração de visão. Afinal de contas, é isso que você usará para reunir parceiros, colegas de equipe e financiadores. E é para ela que você olhará quando as probabilidades parecem intransponíveis (como sem dúvida acontecerá em sua jornada de *changemaker*), lembrando-lhe de que deve seguir em frente em busca de algo realmente significativo.

Se você está inspirado a liderar com visão, mas não sabe por onde começar, aqui estão mais algumas sugestões para ajudá-lo a identificar e elaborar sua própria visão, seja como indivíduo ou para a mudança positiva que deseja liderar.

A primeira etapa é separar proativamente um tempo do dia a dia para simplesmente pensar. Talvez isso signifique sair para uma caminhada no parque ou colocar um "tempo para pensar" planejado em seu calendário. Faça o que for preciso. É difícil, senão impossível, desenvolver uma grande visão enquanto responde simultaneamente a todos os e-mails que chegam à sua caixa de entrada.

A partir daí, faça a pergunta "Por quê?" para chegar à raiz de sua visão. Usei essa abordagem intuitivamente em meu treinamento de *changemaker* durante anos, mas aprendi depois que minha abordagem é bastante semelhante à técnica interrogativa dos "cinco porquês" desenvolvida pelo inventor Sakichi Toyoda e usada em toda a Toyota. Mas, como *changemaker*, posso lhe dizer que, às vezes, os cinco porquês não são suficientes. Por isso, eu digo: questione o status quo e use quantos porquês forem necessários para chegar à essência de sua visão! Segue uma conversa recente que tive com um empresário de tecnologia educacional de Los Angeles:

> **Empresário:** Minha visão é dar aos alunos de escolas com poucos recursos, em Los Angeles, uma educação melhor.
>
> **Eu:** Por que você quer fazer isso?
>
> **Empreendedor:** Para que eles possam se sair melhor na escola.
>
> **Eu:** Por que isso é importante?
>
> **Empreendedor:** Para que eles possam aprender mais.
>
> **Eu:** Por que isso é importante?
>
> **Empreendedor:** Para prepará-los bem para a vida depois da escola, seja na faculdade ou no trabalho.
>
> **Eu:** Por quê?
>
> **Empreendedor:** Para que eles possam ter mais sucesso na vida.
>
> **Eu:** Por quê?
>
> [A essa altura, o empreendedor provavelmente está cansado das minhas perguntas, mas eu sorrio e continuo.]

Empreendedor: Para que eles possam atingir os mesmos níveis de sucesso que aqueles que frequentam escolas com mais recursos.

Eu: E por que isso é importante? [Agora estamos quase lá!]

Empreendedor: Para que qualquer pessoa, em qualquer lugar, possa seguir seus sonhos.

Eu: Por quê?

Empreendedor: Para que possamos criar uma Los Angeles mais justa e igualitária.

Eu: Ótimo! Agora vamos juntar tudo isso.

Empreendedor: Criar uma Los Angeles mais justa e igualitária, na qual qualquer pessoa, em qualquer lugar, tenha a educação e as habilidades necessárias para seguir seus sonhos.

Precisamos de sete porquês, e todos eles nos ajudaram a seguir em frente até chegarmos à visão real que o empresário gostaria de transformar em realidade.

***

Ao aplicar os conceitos de mindset aprendidos ao longo do capítulo, você estará no caminho certo para se tornar um *changemaker* que serve aos outros da maneira certa, a longo prazo, em direção a uma meta significativa — para realmente ir além de si mesmo.

SEJA A MUDANÇA

Pontos Importantes

- A liderança servil é, ao mesmo tempo, uma prática antiga e uma abordagem moderna altamente eficaz para a gestão.
- Nunca é tarde demais para incorporar um senso de ética naquilo que você faz.
- A mudança requer um mindset de longo prazo — é uma maratona, não uma corrida rápida —, e os dados mostram que ser capaz de ter uma visão de longo prazo aumentará suas chances de realizar mudanças duradouras.
- Não tenha medo de ter uma visão ambiciosa. Ela o diferenciará dos outros e inspirará as pessoas a se juntar a você em sua iniciativa de mudança.

Desafio Changemaker

- Identifique um favor de cinco minutos que você possa fazer de forma rápida e fácil — por exemplo, apresentar dois amigos um ao outro, pois se beneficiariam se se conhecessem — e vá em frente!
- Desenvolva sua própria declaração de visão — seja para si mesmo, para sua equipe, para sua família ou para sua organização. Busque inspiração em organizações com as quais você se identifica. Compartilhe sua declaração de visão com pelo menos três outras pessoas para obter um feedback e opiniões.
- Reflita e defina duas ou três coisas que você faria de forma diferente em seu trabalho como changemaker se pensasse em uma linha do tempo infinita.

Capítulo 5

Eternos Aprendizes

"Sim, nós podemos!" Talvez você já esteja familiarizado com essa frase — ela se tornou o grito de guerra da campanha presidencial de Barack Obama em 2008. É uma frase comovente e que vai muito além de uma eleição, embora a gênese desse apelo edificante por mudança tenha sido igualmente política, mas não em um sentido eleitoral. Tudo começou com Dolores Huerta, uma improvável líder trabalhista que, inicialmente, achou que César Chávez estava brincando ao sugerir que eles se unissem e fundassem um sindicato para trabalhadores rurais. Ela era mãe solteira de onze filhos e tinha vários motivos para dizer não. Mas a profunda empatia que sentia quando era professora do ensino fundamental motivou sua resposta. Ela se lembrava de ver crianças entrarem em sala sem sapatos e com o estômago vazio e sabia que precisava agir em apoio aos agricultores e suas famílias. Naquela época, os agricultores ganhavam menos de US$1 por hora e, muitas vezes, não tinham acesso a banheiros, água gelada e intervalos, apesar de trabalharem do nascer ao pôr do sol.

Embora não tivesse nenhuma experiência formal como negociadora, ela e Chávez lideraram um boicote às uvas em todo o país. O movimento ousado acabou fazendo com que os produtores de uva assinassem alguns dos primeiros contratos para trabalhadores rurais dos Estados Unidos, envolvendo, com isso, milhões de pessoas no processo. Seu trabalho levou a melhores salários e benefícios para os produtores de uvas, além de proteções extremamente necessárias. E em resposta à resistência agressiva que lhe dizia "não, vocês não podem" e que causou essas mudanças, ela criou o slogan do movimento: "Sí se puede!" (que traduzido do espanhol seria: "Sim, nós podemos!")

Embora esse tenha sido o início de Huerta no processo de mudança, seu legado vai muito além dos campos. Ao longo de sua carreira, ela demonstrou os principais componentes dos "eternos aprendizes" de um mindset de *Changemaker*, que você aprenderá neste capítulo.

Huerta adotou a flexibilidade como algo necessário para as mudanças e aprendeu a ser uma defensora eficaz. Por exemplo, ela defendeu a participação de mulheres e crianças nos protestos, pois reconhecia que famílias inteiras poderiam se beneficiar das mudanças que ela e Chávez defendiam e que a diversificação dos participantes reforçava a natureza não violenta de sua defesa.

A empatia foi uma marca registrada de sua liderança, sempre se colocando no lugar daqueles por quem lutava. Ela liderou esforços tão abrangentes quanto garantir que a prova para carteira de motorista da Califórnia fosse disponibilizada em espanhol e lutar por um seguro contra invalidez para trabalhadores rurais. Ela dedicou sua vida a dar voz a outras pessoas que, de outra forma, talvez não a tivessem.

Ela também praticou a resiliência, realizando muitas coisas e buscando mudanças regularmente, apesar do preconceito racial, de classe e de gênero, conforme detalhado no livro de Mario T. García, *A Dolores Huerta Reader* [sem publicação no Brasil].[1]Ela foi presa 25 por participar de ações de desobediência civil não violentas e greves, mas sempre aparecia novamente para lutar por mudanças.

Mesmo agora, aos 90 anos, ela ainda mantém a autorrenovação e continua sendo uma eterna aprendiz. Além disso, lidera sua própria fundação para organizações comunitárias, na qual apoia diversas organizações e dá continuidade ao espírito de seu trabalho anterior. Ao fazer isso, manteve-se clara em seu porquê e flexível em seu como e continuou a lutar por mudanças alinhadas com o trabalho que fez no início de sua carreira, mesmo que agora não se trate mais de estar na linha de frente e sim de inspirar e apoiar aqueles que seguem seus passos.

Será que todos nós poderíamos aprender a ser como Dolores Huerta e praticar a flexibilidade, a empatia e a resiliência na busca para nos tornarmos *changemakers* que sempre serão aprendizes?

Sí se puede!

Porquês e Comos

O comediante Demetri Martin criou um gráfico, cuja versão se tornou viral nos últimos anos, sobre o tema do sucesso, estourando brilhantemente a bolha distorcida do que muitos de nós imaginamos ser necessário para nos tornarmos bem-sucedidos.[2] Ele foi intitulado "Success". À esquerda, há um gráfico que qualquer CFO adoraria ver — uma seta reta que vai para cima e para a direita. Esse gráfico foi intitulado "como as pessoas acham que é". Imediatamente à direita aparece outro gráfico, intitulado "aparência real", que mais se parece com uma criancinha tentando tricotar. Vemos linhas onduladas que sobem, descem, voltam e dão a volta. O ponto final no segundo gráfico ainda atinge a mesma altura que o do primeiro, mas o caminho para chegar lá é confuso, cheio de falsos começos, retrocessos e voltas.

A conclusão é clara: embora muitas vezes fantasiemos que o sucesso é perfeitamente linear (e nos incomodemos quando nossos próprios projetos não se encaixam perfeitamente nesse paradigma irreal), qualquer sucesso real — e qualquer iniciativa de mudança — inevitavelmente sofrerá contratempos, mudanças de curso e pontos baixos.

A chave para alcançar o sucesso, portanto, não é ter sorte com uma única estratégia no início, mas conseguir ser adaptável quando todas as surpresas, desafios e complicações inevitáveis surgirem em nosso caminho. Como disse o boxeador Mike Tyson de forma sucinta: "Todo mundo tem um plano até levar um soco na cara."

A adaptabilidade é a forma como enfrentamos esses golpes e continuamos a lutar para que nossas iniciativas de mudança atinjam um ponto de sucesso.

Para manter a adaptabilidade ao liderar a mudança, aconselho aos *changemakers* a ser bem claros quanto ao seu "porquê", mas flexíveis em seu "como". Isso significa permanecer firmemente comprometido com o objetivo maior, a visão, a mudança, mas estar disposto a mudar e adaptar os métodos para alcançá-la. Não alteramos nossas metas ou nossos valores. Apenas encontramos um caminho mais eficaz para avançar. Como Dov Seidman, fundador da LRN, uma empresa de ética e conformidade, descreve: "Um pivô, como no basquete, é uma ação muito deliberada em que eu fixo meu pé no lugar e, então, movo o outro pé em uma direção melhor. No caso de um líder político, de um líder de empresa ou de um líder educacional, esse pivô estará ancorado, esperamos, em profundos valores humanos."[3] Permanecer comprometido com o nosso "porquê" nos ajuda a pivotar com confiança (mas, é claro, sem arrogância!). Manter-se claro quanto ao porquê e flexível quanto ao como é útil tanto para indivíduos quanto para organizações.

Como Ser um Pivô na Prática

Darius Graham incentivou mudanças em uma ampla variedade de contextos e condições. Em meio a tudo isso, permaneceu ancorado em um único e convincente porquê, que lhe serviu bem em todos os setores e funções. Vejamos como o seu porquê surgiu e como ele decide se e quando deve ir para a próxima oportunidade de ser um *changemaker*.

Recém-formado na faculdade de direito, Graham começou sua carreira em uma função de falência corporativa. Percebeu rapidamente que o trabalho não era para ele, mas ainda assim queria obter todo o treinamento e conhecimento que pudesse, então permaneceu na função por um ano. Enquanto estava lá, começou a perceber quantos recursos a empresa para a qual trabalhava controlava e, ao mesmo tempo, como os recursos eram distribuídos de forma desigual em Washington, DC. Teve também uma percepção que mudaria sua vida e formaria a base de seu porquê pessoal.

Graham me disse que seu "porquê" é reconhecer que nossas comunidades e nosso mundo enfrentam todo tipo de problema e que todas as soluções e recursos de que precisamos estão lá fora, esperando para ser ativadas, mas que há uma incompatibilidade. Ele fez do trabalho de sua vida o estabelecimento de conexões entre as comunidades — especialmente grupos tradicionalmente marginalizados — e os recursos de instituições maiores para resolver os problemas que enfrentamos coletivamente de forma eficiente e eficaz.

A primeira vez que ele colocou seu porquê em ação foi ao fundar o DC Social Innovation Project, que fornecia pequenas doações de algumas centenas de dólares para iniciativas comunitárias em Washington, DC. Ele se inspirou em todos os *changemakers* que conheceu e percebeu o poder transformador até mesmo de um pequeno subsídio, sustentado pela crença de que valia a pena apoiar as soluções de alguém.

Embora não buscasse ativamente por sua próxima oportunidade, um cargo dos sonhos apareceu para ele. Ele recebeu uma oferta de emprego na Universidade Johns Hopkins, em Baltimore, como diretor do Laboratório de Inovação Social, onde apoiaria empreendimentos sociais liderados por estudantes. Lá, Graham aproveitou seus motivos e incentivou a Johns Hopkins a pensar de forma ainda mais abrangente, convencendo a universidade a também convidar *changemakers* da comunidade local para fazer parte do programa e trabalhar ao lado dos alunos. Sua proposta foi recusada algumas vezes, mas ele acabou obtendo sucesso. Foi a primeira reviravolta em sua carreira, a qual estava firmemente enraizada em seu porquê.

Mais tarde, Graham teve a chance de aceitar outro emprego dos sonhos, dessa vez na Fundação Harry e Jeanette Weinberg, como o primeiro diretor de programa em Baltimore.

Isso exigiria outra mudança, da academia para a filantropia. Mas como Graham conseguiu se manter enraizado em seu porquê, foi fácil dizer sim à oportunidade, que agora o levaria a direcionar os recursos de uma fundação influente para apoiar soluções lideradas pela comunidade em toda a cidade.

Graham também levou seu porquê para outras áreas da vida, como curador do Museu de Artes de Baltimore e copresidente do Comitê de Engajamento Público. Como amante da arte, Graham incentivou a mudança no mundo da arte, na qual ajudou a iniciar a venda de três obras que criarão um fundo patrimonial para o museu e que sustentará iniciativas cruciais, como o aumento do horário noturno para atingir grupos demográficos carentes.

Graham já fez muitas mudanças em sua carreira relativamente curta. Mas elas não fazem sentido apenas individualmente; baseiam-se umas nas outras. Cada pivô sucessivo o aproxima cada vez mais do seu porquê, para que ele possa continuar a encontrar maneiras criativas de conectar indivíduos e suas soluções com os recursos necessários para fazer a mudança acontecer.

Escolha a Bondade

Essa adaptabilidade também é crucial em nível organizacional. Quando concebemos a StartSomeGood, meu cofundador, Tom, e eu fizemos isso com um motivo muito claro: ajudar *changemakers* de todo o mundo a começar a fazer o bem. Mas quando começamos a pensar em como tornar isso possível, acabamos uma quantidade considerável de ideias de como fazê-lo. Percebemos a necessidade de democratizar a forma como os empreendimentos sociais são financiados e de ajudar *changemakers* a obter o capital financeiro necessário para começarem. Reconhecemos uma dolorosa armadilha: é quase impossível obter financiamento até que uma organização comprove seu impacto, mas é quase impossível comprovar tal impacto até que se tenha o financiamento para lançar o programa. Também reconhecemos que os *changemakers* precisavam de capital intelectual — aconselhamento e voluntários — para ampliar os programas. E, ao mesmo tempo, vimos o valor do capital social: uma rede de consultores, membros da comunidade e outros que se uniriam em torno da visão do empreendimento e ajudariam a apoiar o crescimento e o desenvolvimento.

Foi em uma sessão de trabalho noturna, regada a café, no apartamento de Tom, em São Francisco, que finalmente chegamos a uma conclusão. Já passava das 2 da manhã, e sua eclética mistura de sons ambientes (eu teria aceitado um "pivotarmos" para jazz) tocava ao fundo, quando ficou claro: se tentássemos seguir todos esses caminhos ao mesmo tempo, não faríamos nada bem e acabaríamos fracassando. Nosso porquê estava claro, mas precisávamos refinar nosso como.

Por fim, vimos que transformar o acesso ao capital em estágio inicial era a melhor oportunidade para ajudar os empreendimentos a desbloquear seu potencial de *changemaker* — a mais mal atendida das opções existentes e a que acreditávamos que permitiria que mais *changemakers* começassem mais rápido. Naquele momento, mudamos nossa forma de atuação para nos concentrarmos exclusivamente em ajudar *changemakers* a levantar fundos. E essa foi nossa meta nos primeiros anos da StartSomeGood.

Depois, quando a organização começou a se expandir e nossa comunidade cresceu, revisitamos nosso "como" e percebemos que poderíamos começar a acrescentar alguns dos outros tipos de capital para apoiar nossos *changemakers*. Em seguida, adicionamos programas para apoiar o capital intelectual deles, como um podcast, uma cúpula virtual online e muito mais, para ajudar os *changemakers* a obter a estratégia e as ideias de que precisavam para fazer o bem.

Mas foi somente por causa desse insight que tivemos tarde da noite de permanecermos firmemente comprometidos com o nosso porquê e nos concentrar primeiro em um único como, que tudo isso se tornou possível. Para termos um futuro, tivemos que incorporar a adaptabilidade ao DNA da organização.

Crescer em Ambientes Dinâmicos

Fundada em 1980, a Right Management, uma empresa de RH, realiza mais de 12 milhões de entrevistas de contratação por ano. Seu Relatório Flux mais recente, de 2014, apresenta um quadro poderoso do que é necessário para se ter sucesso nos ambientes dinâmicos atuais.[4] Sua pesquisa constatou que 91% dos diretores de RH no Reino Unido e na Irlanda disseram que, nos próximos anos, as pessoas serão recrutadas especificamente por sua capacidade de lidar com mudanças e incertezas.

Essa é uma ótima notícia para você, *changemaker*. Mas como desenvolver a flexibilidade necessária não apenas para sobreviver, mas para prosperar em ambientes tão dinâmicos?

Steve Zaccaro, professor de psicologia da George Mason University, dedicou sua carreira a tentar responder à pergunta: "O que permite que alguns líderes se adaptem melhor às mudanças do que outros?"[5] Seu trabalho se concentra na flexibilidade e mostra que o conceito tem nuances, que existem, de fato, três tipos diferentes de flexibilidade: cognitiva, emocional e disposicional. Os três tipos são cruciais para você como *changemaker*, tanto para seu próprio bem-estar quanto para apoiar os projetos de mudança que liderar.

Flexibilidade cognitiva. Zaccaro a identifica como "a capacidade de usar diferentes estratégias de pensamento e estruturas mentais". Pense nisso como a capacidade de ter em mente várias estratégias ou cenários potencialmente conflitantes ao mesmo tempo. Isso pode se parecer com a capacidade de considerar dois caminhos estratégicos muito diferentes (por exemplo, decidir se as operações devem ser iniciadas no Peru ou em Gana, diferentes regiões geográficas com diferentes fundamentos estratégicos). É a capacidade de ouvir, receber e processar diversas estratégias ao mesmo tempo, bem como a capacidade de ver e aproveitar novas conexões. Você também pode pensar nesse tipo de flexibilidade como flexibilidade "estratégica". No exemplo da StartSomeGood, esse conceito é semelhante ao fato de mantermos vários "comos" em mente ao mesmo tempo, embora tenhamos decidido buscar apenas um.

Flexibilidade emocional. Segundo Zaccaro, essa é "a capacidade de variar a abordagem para lidar com as próprias emoções e com as dos outros". Ela permite que você possua uma ampla variedade de respostas emocionais. Imagine, por exemplo, que esteja na posição nada invejável em que precisa demitir alguém de sua equipe. Algumas pessoas reagem de forma emocional e sentimental — choram, pedem por apoio e consolo. Outras reagem de forma mais analítica, pedindo detalhes sobre a indenização ou uma justificativa para a demissão. Um líder emocionalmente flexível é capaz de moldar uma resposta a essas reações distintas e se adaptar ao indivíduo. Em vez de uma abordagem única, é preciso ajustar o emocional e a disposição para melhor apoiar os outros. Se conectarmos isso ao conceito de liderança servil (consulte o Capítulo 3), trata-se de ser capaz de deixar suas próprias emoções de lado para servir melhor aos outros e se adequar às emoções deles. Não é fácil, mas é um modo poderoso de flexibilidade que serve de apoio ao lado emocional da liderança da mudança.

Flexibilidade disposicional. Essa é "a capacidade de permanecer otimista e, ao mesmo tempo, realista". Em resumo, a flexibilidade disposicional é a capacidade de encontrar o otimismo e, ao mesmo tempo, manter-se fundamentado na realidade. Há dois caminhos mais comuns diante de um futuro extremamente assustador e incerto: pessimismo baseado no medo ou otimismo cego. A aplicação da flexibilidade disposicional nos permite sobreviver em meio à ambiguidade. Ela nos permite reconhecer honestamente que, sim, essa situação é assustadora, ao mesmo tempo em que acreditamos na existência de um amanhã melhor (que podemos ajudar a criar). Significa tomar as precauções necessárias e, ao mesmo tempo, lembrar que ainda há o bem e que nossas ações são o antídoto para o desespero. É procurar oportunidades para ajudar os outros em vez de motivos para admitir a derrota. Embora todos nós vivenciemos uma crise de maneiras diferentes, com base em nossas identidades e situações, também podemos cultivar essa característica de *changemaker*. A flexibilidade disposicional nos ajuda a aprender a nos voltarmos para a ambiguidade e a encontrar um equilíbrio entre o otimismo e o conjunto atual de desafios.

Os três tipos de flexibilidade são necessários para os *changemakers*, mas o tipo disposicional é absolutamente essencial ao liderarmos mudanças positivas. Como *changemakers*, identificamos e escolhemos proativamente nos envolver com algumas das situações e cenários mais difíceis que existem, fazendo isso diante de inúmeros obstáculos e detratores. Praticarmos a flexibilidade disposicional nos ajuda a permanecer fundamentados na seriedade da situação e, ao mesmo tempo, nos permite colocar efetivamente nosso "otimismo em ação".

Empatia em Ação

Em 2014, Rosie Linder fundou o aplicativo Peppy Pals com um único objetivo em mente: ensinar empatia às crianças. A partir de sua própria experiência como executiva e mãe, ela observou que a inteligência emocional, ou QE (da qual a empatia é um componente crucial), é pelo menos tão importante ou até mais importante do que as medidas tradicionais de QI. O aplicativo Peppy Pals apresenta animais fofos às crianças de 3 anos de idade enquanto elas trabalham em cenários sem palavras para aprenderem a reconhecer e identificar emoções, além da conexão com os sentimentos dos outros. Desenvolvido em parceria com psicólogos e pesquisadores, o aplicativo ajuda as crianças a reconhecer e responder a emoções e microexpressões. Um estudo conduzido por Gunnar Bohné, da Universidade de Uppsala, na Suécia, mostrou que crianças em idade pré-escolar de fato percebem e utilizam emoções por meio do aplicativo.[6]

Isso prepara bem os alunos para serem *changemakers* à medida que crescem, pois a empatia é um aspecto essencial para um mindset de *changemaker*. Revisitaremos a história de Rosie Linder no capítulo 11 para saber como ela ajuda crianças a desenvolver empatia em escala.

Observe Outras Perspectivas

O Centro das Ciências Neuropsicossociológicas da Universidade da Califórnia, em Berkeley, define empatia como "a capacidade de sentir as emoções de outras pessoas junto com a capacidade de imaginar o que outra pessoa sente ou pensa".[7] O ponto crucial aqui é que empatia não é o mesmo que simpatia. Praticar a empatia não exige que você mude de ideia ou comprometa suas crenças. Em vez disso, significa ser capaz de se colocar no lugar de outra pessoa e enxergar as coisas pela perspectiva dela.

Ser capaz de ver as coisas sob a perspectiva dos outros — especialmente daqueles que discordam de você — é um elemento fundamental para liderar mudanças.

No mínimo, devemos ser capazes de entender como nossas iniciativas de mudança afetarão os demais (e, como a pesquisa mostrará, isso é algo frequentemente negligenciado). Mas, além do nível básico, a prática da empatia nos ajudará a criar uma cultura em que nossas mudanças terão maior probabilidade de ser bem recebidas.

O Líder Compreensivo

Em um artigo de 2018 da *Harvard Business Review*, Patti Sanchez, diretora de estratégia da Duarte, defendeu de forma convincente que "o segredo para liderar a mudança organizacional é a empatia",[8] que antes de inovarmos e criarmos novos caminhos, precisamos primeiro praticar a empatia com aqueles que serão afetados pela mudança. Mas Sanchez descobriu que 50% dos executivos não levam em consideração os sentimentos de suas equipes quando se trata de mudanças! Um em cada dois executivos que lideram mudanças o faz sem pensar no que isso significará para os outros. No entanto, para sermos *changemakers* realmente eficientes, devemos praticar a empatia regularmente.

Quando trabalho com executivos de empresas globais, eu os oriento a ficar atentos a preconceitos e pontos cegos. Cultura e contexto são muito importantes; portanto, se suas comunicações forem lidas e avaliadas apenas por pessoas de um único escritório ou de um único nível gerencial antes de serem enviadas, é quase certo que perderão nuances e perspectivas cruciais. Costumo aconselhar esses líderes a criar um conselho consultivo de funcionários que represente toda a organização — diferentes níveis de senioridade, geografia, tempo de permanência na empresa e muito mais — e que peçam conselhos e opiniões regularmente. Ajudo os executivos a fazer com que a comunicação com sua equipe se torne bidirecional: eles devem pedir aos funcionários que deem feedback e levantem questões das quais os executivos talvez ainda não estejam cientes, mas que são importantes para os funcionários.

Isso é difícil de fazer. E é preciso mais tempo, esforço e energia para praticar esse nível de empatia. Mas, como *changemakers*, devemos nos elevar acima de nossos próprios estresses e pressões e reservar um tempo para pensarmos em como os outros perceberão nossa mudança. Como reagiríamos se estivéssemos no lugar deles?

Se não começarmos com empatia primeiro, nossos esforços de mudança serão interrompidos.

Empatia Contagiosa

O psicólogo Erik Nook, de Princeton, e seus colegas, provaram no estudo "Conformidade Pró-social", de cinco partes, que quando os indivíduos observam o comportamento empático dos outros, mudam seus próprios sentimentos de compreensão.[9] Em outras palavras, as normas de empatia do grupo influenciam a compreensão de um indivíduo. Portanto, como *changemakers*, devemos praticar a empatia, o que também a incentivará entre as pessoas ao nosso redor e, assim, um círculo virtuoso de empatia se estabelecerá.

Vi em primeira mão o poder da empatia ser transferido de pessoa para pessoa quando conheci uma de minhas excelentes alunas, Aurora Lopez. Aurora admitiu para mim que, quando criança, nunca imaginou que iria para uma instituição como a UC Berkeley, muito menos que se formaria — especialmente no momento em que, no segundo ano do ensino médio, ouviu uma batida em sua porta. Um policial a informou que o departamento conduziu uma investigação e havia descoberto que Aurora usou o endereço de seu tio para frequentar a Escola Henry M. Gunn, em Palo Alto, em vez da qual havia sido designada com base em sua residência. Criada por sua mãe, que tinha 15 anos na época em que Aurora nasceu, bem como por suas tias e avós, Aurora acordava às 6 da manhã para chegar à escola no horário. Mas tudo estava prestes a mudar para ela.

Em 2015, ela foi obrigada a frequentar a escola local, a Woodside High. Ela refletiu: "Durante meu primeiro semestre, pensava: 'Não vou ter sucesso nem conseguir nada de bom na vida porque estou aqui.'"[10] No entanto, seus sentimentos começaram a mudar quando conheceu Pablo Aguilera, o professor de história de sua nova escola, com um histórico semelhante ao dela: latino, da mesma cidade e que também havia estudado na Woodside High. Ele fazia questão de dizer a seus alunos que havia se formado em Stanford. Fazia isso não para se gabar, mas para mostrar aos alunos negros que pessoas como ele — e eles — podem frequentar a faculdade e que merecem estar lá.

Aguilera investiu tempo em Aurora, viu o potencial — e talvez um pouco de si mesmo — nela e a fez prometer enviar uma inscrição para pelo menos uma faculdade, mesmo que não acreditasse que fosse capaz de alcançar o nível superior. "Na verdade, ele me mandou para uma sala de aula com uma inscrição para a San Jose State, fechou a porta e disse: 'Não saia até que tenha feito a inscrição'", disse ela.

Aurora foi admitida na San Jose State e, depois de um ano lá e em uma faculdade comunitária local, transferiu-se para Berkeley. Ela se inscreveu no programa Seja um *Changemaker* em seu primeiro semestre. "Isso revolucionou minha perspectiva de liderança", contou ela ao *Berkeley News* quando lhe pediram para falar sobre sua experiência. "Levei esses conceitos a sério e tentei implementá-los todos os dias."

Aurora passou a trabalhar como minha monitora nos três semestres seguintes e fez algo absolutamente notável. Ao revisar suas anotações, notei que ela havia se aproximado de muitos dos alunos, compartilhando notas pessoais de incentivo e crença neles. Nunca lhe pedi que fizesse isso; ela o fez puramente com base em seu próprio senso de agência e empatia, especialmente para os colegas de primeira geração de estudantes universitários. Ela deixava bilhetes como "Estou muito orgulhosa do seu trabalho. Sei como é difícil ser um estudante universitário de primeira geração e adoraria apoiá-lo como puder", antes de fornecer seus dados de contato e das redes sociais. Seu contato pessoal foi tão excepcional que, certa vez, encontrei um pai orgulhoso que postou no Instagram o quanto ficou emocionado com os comentários de Aurora sobre seu filho! Aurora pegou o bastão da empatia que lhe foi passado por Pablo Aguilera no ensino médio e, depois, como estudante universitária, espalhou essa empatia por toda parte para mais alunos.

Esse conceito também pode ser aplicado a iniciativas específicas de *changemaker*.

Vejamos, por exemplo, o bullying nas escolas. Uma pesquisa realizada pela professora de psicologia da Universidade de Princeton, Elizabeth Levy Paluck, e seus colegas de Rutgers e Yale mostra que, quando capacitaram um pequeno grupo de alunos do ensino médio a tomar uma posição pública contra o bullying em sua escola, uma cultura de empatia se espalhou pelas conexões sociais. Esse estudo demonstra "o poder da influência dos colegas na mudança de climas de conflito".[11]

Uma cultura de empatia cria uma cultura de mudança positiva.

O Exercício de Empatia

Peço aos meus alunos que façam um exercício experimental para explorar e cultivar sua empatia por meio de um processo contraintuitivo: desafiá-los a ter empatia por um inimigo. Para esse exercício, inspirei-me no brilhante trabalho de Byron Katie sobre atenção plena e, especialmente, em sua reflexão guiada chamada "The Work Is a Practice".[12]

Peço a eles para que escrevam sobre a pessoa e a situação que mais os irritou ou aborreceu no último ano. Seja um colega de quarto bagunceiro, um grupo do campus que o rejeitou ou colegas de um trabalho em grupo que não ouvem suas ideias.

Depois de anotar a pessoa e a situação, eu os convido a deixar o lado mais crítico correr solto e extrapolar o que esse comportamento diz sobre a pessoa. Conforme discutimos em relação à transparência (consulte o Capítulo 3), quando não temos informações completas, as pessoas se tornam tanto heróis quanto vítimas das histórias. E, aqui, deixo os alunos se divertirem com os dois lados da narrativa enquanto fazem julgamentos com base em comportamentos observáveis. Uma colega que nunca faz sua parte do trabalho? Folgada. Um motorista que os cortou em uma ultrapassagem abrupta? Um idiota sem consideração que se acha mais importante. (Os alunos parecem gostar muito dessa parte.)

A partir daí, peço que reflitam sobre uma pergunta simples: "Isso é verdade?"

Deixo o silêncio pairar no ar até que ele se torne desconfortável.

Em seguida, faço a próxima pergunta: "Você sabe com absoluta certeza, 100%, que seu julgamento é verdadeiro, sem dúvida alguma?"

Algumas risadas nervosas rompem o silêncio.

Faço a próxima pergunta: "Se você não consegue ter 100%de certeza em seus julgamentos, o que a outra pessoa pode pensar e sentir?" Convido-os a usar sua curiosidade de "eternos aprendizes" para que se coloquem no lugar da outra pessoa e interpretem o cenário a partir da perspectiva dela.

Depois que imaginam a situação do ponto de vista da outra pessoa, eu os convido a responder à penúltima pergunta: "Que valores o comportamento dessa pessoa reflete?" Por exemplo, se alguém não lhe dá tempo para falar e o apressa demais, talvez o valor dessa pessoa seja a eficiência. Não se trata de julgamentos bons ou ruins aqui, mas isolar os valores nos permite falar sobre a situação em um nível muito mais elevado. E os alunos geralmente percebem que, embora o comportamento observável de alguém seja desagradável, os valores subjacentes às suas ações provavelmente não são.

Em seguida, vem a pergunta final que consolida essa lição de empatia: "Com essa perspectiva recém-descoberta, como você poderia abordar essa situação no futuro?"

Já vi alunos à beira das lágrimas ao perceberem que o que parecia ser um problema intratável, como um colega de quarto prestes a se mudar devido a um ressentimento crescente e uma equipe de liderança de um grupo de alunos prestes a se dissolver devido a desentendimentos recorrentes, na verdade pode ser resolvido com a prática da empatia. Eu os vi adotar abordagens totalmente novas em sua vida e em seu trabalho quando perceberam que se colocar no lugar de outra pessoa — até mesmo da pessoa mais desagradável — abria novas perspectivas e soluções. A empatia, combinada com a curiosidade, a adaptabilidade e a flexibilidade para implementá-la, ajuda *changemakers* de todos os tipos a se tornar e a continuar sendo eternos aprendizes.

Resiliência

Embora o conceito de autocuidado tenha se tornado cada vez mais popular, ele costuma ser mal visto; o termo pode fazer você pensar em banhos de espuma ou massagens. Embora isso faça parte do autocuidado, a ideia é um pouco mais profunda. A prática de cuidar de nós mesmos, de investir em nossos recursos mais valiosos — nossa mente, nosso corpo, nossa energia, nosso bem-estar — é uma das práticas mais importantes que nós, *changemakers*, podemos cultivar.

Todos nós precisamos nos lembrar de que liderar mudanças é difícil. Muito difícil. É fácil ficar esgotado, principalmente ao tentarmos resolver problemas sistêmicos e de longa data, muito maiores do que qualquer pessoa. Isso é especialmente importante para *changemakers* negros, que provavelmente enfrentam altos níveis de estresse tóxico diário, principalmente ao liderarem mudanças. Os acadêmicos Danielle D. King, Abdifatah A. Ali, Courtney L. McCluney e Courtney Bryant demonstram isso de forma contundente em seu artigo "Deixe funcionários negros descansarem e se recuperarem", da *Harvard Business Review*.[13] Nós, *changemakers*, colocamos tanto de nosso coração no trabalho, mas também devemos depositar esse mesmo amor em nós, para garantir que continuaremos fortes a longo prazo. Como diz a poeta e ativista Audre Lorde: "Cuidar de mim mesma não é autoindulgência, é autopreservação."[14]

O educador e autor Stephen Covey não usa a palavra *autocuidado*, mas criou a melhor analogia que conheço para explicar a importância dele; ele a chama de "afiar a serra".[15] Imagine que você está serrando uma árvore enorme. É provável que você serre e serre até que a árvore finalmente caia. É assim que a maioria de nós aborda a mudança; continuamos até que o trabalho esteja concluído, sem parar para pensar. Mas Covey nos ensina a questionar o status quo e a pensar de forma diferente: "Nunca devemos ficar ocupados demais serrando, sem tirar um tempo para afiar a serra", aconselha ele. A lâmina de uma serra fica cega com o tempo. Quanto mais é usada, mais fraca fica.

Como *changemakers*, é fácil nos sentirmos culpados por não tirarmos tempo para nós mesmos quando estamos tão motivados a liderar mudanças, especialmente para os outros.

Mas se você não cuidar de si mesmo, se não estabelecer práticas cruciais de autocuidado, acabará como eu em meu tempo com a StartSomeGood: serrando sem parar, muito menos eficaz e mais exausto a cada dia que passava. A prática de afiar a serra nos incentiva a dar uma pausa no trabalho, afiar nossa serra por meio da autorrenovação metafórica e só então voltar a serrar com muito mais eficiência.

Autorrenovação

Em seu livro *Os 7 hábitos das pessoas altamente eficazes*, Covey identifica quatro áreas de autorrenovação, quatro aspectos de nossa vida em que uma prática deliberada de autocuidado pode nos ajudar a afiar nossa própria serra. Como *changemakers*, devemos investir em cada uma delas para garantir que estejamos em condições para liderar mudanças de forma eficaz e a longo prazo. É completamente normal que o foco que damos a cada uma dessas áreas evolua e mude com o tempo. Crucialmente, esse modelo nos ajuda a cuidar de nós mesmos de forma holística e de maneira fiel a quem somos como *changemakers*. As quatro áreas de autorrenovação de Covey são:[16]

> Física: Alimentação benéfica, exercícios e repouso.
>
> Social/Emocional: Estabelecer conexões sociais e significativas com outras pessoas.
>
> Mental: Aprendizagem, leitura, escrita e ensino.
>
> Espiritual: Passar um tempo na natureza e expandir o ser espiritual por meio de meditação, música, arte, oração ou serviço.

O que eu adoro no fato de reformular a autorrenovação nesses termos é que, embora essas categorias sejam universais, a maneira como as aplicamos é pessoal e infinitamente personalizável. Para ajudá-lo a pensar no desenvolvimento de suas próprias práticas para se manter forte a longo prazo, compartilharei o que faço para preencher cada um deles. Também pedi a dois outros *changemakers* que compartilhassem o que fazem: Cynthia, uma gerente de produtos de 20 e poucos anos, e Javier, um consultor na casa dos 40.

Físico

- Alex: O exercício é o meu maior incentivo; portanto, priorizo pelo menos trinta minutos de musculação ou treinos todos os dias. Também comecei a correr... devagar. (Prova de que nem todas as mudanças são fáceis para mim!)
- Cynthia: Eu costumava dormir apenas duas horas por noite, principalmente na época da faculdade. Agora, preciso dormir oito horas, o que significa que vou para a cama todas as noites às 22 horas para ter certeza de que acordarei descansada.
- Javier: Para mim, é um equilíbrio entre exercícios físicos e nutrição. Acho que tomar um café da manhã

saudável todos os dias é fundamental para me sentir bem, e também tento me exercitar todas as manhãs antes do trabalho.

Social/Emocional

- Alex: Conversar com os meus amigos é algo fundamental para mim, mas muito difícil de se fazer sempre. Por isso, satisfaço esse ponto de duas maneiras. Primeiro, faço ligações mensais regulares aos meus amigos e, ao final de cada ligação, marcamos a próxima no calendário. Também comecei a ser mais espontâneo e a ligar aleatoriamente para eles quando tenho vinte minutos livres. Se estiverem disponíveis, ótimo; se não, deixo uma mensagem longa e os incentivo a fazer o mesmo, para me atualizarem.
- Cynthia: O contato com meus colegas de trabalho é fundamental. Em vez de trabalhar durante o almoço, tento almoçar longe do meu computador todos os dias e passar esse tempo com meus maravilhosos colegas de equipe.
- Javier: Jantares em família com todos os meus parentes aos domingos à noite e o envolvimento com a escola do meu filho por meio de trabalho voluntário.

Mental

- Alex: Essa é a mais fácil para mim (por isso, tento deliberadamente cultivar mais as outras). Aqui, dedico tempo a muitos audiobooks e podcasts que me apresentem a novas ideias e, regularmente, dedico tempo para sintetizar essas ideias em boletins informativos.
- Cynthia: Faço muitas aulas online gratuitas e assisto a diversos vídeos no YouTube para exercitar minha curiosidade e aprender algo novo sempre que tenho vontade.
- Javier: Oriento pessoas da minha igreja e da minha comunidade para que eu possa passar adiante as coisas que aprendi.

Espiritual

- Alex: Entre os quatro, esse é o maior desafio para mim. Tento meditar e praticar ioga, embora até agora não tenha encontrado uma rotina fixa. Aproveito bastante e sinto a liberação espiritual quando estou na natureza; portanto, essa é a minha principal abordagem.
- Cynthia: Definitivamente, a meditação. No início, eu era muito cética em relação aos seus benefícios, mas descobri que apenas alguns minutos pela manhã e à noite fazem uma enorme diferença em minha abertura espiritual.
- Javier: Estou envolvido na minha igreja; por isso, minha espiritualidade está na comunidade com outras pessoas. Também tento reservar um tempo para tocar piano e violão para encontrar uma conexão musical.

Em quais dessas áreas você afia mais sua serra neste momento? Quais áreas poderiam causar o maior impacto com um pouco mais de intenção? Que práticas você poderia experimentar para ajudá-lo a afiar sua serra nessas quatro áreas? Para ser um eterno aprendiz, precisa se manter forte a longo prazo. A criação de uma prática deliberada em torno da resiliência e da renovação garantirá a continuidade de seus esforços transformadores por muitos e muitos anos.

Cair e Levantar

Sentir dúvida e medo, principalmente quando estamos realmente empenhados em buscar algo que nos interessa profundamente, não é incomum. Durante uma visita à minha turma de *changemakers*, a empresária e investidora Kalsoom Lakhan — que fala rápido e assertivamente e, geralmente, exala confiança — não teve vergonha de admitir isso.

"Você parece tão confiante!", disse-lhe Shannon, uma de minhas alunas. "Você já teve problemas em ser autoconfiante ou teve medo de fracassar, porque realmente não..."

"Meu Deus", Lakhani começou a responder antes mesmo que Shannon pudesse terminar a pergunta. "Eu passei por isso hoje de manhã!", afirmou ela, para surpresa de todos os alunos da sala.

Embora fale com um sotaque estadunidense geral, Lakhani nasceu em Dubai, foi criada em Dhaka, Bangladesh, e morou em Islamabad, Paquistão, antes de se mudar para os EUA para cursar a faculdade.

Ao se formar na Universidade da Virgínia, começou a trabalhar para uma empresa de defesa e colocou em prática seu diploma de relações exteriores. No entanto, logo percebeu que essa não era sua vocação. Não estava totalmente de acordo com seus valores ou ideais. E como uma das únicas analistas mulheres em um ambiente militar dominado por homens, ela não se sentia totalmente incluída ou respeitada.

Em 2007, quando Lakhani ainda trabalhava nesse emprego, viu que o Paquistão estava na capa da revista *Newsweek*, que o rotulou como "a nação mais perigosa do mundo". Tendo vivido seus anos de formação no país, ela sentiu que era uma injustiça usar um termo tão pejorativo, especialmente quando sabia que o Paquistão tinha muito mais nuances do que a maioria dos estadunidenses costuma enxergar.

Assim, no início de 2008, ela começou um blog sobre o Paquistão em que cobria as notícias e as percepções que, de outra forma, as pessoas não veriam. Em contraste com seu trabalho diário, essa função lhe deu poder e, à medida que escrevia sobre os artistas, os fundadores — na verdade, os *changemakers* — do Paquistão, contando suas histórias, ela percebeu o potencial dos jovens no Paquistão, um ângulo sobre o qual as pessoas de fora do país simplesmente não ouviam falar.

Isso a levou a criar a Invest2Innovate em 2011, que se tornou o primeiro programa acelerador de startups do Paquistão. Ela acreditava que as próximas grandes inovações não viriam apenas do Vale do Silício, mas sim de todos os tipos de mercados, de modo que expandiu esse modelo para outros países, como Camboja, Vietnã, Bangladesh e Nepal.

Mais recentemente, ela ajudou a fundar o primeiro fundo de capital de risco liderado por mulheres no Paquistão, o i2i Ventures, uma oportunidade para investir recursos financeiros nos mesmos tipos de pessoas que ela buscou apoiar com seus escritos uma década antes.

Ao liderar com seus valores e trazer sua mente transformadora para todos os seus empreendimentos empresariais e financeiros, Lakhani já alcançou um número impressionante de conquistas. Por isso, a pergunta de Shannon foi comovente. Certamente, poderíamos supor que alguém tão bem-sucedida simplesmente não sente medo ou duvida de si mesma.

A verdade era totalmente o oposto.

Lakhani cresceu em uma família de empreendedores. Seu pai ganhou seu primeiro milhão de dólares antes de completar 30 anos, e depois perdeu tudo quando ela e seus irmãos eram crianças. Sua mãe deu aulas de aeróbica em Dubai para sustentar a família até que ele lançasse seu próximo empreendimento de sucesso.

Foi uma maneira difícil de aprender essa lição, mas Lakhani informou à turma que ver as dificuldades do pai em primeira mão a ajudou a perceber que o fracasso é apenas parte de qualquer coisa significativa.

Ela disse aos alunos que enquanto aprendia a andar a cavalo quando criança, caiu quase que imediatamente e, então, chorou. Ela se sentiu muito envergonhada.

"Meu pai nem sequer piscou", disse ela. "Ele bateu a poeira de mim e disse que estava tudo bem, que agora eu era uma cavaleira de verdade."

Lakhani disse que raramente não sente dúvida ou medo, mesmo quando lidera esses esforços em nível nacional. Mas são essas lições que ela aprendeu desde cedo que a lembram de continuar — mesmo, e principalmente, quando liderar mudanças for difícil.

Lakhani não teme o fracasso; ela o aceita como uma oportunidade de desafiar a si mesma, aprender e crescer e de promover seus esforços de mudança.

A Ciência Diz que Falhar é Importante

Mia Brunell, uma importante executiva e investidora sueca, disse-me certa vez: "Falhar significa simplesmente que você tentou algo significativo; sem fracasso, não há progresso." A percepção de Brunell é apoiada por dados tanto em nível individual quanto coletivo.

No artigo "Uma abordagem científica para a tomada de decisões empresariais: Evidências de um estudo de controle aleatório", os pesquisadores Arnaldo Camuffo, Alessandro Cordova, Alfonso Gambardella e Chiara Spina apresentam os dados mais convincentes que já vi sobre como o sucesso empresarial é determinado por nossa capacidade de aprender com o fracasso.[17] Eles fizeram um estudo com equipes fundadoras de diferentes startups italianas em que um grupo de empreendedores aprendeu a aplicar o método científico de teste de hipóteses nas empresas e, em seguida, compararam os resultados com um grupo de controle que não aprendeu. Eles descobriram que aqueles que foram treinados no método científico geraram receitas mais altas em suas startups e tinham uma probabilidade maior de fazer mais mudanças ao longo do caminho.

Os cientistas em um laboratório não consideram um experimento um fracasso; em vez disso, testam hipóteses e verificam se os dados confirmam ou não suas suposições iniciais sobre o que aconteceria. Que maneira saudável de pensar sobre o fracasso! Ao aproveitar o método científico como inovadores e, assim, voltarem-se para a curiosidade e evitarem o ressentimento causado pelo fracasso, esses empreendedores aprenderam mais rapidamente com seus erros e aplicaram com mais sucesso esses aprendizados a fim de melhorar as próprias empresas.

O Privilégio de Falhar

A disposição e a capacidade de fracassar estão inerentemente ligadas ao privilégio. Alguns de nós têm uma rede de segurança mais ampla e mais forte do que outros quando se trata de se recuperar do fracasso. Como *changemakers*, temos a oportunidade de criar uma cultura coletiva em que o fracasso é apreciado, e não temido; em que ter a coragem de tentar e fracassar é mais valorizado do que nunca fracassar, mas também nunca tentar. E, em nível individual, o quociente de risco existe para entendermos o quão arriscado um possível fracasso é e se vale a pena correr o risco. Nosso mindset também desempenha um papel fundamental em nossa resposta aos fracassos. Podemos transformá-los em bons fracassos — aqueles que resultam em aprendizado e crescimento, e não em contratempos indesejados?

Como líderes, também podemos ajudar os outros a aprender a "fracassar para sempre" com elegância? O primeiro passo é reconhecer os desequilíbrios de poder e lembrar que, por vários motivos, tanto pessoais quanto sistêmicos, nem todos aceitarão o fracasso da mesma maneira. Os preconceitos sistêmicos, da raça à classe, à capacidade e muito mais, significam que *changemakers* de origens tradicionalmente marginalizadas geralmente enfrentam maiores repercussões do fracasso. Embora todos nós falhemos, nem todos temos o mesmo apoio e aceitação ao falhar.

Uma colega de equipe iniciante que eu gerenciava cometeu o erro de enviar um e-mail muito importante a centenas de destinatários como "Cc" em vez de "Cco", o que resultou em várias mensagens do tipo Responder a Todos nas caixas de entrada. Ela me procurou mortificada, à beira das lágrimas, pois temia que seu erro fosse irreparável. Lembrei-a de que, embora essa não fosse a situação ideal, é claro, encontraríamos maneiras de acompanhar e corrigir qualquer possível dano. Conversamos sobre o fato de que cada um de nós já cometeu erros como esse e que um único contratempo nunca deve nos definir. Na verdade, o que conta não é se cometemos erros — porque inevitavelmente eles ocorrerão —, mas a forma como reagimos a eles é o que faz a diferença. E, o mais importante, enfatizei que ela havia acabado de aprender uma lição que nunca mais esqueceria: verificar novamente a linha "Cco" de agora em diante. Um simples erro, impulsionado pelo mindset de aceitar o fracasso, resultou em aprendizado e crescimento. É isso que os bons fracassos possibilitam.

Falhe De Propósito

Desenvolver uma relação saudável com o fracasso — aprender a vê-lo como um incentivo para a mudança, e não como um inibidor — é um tema central do curso Seja um *Changemaker*. E a maneira como meus alunos aprendem isso em sala de aula já se tornou lendária no campus da UC Berkeley. Quando nos aproximamos do final de minha palestra sobre o fracasso, depois de os alunos ouvirem as perspectivas de *changemakers* como Kalsoom Lakhani e de lhes apresentar estudos empíricos sobre a tomada de riscos inteligentes e insights da cultura de fracasso do Vale do Silício, coloco um slide com apenas uma palavra:

Falhe.

Os alunos dão risadinhas agitadas, mas seus sorrisos rapidamente se transformam em olhares de pânico quando mostro o próximo slide com as instruções, pois eles percebem que não estou brincando.

Digo a eles que têm quinze minutos para sair da sala de aula e pedir algo e serem rejeitados. Eles precisam se preparar com um propósito — serem completamente rejeitados — para fracassar proativamente. Se pedirem algo, por mais ridículo que seja, e a pessoa concordar, isso não conta. Eles precisam tentar novamente, e de novo, e de novo, até que alguém lhes diga um "não" categórico. E podem pedir o que quiserem. Há apenas duas regras: não devem pedir nada ilegal ou perigoso e não podem dizer à outra pessoa que é uma atividade.

A imagem das reações de meus alunos é memorável. Para esses alunos super bem-sucedidos da UC Berkeley, a noção de fracasso, de serem rejeitados propositalmente, pode ser esmagadora, e eu os vejo reagir somaticamente. Os rostos ficam vermelhos. Gotas de suor se formam na testa. E já ouvi de vários alunos que eles sentem o coração disparar incontrolavelmente.

Essa resposta é a razão pela qual eu lhes dou esse trabalho prático sobre o fracasso. Esses alunos alcançaram tanto em tão pouco tempo de vida, mas a perspectiva de rejeição e fracasso os aterroriza completamente.

Dou-lhes algumas palavras de incentivo, lembro-os dos conceitos que acabaram de aprender em sala e lhes desejo sorte enquanto saem nervosos, sem saber o que os próximos quinze minutos lhes trarão.

Quando voltam para a sala, depois de concluírem a tarefa, há uma mudança monumental no clima da turma. Os alunos voltam com sorrisos de orelha a orelha, seu andar tenso de saída é substituído por passos saltitantes, risos, gargalhadas e histórias tão barulhentas que, certa vez, um professor de uma sala próxima pediu para que eu fizesse menos barulho.

Os alunos ficam entusiasmados porque percebem que acabaram de aprender uma lição importante e transformadora. Desenvolveram uma relação nova e saudável com o fracasso. Em vez de temê-lo, aprenderam a acolhê-lo como um meio de alcançar suas aspirações de *changemakers*.

O resto da aula pode ser usado como uma oportunidade para cada um recapitular suas rejeições e compartilhar as lições que aprenderam. Suas histórias são épicas, e duas lições fundamentais sempre emergem. A primeira lição é que o medo de fracassar muitas vezes nos impede de pedir algo que claramente queremos, pois temos certeza de que seremos rejeitados, quando, na verdade, o fracasso é a recusa em pedir.

Aproximadamente 40% dos meus alunos pedem algo que consideram completamente ridículo, mas tem seu pedido atendido. Houve o aluno que, em um dia chuvoso, perguntou a um colega que carregava um guarda-chuva se ele poderia acompanhá-lo pelo campus até sua próxima aula. Para seu choque e espanto, esse aluno gentil concordou. Ele estava disposto a sair do seu caminho por trinta minutos para garantir que meu aluno não se molhasse! Uma aluna foi a uma lanchonete e pediu um suco de laranja de graça. Como seu pedido foi atendido e sabia que não poderia voltar até seu pedido ser rejeitado, ela pediu outro, e depois outro, até que o atendente da lanchonete finalmente lhe disse não, permitindo-lhe voltar para a sala de aula com seis sucos. Tive alunos que fizeram todos no ginásio do campus cantarem *Parabéns pra você* (apesar de terem lhes dito que não era aniversário deles) e tive outros que — para sua absoluta surpresa — receberam o número de telefone de alguém para um possível encontro.

À medida que os alunos contam essas histórias, eu os ajudo a enxergar a primeira conclusão do exercício: muitas vezes temos tanta certeza de que seremos rejeitados que deixamos de pedir algo de que gostaríamos. Isso significa que nos preparamos para o fracasso desde o início simplesmente porque esperamos fracassar. Imagine se Lakhani tivesse adotado esse mindset e nunca tivesse reunido coragem para correr o risco de cair do cavalo várias vezes. Não conseguiremos algo se não pedirmos, e os alunos percebem, por meio desse exercício, que somos péssimos preditores de quais ações realmente levarão a uma rejeição, e que a única maneira de saber com certeza é tentar.

A segunda lição desse exercício é que a dor do fracasso não é nem de longe tão dolorosa quanto imaginamos.[18] Aqui, considero o aluno que perguntou a um trabalhador da construção civil se poderia usar sua escavadeira. O pedido — felizmente! — foi rápida e retumbantemente rejeitado. Mas levou a uma conversa sobre desenvolvimento imobiliário e a uma conexão que resultou no fato de o aluno ter conseguido um estágio na empresa de construção. Houve uma aluna tímida que andou para lá e para cá pelo corredor durante os primeiros quatorze minutos do exercício de fracasso enquanto reunia coragem para fazer um pedido. Em razão do tempo, ela perguntou nervosamente a outra mulher se poderia provar os sapatos dela. “Não, eu prefiro que não. Espero que você entenda”, respondeu a mulher de forma razoável. Minha aluna, que me disse que esperava começar a chorar no momento em que fosse rejeitada, sentiu um peso sair de seu peito. Ela não havia sido repreendida. Não riram dela. Essa mulher até mesmo ouviu um pedido ridículo com gentileza e bom humor. Minha aluna, que se preparou para morrer de vergonha, respirou fundo, sorriu, agradeceu à mulher e voltou para a sala de aula. Ela se candidatou ao governo estudantil da UC Berkeley e venceu a eleição. Acha que isso teria sido possível se ela não tivesse tido a coragem de aprender a lição crucial de que o fracasso não é fatal?

Já tive alunos em outras turmas que se referiram a mim como “o professor do fracasso”. Presumo que isso se deva à mitologia desse exercício em todo o campus e não a uma sutil crítica aos meus muitos reveses no mundo empresarial e acadêmico! Mas não importa o motivo, ao passo que muitos professores detestariam ter o conceito de fracasso tão intimamente ligado à sua reputação, eu o uso como um distintivo de honra. Nenhuma mudança significativa jamais aconteceu sem muitos fracassos ao longo do caminho. Liderar mudanças é fracassar, e ser um *changemaker* é aceitar isso. Quanto mais confortáveis ficarmos com o fracasso, mais eficaz e rapidamente poderemos aprender e crescer, o que nos permitirá nos tornarmos *changemakers* que continuam sendo eternos aprendizes.

SEJA A MUDANÇA

Pontos Importantes

- Seja claro no que se refere ao seu porquê, mas flexível quanto à forma de alcançá-lo.
- Changemakers praticam três tipos de adaptabilidade: cognitiva, emocional e disposicional, sendo esta última especialmente importante ao liderar iniciativas de mudança.
- Resiliência é se manter forte a longo prazo, e práticas deliberadas nas dimensões física, social/emocional, mental e espiritual o ajudarão a prosperar ao enfrentar desafios.

Desafio Changemaker

- Experimente o exercício do fracasso. Peça algo com o objetivo específico de ser rejeitado. Continue até receber a rejeição e, em seguida, reflita sobre as emoções que o exercício trouxe à tona e sobre os insights que obteve quanto a como se sentir mais à vontade para fracassar.

PARTE 2

LIDERANÇA CHANGEMAKER

Capítulo 6

Reinvenção da Liderança

Se não fosse por um tremendo golpe de sorte, eu nunca teria sido contratado pela Faculdade de Administração de Haas, da UC Berkeley.

A UC Berkeley já havia me rejeitado duas vezes — uma vez em meus estudos de graduação e outra durante meus estudos de pós-graduação —; portanto, não foi um grande choque quando fui rejeitado pela universidade novamente, embora dessa vez como profissional. (De alguma forma, eu me vi em uma cadência regular de ser rejeitado por ela a cada sete anos; pergunto-me o que virá em seguida!) Mas essa rejeição doeu mais do que as outras porque era para um emprego dos sonhos: ser o diretor executivo fundador de um novo centro de liderança no campus. A oportunidade reuniria todas as minhas experiências como *changemaker* e alavancaria tudo o que eu havia aprendido sobre liderança na incubadora Reach for Change, em Estocolmo. Portanto, embora não tenha sido um choque total, foi doloroso quando recebi a carta de rejeição.

"Lamento informar que você não foi selecionado", começava o e-mail, com mais simpatia do que nas minhas duas rejeições anteriores em Berkeley juntas. "Mas sinta-se orgulhoso, pois ficou em segundo lugar entre muitos candidatos excelentes." Embora essas palavras devessem ter me animado, não existe segundo lugar em um tiroteio ou, aparentemente, em centros de liderança, já que uma medalha de prata não vem com um emprego. Mas agradeci ao pessoal da Haas pela atenção e disse que gostaria de manter contato.

Para minha surpresa, eles retornaram o contato muito antes do que eu esperava, apenas alguns dias depois. Recebi um e-mail (com o dramático assunto chamado "Desenvolvimento...") que me informava que o candidato que havia ficado em primeiro lugar havia desistido e que a vaga agora era minha. Talvez fosse o coquetel que eu tinha acabado de beber ou a minha resposta pavloviana às notificações de Berkeley, mas foi difícil quebrar o padrão e acreditar que eu tinha acabado de receber a oferta de emprego. Aceitei na hora.

A função foi um desafio para mim, pois nunca havia trabalhado no meio acadêmico e com uma meta assustadora de arrecadação de fundos para o centro já estabelecida, que eu herdaria imediatamente, mas foi um desafio significativo e bem-vindo.

O trabalho permitiu que eu me conectasse com muitos líderes que admirava profundamente, aos quais eu não tinha acesso anteriormente. Apreciei muito essas conversas. Tive a oportunidade de falar com alguns dos meus heróis na área de liderança e conversar sobre o desenvolvimento deles como líderes e como acreditavam que a liderança deveria ser atualmente.

Minha pergunta favorita era: "Como você desenvolveu seu modelo próprio de liderança?"

A resposta mais comum dos entrevistados (provavelmente uma maioria de 75%) foi que, em algum momento de suas carreiras, passaram por um líder ruim e fizeram a escolha consciente de ser um tipo diferente de líderes. A maioria desses meus heróis da liderança aprendeu a se tornar um grande líder ao observar uma liderança ruim e decidir, como resultado, ser diferente.

Achei isso infinitamente inspirador, porque todos nós já passamos por uma liderança ruim, de uma maneira ou de outra. Mas esses líderes encontraram um senso de agência, uma crença de que poderiam traçar um novo rumo. Eles se deram permissão para liderar de forma diferente.

Neste capítulo, você aprenderá como reinventar sua liderança.

Minha definição de liderança não faz menção a funções ou títulos. Ela é intencionalmente igualitária e igualmente acessível a todos. Não é prescritiva, exceto no sentido de que é um convite para aceitar a liderança como um ato, uma escolha consciente de servir aos outros.

Defino *liderança* como "a capacidade de fazer com que algo significativo aconteça por meio de e com outras pessoas".

Essa definição se concentra no ato de liderar. Às vezes, a liderança acontece *por meio de* outras pessoas. Às vezes, ela acontece com outras pessoas. Às vezes é uma combinação. Mas é sempre um ato significativo, e sempre feito em cooperação e em conjunto com outras pessoas. (A liderança não acontece isoladamente.)

Essa definição prepara o terreno para reinventarmos a liderança. É uma chance de nos libertarmos dos modelos do século XX e relegá-los ao passado.

Há quatro importantes habilidades de liderança do século XXI, todas acessíveis aos *changemakers*, independentemente da idade, cargo ou experiência. Essas habilidades são inclusivas, e você pode colocá-las em ação imediatamente.

Liderar Sem Esperar Por Permissão

O primeiro passo para reinventar a liderança é parar de esperar por permissão.

O livro *Act Like a Leader, Think Like a Leader* [sem publicação no Brasil], da professora da Faculdade de Administração de Londres, Herminia Ibarra, talvez seja meu livro mais recomendado para líderes novos e emergentes.[1]

Ela escreve: "O paradoxo da mudança é que a única maneira de mudar a maneira como pensamos é fazer exatamente aquilo que nosso pensamento habitual nos impede de fazer." Em outras palavras, como líderes e *changemakers*, precisamos agir, e não apenas pensar. Isso se encaixa bem em meu modelo de criação de mudanças — afinal, não se trata de *pensar* em mudanças.

Ibarra nos apresenta um modelo contraintuitivo para pensarmos sobre nossa própria liderança. Segundo ela, no modelo tradicional de liderança, concentramo-nos primeiro no pensamento: mudamos a maneira como pensamos. Depois, com base nesse pensamento, agimos: mudamos o que fazemos. Ela argumenta, de forma convincente, que esse modelo é retrógrado no mundo de hoje. Em vez de pensar e depois agir, deveríamos agir e depois pensar. Primeiro, devemos mudar a forma como nos apresentamos no mundo (por exemplo, experimentar uma nova abordagem ou estilo de liderança). Depois de agirmos, podemos parar, pensar e refletir se a ação foi eficaz ou não, o que informará a próxima ação a ser tomada. É um ciclo que se reforça.

"A experimentação", diz-nos ela, "e não a introspecção, é o segredo para desenvolver a liderança."[2]

Agir como um líder, e não apenas pensar como um, acontece ao pararmos de esperar por permissão. Em vez disso, nós mesmos nos permitimos ser *changemakers* e líderes.

Habilidades de Liderança Fundamentais

Vejamos por que os insights de Ibarra são importantes para nós, *changemakers*. Atualmente, as organizações, as funções e as oportunidades estão em constante evolução, e o ritmo das mudanças só tende a aumentar. As oportunidades de liderar no mundo de hoje são aproveitadas, não dadas. É claro que você pode esperar até ter o título de CEO para finalmente acreditar que é um líder, mas é improvável que chegue a essa posição se não se permitir liderar ao longo do caminho.

Ibarra realizou uma pesquisa sobre as competências de liderança mais importantes e, com base em pesquisas e análises, identificou as seis mais importantes. São elas:

- Colaboração entre grupos e funções organizacionais;
- Inspirar e motivar outras pessoas;
- Obter adesão/apoio;
- Fornecer direção estratégica;
- Tomar decisões em condições de incerteza/ambiguidade;
- Influenciar sem autoridade.

Adoro essa lista, pois cada um desses itens — exceto, talvez, em alguns casos, a tomada de decisões em condições de ambiguidade — são habilidades de liderança que você pode exercer em qualquer cargo. Colaborar, inspirar outras pessoas, orientar, influenciar sem autoridade: você pode começar a fazer tudo isso agora mesmo. Não precisa da permissão de ninguém; basta dar a si mesmo a permissão para liderar.

Enquanto os outros se sentam e esperam por permissão, é por dá-la a si mesmo que você se distancia do grupo. Suzanne McKechnie Klahr é a fundadora da BUILD.org, uma organização sem fins lucrativos inspiradora, que usa "o empreendedorismo para despertar o potencial de jovens de comunidades com poucos recursos e motivá-los para o sucesso no ensino médio, na faculdade e na carreira".[3] Ela expandiu a organização do pequeno porão de uma casa, em East Palo Alto, na Califórnia, para uma organização reconhecida nacionalmente que trabalha de leste a oeste. Ela levantou dezenas de milhões de dólares para a BUILD e, ao longo do caminho, reuniu incansavelmente uma coleção de contatos no Vale do Silício que envergonharia até mesmo o mais conectado capitalista de risco.

Perguntei como ela convenceu um dos líderes mais ocupados e influentes da tecnologia, Jack Dorsey, na época CEO do Twitter e da Square, a fazer parte de seu conselho. Ela me contou seu segredo em duas palavras: "Eu pedi." Ela também me contou que, mais tarde, perguntou a Dorsey por que decidiu aceitar, ao que ele disse que ela havia sido a primeira pessoa que o convidou para fazer parte de um conselho de uma organização sem fins lucrativos. Enquanto todos os outros achavam que Dorsey estaria muito ocupado, McKechnie Klahr deu a si mesma a permissão para perguntar. Ela analisou o quociente de risco e descobriu que havia muitas vantagens e praticamente nenhuma desvantagem. Ao optar pela ação e não esperar pela permissão, ela conseguiu um aliado influente e um novo e poderoso membro do conselho.

Elimine Hábitos Ruins

Em sala de aula, ao iniciarmos nosso módulo de Liderança Transformadora, peço aos alunos que se reúnam em grupos e façam um brainstorming (com a abordagem de pensamento divergente que aprendemos no Capítulo 2; o qual você pode consultar novamente) de todos os traços ruins de liderança que observaram em suas vidas. Eles compartilham exemplos que vivenciaram, ou até mesmo praticaram, e apresentam uma descrição específica de cada um deles.

Depois de elaborarem suas listas, peço que se dividam em duplas e discutam suas listas com alguém de outro grupo. E é incrível como muitas dessas características são semelhantes em todas as turmas, independentemente de sua composição.

Peço aos alunos que levantem a mão se identificaram cinco características ruins de liderança. Depois, que mantenham a mão levantada se tiverem identificado dez. Quinze? Vinte? Até que um único aluno com o maior número de características — geralmente na faixa dos 20 anos — permaneça.

Em seguida, convido o aluno a ler sua lista e peço que os outros alunos da turma estalem os dedos se ouvirem uma característica de liderança da qual também não gostaram.

Isso se transforma na pior demonstração de poesia falada do mundo.

"Arrogante." *Estalo*

"Convencido." *Estalo*

"Condescendente." *Estalo*

Mas, juntos, traçamos um quadro claro e abrangente do que é uma liderança ineficaz ou totalmente abusiva.

Em seguida, argumento que, embora saibamos como é a aparência e a sensação de uma liderança ruim e, pelo menos intuitivamente, saibamos como uma liderança excelente deve ser, enfrentamos uma crise de liderança no mundo atual.

De acordo com um relatório da Gallup de 2021, apenas 20% das pessoas em todo o mundo se sentem engajadas no trabalho.[4] Nos EUA e no Canadá, esse número é de cerca de 33%, mas isso ainda significa que dois terços das pessoas não estão engajadas e, na melhor das hipóteses, não contribuem muito ou, na pior, ativamente pioram a moral, a eficácia e o impacto em toda a organização.

Então, se sabemos como é uma liderança ruim e como é uma boa liderança, por que temos um estado tão abismal de liderança no mundo?

Acredito que seja porque, por muito tempo, confundimos liderança com algo que é concedido a alguém por causa de um título.

Mas liderança é algo que fazemos. Não é algo que somos.

Liderança Por Meio de Contatos

A segunda habilidade de liderança do século XXI é liderar por meio de contatos.

"O mundo não muda uma pessoa de cada vez", escreveram as autoras e ativistas Margaret Wheatley e Deborah Frieze. "Ele muda à medida que redes de relacionamentos se formam entre pessoas que descobrem que compartilham uma causa comum e uma visão daquilo que é possível."[5]

Em um mundo conectado, a liderança não tem mais a ver com o que você pode controlar e influenciar sozinho, mas sim com o que e como você contribui junto com outros colaboradores para um objetivo comum.

Embora possa parecer assustador tentar fazer com que toda uma rede de pessoas se alinhe e trabalhe em conjunto, uma pesquisa realizada pelo professor Damon Centola, da Universidade da Pensilvânia, e seus colegas, apresenta uma ideia poderosa e inspiradora do que significa ser um *changemaker* que lidera uma rede de contatos com eficácia. No artigo "Evidências experimentais para pontos de inflexão em convenções sociais", eles realizaram experimentos em redes sociais em que os "confederados" — pessoas envolvidas no estudo — mudaram as normas comportamentais.[6] Suas descobertas, conforme resumidas em um artigo da *Fast Company*, "O número mágico de pessoas necessárias para criar mudanças sociais", mostram que "apenas 25% das pessoas precisam adotar uma nova norma social para criar um ponto de inflexão que todos os outros no grupo seguirão".[7] Isso significa que liderar mudanças por meio de contatos é muito mais acessível do que muitos de nós pensa e que a influência que qualquer um de nós, como indivíduos, tem é provavelmente muito maior do que imaginamos.

Passos Pequenos e Sustentáveis

Ajudei Sebastien, um gerente de nível médio de uma empresa de manufatura, a colocar a visão de Centola em ação em seu local de trabalho. Apaixonado por sustentabilidade, tentou por meses fazer com que os colegas fizessem a compostagem de seus resíduos alimentares, mas continuava como o único a ter adotado a ideia. Com o apoio desse insight do ponto de inflexão, ele percebeu que tentar fazer com que todo o escritório de duzentas pessoas fizesse compostagem de uma só vez era praticamente impossível. Eu o ajudei a melhorar a estratégia: primeiro, convencer apenas cinquenta ou mais de seus colegas a seguirem. Ele instalou lixeiras de compostagem em locais novos e mais estratégicos do escritório, o que o ajudou a ganhar força entre esse grupo menor. Ao capacitá-los para que ajudassem a incentivar seus próprios colegas e contatos a fazerem a compostagem, o esforço de Sebastien finalmente deu certo. Embora não conseguisse atingir todos os duzentos colegas de trabalho de uma só vez, conseguiu atingir cinquenta, e depois ajudou esses primeiros cinquenta a inspirarem amigos e colegas. Em um mês, sua visão foi concretizada: a compostagem se tornou a norma em todo o escritório, graças ao poder de inspiração e ativação de contatos.

Liderança Conectada e o Movimento de Justiça Social

Essa abordagem de liderança também é utilizada em alguns dos movimentos de mudança social mais importantes de nosso tempo, que agora são construídos em torno de contatos, e não de indivíduos.

Veja, por exemplo, o Black Lives Matter.

Embora alguns possam criticar o movimento BLM e se perguntar por que essa geração não produziu o próximo Martin Luther King Jr., Malcolm X ou outro líder singular, essa é, na verdade, uma abordagem deliberada e estratégica que mostra o que é possível por meio da liderança conectada.

Como escreveu a historiadora Barbara Ransby em um editorial do *New York Times*: “A sugestão de que as organizações que surgiram dos protestos do Black Lives Matter são, de alguma forma, defeituosas porque rejeitaram o antigo estilo de liderança, ignora o que torna esse movimento mais poderoso: o cultivo de organizadores locais qualificados que abordam muitas questões além da violência policial.”[8]

Ransby acrescenta que a líder da Associação Nacional para o Progresso de Pessoas de Cor, Ella Baker, acreditava que esse modelo antigo de um líder carismático único, de cima para baixo, "tira o poder das pessoas comuns, especialmente das mulheres, das pessoas de baixa renda e da classe trabalhadora, porque lhes dizia que precisavam de um salvador".

O que o Black Lives Matter renuncia em termos de um líder singular — embora, é claro, alguns de seus cofundadores tenham assumido papéis mais proeminentes — mais do que ganha por meio da liderança distribuída. Seu modelo conectado é mais adaptável às necessidades e condições locais e cria um maior senso de propriedade entre uma ampla base de pessoas. Os valores e objetivos da organização unem seus membros e garantem que não haja um único ponto de falha.

O trabalho individual de Martin Luther King Jr. foi tragicamente interrompido. Graças aos seus muitos membros, aos seus muitos líderes e à sua abordagem de contatos para liderar a mudança, seria muito mais difícil, se não absolutamente impossível, interromper o movimento Black Lives Matter de hoje. Em vez de um único *changemaker*, os movimentos sociais atuais estão cada vez mais voltados para redes de contato com vários *changemakers* que efetuam mudanças positivas. O resultado são organizações mais complexas, sim, mas também muito mais resilientes, conectadas e expansivas.

Quatro Passos para a Liderança Conectada

Como se tornar um *changemaker* eficaz que trabalha com seus contatos? No artigo "Os líderes mais impactantes dos quais você nunca ouviu falar", da *Stanford Social Innovation Review*, Jane Wei-Skillern, David Ehrlichman e David Sawyer descrevem quatro princípios específicos a serem seguidos.[9] Você verá que cada um desses princípios se aproxima muito dos aspectos do mindset de *changemaker* que já desenvolveu nos capítulos anteriores, o que demonstra que *changemakers* são bastante qualificados para serem esse tipo de líder com contatos do século XXI.

A primeira maneira de ser um líder do tipo é concentrar-se na confiança, não no controle. Isso significa estabelecer relacionamentos, especialmente os de longo prazo. Também pode ser necessário dar um salto de confiança para criar parcerias com outras pessoas que talvez ainda não conheça bem. Jean Guo colocou isso em ação quando decidiu expandir sua organização, a Konexio, com novos parceiros locais, apesar de o futuro ainda não estar perfeitamente claro.

A segunda é se concentrar na humildade, não na marca. Isso significa deixar o ego de lado em prol de um bem maior, visar não a fama, mas a colaboração, e assim, criar uma cultura saudável de trabalho em conjunto. Esse é um marco do Black Lives Matter.

A terceira é ser um nó, não uma ponta. Isso significa entender as contribuições dos outros e como sua liderança pode apoiá-los e complementá-los, em vez de tentar fazer tudo sozinho. Gwen Yi Wong, ex-CEO da Tribeless, incorporou essa abordagem quando se afastou de sua organização para apoiar outros a assumi-la.

A quarta maneira de ser um líder em rede é se concentrar na missão, não na organização. Isso significa aceitar metas colaborativas de longo prazo e fazer parte da construção dessa visão mais ampla em conjunto. Muhammad Yunus levou essa abordagem a sério, ao inspirar inúmeras pessoas a lançar iniciativas de microfinanças em suas próprias cidades e países.

Os *changemakers* que conseguirem aproveitar o poder de ter contatos conseguirão ampliar seus esforços de mudança por meio de e com outras pessoas, permanecendo fortes a longo prazo.

Liderança com Propósito

A terceira característica de liderança do século XXI é liderar com propósito.

Qual é a importância do propósito? A empresa de coaching virtual BetterUp realizou um estudo sobre significado e propósito no trabalho, e entrevistou 2.285 profissionais americanos, que representavam 26 indústrias diferentes, juntamente com diferentes dados demográficos e níveis salariais.[10] As descobertas são poderosas.

A pesquisa perguntou aos participantes quanto de toda a sua renda futura estariam dispostos a abrir mão para ter um trabalho que fosse sempre significativo. O que você acha que os dados mostram? Um número surpreendente de 23%! Em média, as pessoas estariam dispostas a abrir mão de mais de um quinto do dinheiro que, de outra forma, esperariam ganhar. (Para colocar isso em perspectiva, o norte-americano médio gasta 21% de sua renda com moradia.) Os resultados da pesquisa deixam claro o quanto as pessoas de hoje anseiam por significado, por um senso de propósito. E você, como líder transformador do século XXI, pode se preparar para liderar essas pessoas ao aprender a liderar com propósito.

Os Três Vs

Eu desmembro a liderança com propósito em um modelo de três Vs: visão, valores e vitórias.

Você lembra da pesquisa do Capítulo 4 sobre as características que as pessoas procuram em um colega e em um líder? Ter uma visão do futuro foi, de longe, o maior diferencial. Isso nos diz que a capacidade de traçar um panorama do futuro é o que separa os líderes eficazes dos colegas confiáveis.

Liderar com visão é um superpoder quando se trata de criar um senso de propósito em sua equipe. Para ilustrar isso, segue uma história que pode ser apócrifa, mas excelente:

Uma jornalista andava pelos corredores da NASA quando iniciou uma conversa com um faxineiro. "O que você faz na NASA?", perguntou ela. "Eu ajudo a lançar foguetes no espaço", respondeu ele.

Essa história mostra uma adesão total, de cima para baixo, à missão da NASA. O faxineiro (que faz um trabalho importante e, muitas vezes, sem agradecimentos e com baixo salário — vamos deixar isso bem claro) está tão comprometido com a missão da NASA que é capaz de conectar seu trabalho à visão mais ampla da agência. Como *changemaker*, é possível pintar continuamente essa imagem do futuro para as pessoas de sua equipe e ajudá-las a conectar cada uma de suas partes individuais à visão geral que vocês estão criando juntos? Esse é o primeiro passo para liderar com propósito.

Liderar com valores significa oferecer à sua equipe uma maneira de trabalhar que a conecte a algo maior. Na época que considerava ingressar em uma faculdade de administração, estava um pouco cético no começo se um *changemaker* como eu se encaixaria e se seria ou não feliz na cultura de um curso que imaginava ser estereotipado e focado principalmente em finanças e lucros em detrimento de todo o resto. Porém, assim que vi os Princípios de Definição de Liderança da Haas — seus valores —, percebi que sua cultura seria, de fato, um importante criador de propósito para mim. Quando, em minha primeira entrevista para o cargo de diretor executivo, perguntaram-me qual princípio era o meu favorito e por que (e pude expandir minha crença na liderança além de si mesmo), senti uma incrível sensação de conexão com o local e com a missão da escola.

Mas não é suficiente simplesmente ter valores escritos em algum lugar. Como líderes, precisamos garantir que eles ganhem vida e se conectem com esse senso de propósito. Em minhas primeiras conversas com Rich Lyons, que era o reitor da Haas na época, discutimos um desafio ético — a possibilidade de uma parceria que traria ganhos muito necessários para a universidade, mas que trazia algumas preocupações morais significativas. Como deveríamos fazer para tomar essa decisão desafiadora em meio ao declínio do apoio do estado à educação pública?

Focamos nossos valores.

"Nossos valores não existem para nos ajudar a tomar decisões fáceis", argumentei. "Estão aqui para nos ajudar a tomar as decisões mais difíceis. É por isso que investimos em nossos valores; é por isso que devemos liderar com eles. E esta é uma daquelas decisões difíceis em que devemos nos apoiar neles."

Até hoje, uma das decisões de liderança mais impressionantes e inspiradoras que já presenciei foi quando o reitor Lyons decidiu não buscar aqueles ganhos, pois percebeu que os valores da Haas eram opostos aos do resultado. Apesar da desvantagem financeira de tal decisão, ele decidiu com determinação, confiante de que nossos valores deveriam nos guiar.

Comemorar pequenas vitórias e criar um senso de progresso é o que se entende por liderar com vitórias. Nós, *changemakers*, muitas vezes temos uma paixão tão profunda pelas mudanças que buscamos que conseguimos ser firmes por um longo período, superando altos e baixos inevitáveis, especialmente em grandes iniciativas. Mas nem todos os colegas de equipe compartilham esse mesmo sentimento de paixão incansável quando a empolgação inicial se esvai. Como líder do século XXI, você tem a oportunidade de manter esse senso de propósito e o moral da equipe elevados ao prestar atenção nas pequenas vitórias. Embora possa estar concentrado na mudança de longo prazo, ela pode parecer abstrata ou até mesmo impossível em alguns dias para seus colegas. Não tenha medo de comemorar até mesmo as menores ações que o aproximam da meta distante para que sua equipe possa sentir visceralmente uma sensação de progresso. Isso fará uma grande diferença para eles e para o compromisso de longo prazo de se juntarem a você na busca de mudanças significativas.

Liderança Com Orelhas

Por muito tempo, muitos de nós consideram a voz mais alta na sala como o líder mais natural. Porém, nos tempos modernos, em que nossas interações se dão de forma fluida entre os âmbitos presencial e digital e em que nos comunicamos por canais que vão do Zoom ao WhatsApp, a pessoa mais barulhenta não é a líder. De fato, ser barulhento e falar mais alto do que os outros é mais um risco do que um ponto forte. Em vez disso, os melhores ouvintes geralmente são os melhores líderes, e fazer perguntas poderosas para ativar nossa escuta é a quarta habilidade de liderança essencial do século XXI.

Os pesquisadores Scott D. Johnson e Curt Bechler se propuseram a analisar a conexão entre a escuta eficaz e a liderança eficaz.[11] E em seu estudo de doze semanas em grupos de trabalho "sem líderes", em que nenhum dos participantes havia se encontrado, descobriram uma relação extremamente forte entre as habilidades de escuta eficaz de um participante e sua capacidade de liderança.

Esses dados confirmam o que também observei nos *changemakers* com quem trabalhei. Um dos temas comuns entre esses *changemakers* eficazes é a capacidade de fazer perguntas perspicazes aos outros. Embora possa começar como um especialista no assunto — digamos, em escrita de programas ou redação de contratos — à medida que avança em uma organização, você começa a liderar especialistas em seus respectivos campos. Imagine ser promovido a COO. Você tem duas opções de liderança: tornar-se um especialista em tudo, desde políticas de RH até infraestrutura de TI ou aprender a fazer perguntas poderosas, esclarecedoras e de incentivo. Embora nem todos nós possamos nos tornar especialistas em tantas áreas diferentes, todos nós podemos aprender a ser curiosos e a fazer perguntas que despertam o que há de melhor nos outros e que tragam à tona novas percepções entre equipes e áreas.

Considere agir como um jornalista ou um antropólogo. Em vez de usar suas próprias perspectivas, lidere com curiosidade e faça perguntas às pessoas ao seu redor, e explore com admiração. Como diz a jornalista Kate Murphy: "Todo mundo é interessante se você fizer as perguntas certas. Se alguém parecer chato ou desinteressante, a culpa é sua."[12]

Aproveite a sua curiosidade e, em vez de fazer perguntas que ditam como a conversa deve ser, aceite o inesperado que pode surgir por meio de uma pergunta de incentivo, como "O que aconteceria se... ?" ou "Que possibilidade eu talvez ainda não tenha considerado?". Essas perguntas incentivam o pensamento divergente. E você, como líder e *changemaker*, pode começar a ver as conexões entre as muitas conversas diferentes. Quanto mais você deixar sua curiosidade o guiar, mais reunirá novas percepções em sua capacidade de liderar com eficiência.

O Manual da Nova Liderança

Enquanto morava em Estocolmo, tive o privilégio de administrar uma incubadora para alguns dos principais empreendedores e inovadores da Escandinávia com a organização Reach for Change. Teoricamente, minha função era selecionar e investir em empreendedores incríveis e, em seguida, ajudá-los a ampliar o impacto e os ganhos da empresa.

Mas o que fiz foi muito mais simples e muito mais poderoso: apoiei o crescimento desses *changemakers* como líderes. Isso me ajudou a perceber que não importa se você tem as melhores ideias ou a melhor estratégia; a liderança é necessária para que a verdadeira mudança aconteça. É claro que forneci muitas ideias sobre como medir o impacto e arregacei as mangas para ajudar a repensar modelos de ganhos. Mas, principalmente, ajudei as pessoas a reavaliar e reimaginar suas próprias abordagens de liderança para se tornarem os líderes de que suas equipes — e o mundo ao seu redor — precisavam.

Os próximos capítulos sobre liderança transformadora detalham o que significa ser um líder de mudança eficaz e inspirador nos dias de hoje. Você aprenderá por que os modelos antigos, de gerações passadas, não funcionam mais para os changemakers em nosso mundo acelerado e interconectado. Mostrarei a prática de um conceito chamado microliderança, que mudará sua visão de liderança de títulos e autoridade formal para uma escolha acessível de agir em momentos individuais de liderança. Você aprenderá a se tornar o líder que sempre desejou ter e a ajudar as pessoas ao seu redor a dar o melhor de si por meio da prática da liderança inclusiva e da descoberta de um estilo próprio de liderança fiel a quem você é. E identificará oportunidades para liderar onde estiver, o que inclui o incentivo de mudanças por meio da cultura. O manual de liderança está sendo reescrito neste momento, e você pode ajudar com suas ações. Os exemplos ruins de liderança que todos nós já experimentamos podem agora ser colocados onde pertencem: no passado. Adotar essas novas abordagens o ajudará a reinventar a sua própria e a liderar com mais eficiência as mudanças ao seu redor.

SEJA A MUDANÇA

Pontos Importantes

- Pare de esperar por permissão para ser um líder. Seja como Suzanne McKechnie Klahr, da BUILD.org, e permita-se liderar.
- Cada vez mais, as mudanças são feitas não por uma única pessoa, mas por uma rede. Adote a liderança conectada para criar movimentos de mudança mais resilientes e sustentáveis.
- Nossos valores não estão lá para as decisões fáceis, e sim para as complicadas. Apoie-se em seus valores em tempos difíceis.
- Se você se sentir desconfortável em uma nova posição de liderança e pressionado a ter todas as respostas, concentre-se em fazer boas perguntas.

Desafio changemaker

- Reflita sobre alguns dos piores exemplos de liderança que vivenciou: momentos em que os líderes o frustraram ou o decepcionaram. Faça uma lista de características negativas e use-as como inspiração para reinventar sua própria liderança. Escolha criar um estilo que se oponha a essas características.

Capítulo 7

Microliderança

A HISTÓRIA DA LIDERANÇA É COMUMENTE CONTADA A PARTIR DA visão de um único líder e um ato singular, como Lech Wałesa, que pulou uma cerca para se juntar aos grevistas em um estaleiro na Polônia; Eleanor Roosevelt, que liderou a criação da Declaração Universal dos Direitos Humanos; ou Steve Jobs, que tirou o primeiro iPhone do bolso durante uma palestra.

Essas pessoas são, definitivamente, líderes impressionantes e *changemakers* inspiradores. Mas também estabelecem um padrão de liderança tão alto que parece impossível para a maioria de nós.

Ao colocarmos esses líderes em um pedestal, muitas vezes confundimos atos de liderança com *posições* de liderança.

Essa narrativa, no entanto, ofusca o verdadeiro significado de ser um líder. Embora os líderes possam ser escassos, a liderança é abundante. Não é algo concedido a uma pessoa em virtude de um título ou cargo, mas a soma de uma série de oportunidades em que uma pessoa decide agir de forma consciente.

A liderança, portanto, não é um ato único, mas um mindset contínuo de servitude. Ou seja, é igualitária; não há necessidade de esperar até ser ungido como líder para ser um líder. Em vez disso, a liderança é algo que podemos escolher praticar todos os dias por meio de nossas próprias ações, quer sejamos estagiários ou diretores executivos, pais ou filhos, empreiteiros ou clientes.

Como Drew Dudley nos lembra em sua brilhante palestra no TED, "Everyday Leadership", atos informais de liderança são geralmente os que mais nos marcam.[I] Não há uma única restrição que nos impeça de realizar esses atos de liderança, exceto nossas próprias crenças autolimitantes sobre o que significa ser um líder.

O ato mais corajoso é tomar a iniciativa e acreditar que você pode ser um líder. Em vez de procurar que outra pessoa lhe permita liderar, procure constantemente suas próprias oportunidades de servir outra pessoa.

Este capítulo apresenta um conceito que chamo de microliderança. Trata-se de um chamado radicalmente inclusivo para que cada um de nós comece a se ver como líder agora mesmo e consiga aproveitar os momentos de liderança que estão à nossa frente todos os dias. A microliderança mostra que você não precisa ser o CEO para liderar; é uma estrutura para repensar como é simples e viável assumir pequenos atos de liderança de forma consciente e consistente.

Este capítulo é um convite para que você comece a mudar sua forma de pensar sobre liderança, deixando de acreditar que é algo que outras pessoas fazem e acreditando que é algo que você faz. A microliderança é inclusiva e acessível. Ela é para todos nós.

Os Quatro Conceitos

Há quatro conceitos para o entendimento da microliderança. Eles se baseiam uns nos outros e, embora cada um pareça simples por si só, formam uma combinação poderosa juntos. Essa estrutura o ajudará a se tornar um líder em seu grupo, equipe, organização, família e além, mesmo que não seja o líder formal.

Acredite, Seja

Talvez você não tenha um título de liderança tradicional ou anos de experiência, mas isso não diz nada sobre sua capacidade de exercer a liderança de fato. O primeiro conceito é acreditar plenamente que pode ser, e provavelmente já é, um líder. Para muitos, isso requer uma mudança cognitiva a fim de repensar a história de liderança que ouvimos repetidamente, de que certas pessoas são líderes "natos", ao passo que outras não. Esse conceito é construído com base em crenças preconceituosas sobre raça, classe, gênero e habilidade, limitando o potencial de muitos de nós, que nos sentimos inspirados a ser líderes, mas que desejamos fazer isso à nossa maneira.

Ensinei e orientei uma assistente administrativa que, por anos, ansiava sentir que poderia realizar mudanças entre os executivos seniores com os quais interagia. Mas a dinâmica de poder de sua organização e a história tradicional de liderança reforçaram essa bifurcação arbitrária entre líderes e não líderes. Ela simplesmente acreditava que não era uma líder e nunca se tornaria uma. Como resultado, ela deixou passar diversas ideias que gostaria desesperadamente de compartilhar com seus colegas, sem tomar nenhuma atitude.

Trabalhamos juntos em sua percepção do que significa praticar a liderança, e ela percebeu que, embora não tivesse o título ou a autoridade formal dos executivos seniores ao seu redor, podia praticar a liderança de forma absoluta todos os dias. Ela adotou o primeiro conceito para a microliderança: começar a se ver como líder (mesmo que as pessoas ao seu redor ainda não a enxergassem assim). Quando isso aconteceu, ela finalmente se sentiu mais à vontade para tomar iniciativas, dar sugestões e usar as ferramentas de influência (que abordaremos com mais detalhes mais adiante neste capítulo) para começar a se tornar uma líder. Embora, obviamente, não tivesse a mesma autoridade formal que aqueles a quem se reportava, ela começou a perceber que era igualmente capaz de fazer contribuições significativas de maneiras pequenas, consistentes e substanciais.

Permita-se

Ninguém precisa permitir que você adote a microliderança; portanto, não espere para recebê-la. Dê a si mesmo essa permissão. Isso poderia ir desde pedir a opinião de um colega de equipe reticente que ficou calado durante toda a reunião ou estar disposto a fazer as perguntas que ninguém mais fará.

Em vez de esperar pela aprovação, os microlíderes aproveitam as oportunidades à sua frente. Muitas vezes, valorizamos demais a liderança e a conceituamos como uma pessoa poderosa em uma sala que diz o que os outros devem fazer. Mas, na realidade, muito do que é necessário para ser um líder é uma abordagem crescente. Liderança é, na verdade, arregaçar as mangas e se envolver. Ninguém jamais lhe dirá para não chegar cedo para ajudar na montagem ou ficar até tarde para ajudar na limpeza, mas podemos nos permitir escolher esses pequenos atos de liderança a qualquer momento.

Um *changemaker* que ajudei a adotar plenamente a microliderança havia ingressado recentemente em uma grande empresa multinacional e se frustrou com o fato de não haver um comitê de diversidade para funcionários LGBTQIA+. Eu dei o incentivo para que elu aproveitasse esse momento para liderar. Se elu se sentia assim, certamente muitos outros colegas de equipe se sentiam da mesma forma. Em vez de esperar que a liderança sênior criasse um grupo, sugeri que esse *changemaker* se permitisse agir e criasse um. Elu utilizou o primeiro passo para a microliderança e passou a acreditar que já era um líder. Em seguida, seguiu para o segundo conceito. Ao estabelecer um comitê de diversidade com um pequeno evento inicial de networking, elu deu a si mesmo a única permissão de que realmente precisava para começar a liderar: a própria permissão.

Sirva aos Outros

Enquanto os modelos tradicionais de liderança costumam ser centrados na capacidade de comandar e controlar, a microliderança contraria isso. Ela consiste em aproveitar pequenas oportunidades de liderança para servir aos outros de maneira consistente.

Ao começar a praticar o terceiro conceito da microliderança, você perceberá que esses pequenos atos para fazer a diferença aparecem ao seu redor provavelmente dezenas de vezes por dia. A microliderança é uma nova lente sobre a liderança, que nos incentiva a buscar e aproveitar regularmente essas pequenas oportunidades de serviço.

Um aplicativo que exemplifica o terceiro conceito é o Be My Eyes. O conceito foi desenvolvido pelo artesão de móveis dinamarquês Hans Jørgen Wiberg, uma pessoa cega. O aplicativo conecta pessoas cegas e com baixa visão a voluntários com visão, que fornecem assistência visual sob demanda por meio de chamadas de vídeo ao vivo. Os voluntários emprestam sua visão e auxiliam na resolução de problemas e desafios — desde verificar datas de validade, distinguir cores, ler instruções e navegar em novos ambientes. A experiência do voluntário requer apenas uma coisa: a escolha consciente de servir ao próximo.

Desde 2015, mais de 5 milhões de voluntários em mais de 150 países, falantes de 180 idiomas, envolveram-se com mais de 300 mil pessoas cegas e com baixa visão por meio do aplicativo. O Be My Eyes dá vida ao terceiro conceito da microliderança, transformando indivíduos com um pouco de tempo livre e disposição de ajudar em microlíderes que fazem conexões, envolvem-se em comunidades e servem aos outros de forma significativa.

Aja

Quarto conceito: aja e continue agindo — sempre. Essas ações se somarão! Aproveite os momentos de liderança à sua frente com coragem e consistência. Embora CEO seja um título impressionante, seu trabalho real consiste principalmente em tomar medidas regulares em muitos momentos de liderança menores durante o dia. Pequenos momentos são oportunidades, independentemente de quem você é ou de sua autoridade formal, ou da falta dela. A microliderança nivela o jogo e permite que qualquer pessoa tenha autonomia para praticar a liderança, desde que decida agir.

Agora que você conhece os quatro conceitos-chave da microliderança, começará a ver o mundo ao seu redor de uma maneira diferente: está repleto de oportunidades para agir.

Essas oportunidades de ação podem acontecer na comunidade: Paige Hunter, de 18 anos, que passou por seus próprios desafios relacionados à saúde mental, começou a escrever "notas de esperança" e anexá-las à ponte Wearmouth em Sunderland, Inglaterra, em 2018. Suas anotações, que fornecem perspectiva, bem como informações e recursos, salvaram a vida de várias pessoas.[2]

Essas oportunidades também podem surgir no local de trabalho: por exemplo, optar por dedicar um tempo para compartilhar um feedback construtivo com um colega; estar disposto a dizer não quando todos os outros dizem sim ou estar disposto a dizer sim quando todos os outros dizem não; e optar por responder com gentileza quando um colega está com raiva ou com medo.

Um mundo repleto de atos de microliderança é aquele em que é possível que todos sejam líderes, mesmo sem serem de fato. É um mundo em que os líderes são os muitos excepcionais, e não os poucos excepcionais. É um mundo completamente ao nosso alcance se pararmos de esperar que alguém nos diga que somos líderes e, em vez disso, optarmos por reconhecer todos os dias os momentos de liderança diante de nossos olhos. Permita-se agir de pequenas maneiras, repetidas vezes, e aproveite a oportunidade de colocar a microliderança em ação.

Colete Momentos de Liderança

A microliderança divide a liderança em uma unidade simples e profunda: o momento de liderança. Esses pequenos momentos se apresentam a nós dezenas senão centenas de vezes por dia ao nosso redor. Neles, observamos pequenas oportunidades para dar um passo à frente, servir aos outros e fazer a diferença com pequenos atos. Seguem alguns momentos de liderança aproveitados por alguns de meus alunos.

Sophia Baginski atuava como professora assistente em uma classe em que os alunos se sentiam desconectados. Para aproximá-los, ela criou uma série de encontros com *frisbee*. Com a chegada da covid, ela se preparou para aproveitar a próxima oportunidade que tinha pela frente: transformar esses encontros em experiências virtuais. "A microliderança", reflete ela, "me fez perceber quantas chances eu tenho de realizar mudanças na minha vida cotidiana e me transformou em uma líder mais ativa."

Karina Gulati fala sobre como adotar a microliderança fez com que ela se tornasse especialmente consciente de garantir que todos em sua equipe recebam crédito por seu trabalho e, em momentos em que seria a única a receber elogios, garantiu o compartilhamento desse reconhecimento com seus colegas.

Sid Holland, membro da equipe de rúgbi da UC Berkeley, diz que a microliderança fez com que ele tomasse a iniciativa e agisse tanto no campo quanto fora dele, mesmo quando era um dos jogadores mais jovens. Ele se permitiu sugerir uma nova tática e incentivar os outros, sem depender apenas dos capitães seniores.

Para Jennifer Pfister, a microliderança a tornou mais consciente de todas as oportunidades de liderança que surgem ao seu redor todos os dias. Agora, ela os aproveita regularmente ao abrir sua rede de contatos para ajudar os outros a atingirem metas e ao tentar ser a primeira pessoa a ajudar alguém que parece sempre perdido.

A liderança pode parecer intimidadora para muitas pessoas, especialmente para as mais jovens ou para aqueles que internalizaram a noção de que devem esperar sua vez. A microliderança possibilita que qualquer um seja um líder, e tudo começa com o aproveitamento dos momentos de liderança ao nosso redor.

A Mudança Pelo TikTok

O momento de liderança estava bem na frente dela. Será que a jogadora de basquete da Universidade de Oregon, Sedona Prince, conseguiria aproveitá-lo?

"Eu posso fazer isso, eu pensava", conta ela. "Tenho o poder de fazer isso, e minha mãe sempre me ensinou a me defender e a fazer o melhor que eu puder."[3]

Prince aproveitou a oportunidade para praticar a microliderança, e muita coisa mudou em resultado de sua simples, porém poderosa, escolha de agir.

Prince tinha 21 anos e estava no segundo ano da faculdade quando chegou ao torneio de basquete da NCAA em 2021. Tanto o torneio masculino quanto o feminino ocorreram simultaneamente e, devido à covid, cada um foi sediado em uma única cidade, com os homens em Indianápolis e as mulheres em San Antonio. No entanto, embora os jogos tenham ocorrido ao mesmo tempo, a experiência nos bastidores para os jogadores de basquete masculino e feminino não poderia ter sido mais diferente.

Quando Prince entrou na sala de musculação feminina, que seria compartilhada por todas as 64 equipes durante o torneio, ela viu uma enorme discrepância: a sala era abastecida apenas com alguns tapetes de ioga e uma prateleira de halteres — muito diferente da bem equipada e ampla sala de musculação masculina. Quando combinada com outras diferenças que já havia observado no torneio em relação às refeições e à disponibilidade de testes de covid-19, Prince identificou uma oportunidade que exigia ação, uma chance para tomar a iniciativa e liderar. Ela seguiu perfeitamente os quatro conceitos da microliderança e, com um ato aparentemente pequeno, incentivou ondas de mudança em todo o mundo esportivo e fora dele.

> Primeiro, ela acreditava que poderia fazer algo. É provável que outras atletas também tenham percebido o tratamento desigual, mas foi Prince quem decidiu que poderia fazer algo a respeito.
>
> Em segundo lugar, ela se permitiu tomar uma atitude. Não consultou a equipe técnica, a NCAA nem mesmo seus colegas de equipe para determinar se deveria aproveitar o momento. Ela escolheu, por conta própria, ser a mudança.
>
> Em terceiro lugar, sua microliderança estava firmemente enraizada em servir aos outros — em defender suas colegas atletas e as mulheres que um dia seguiriam seus passos. Não se tratava de ganhar fama ou atenção; era a oportunidade de tornar as coisas melhores para os outros ao seu redor.
>
> Finalmente, ela entrou em ação. Criou e publicou um vídeo de 38 segundos no TikTok que mostrava, em primeira mão, as diferenças entre as duas salas de musculação. Publicar o vídeo e repostá-lo no Twitter foram pequenos atos que ela esperava que causassem impacto — um exemplo perfeito de microliderança.

Embora os atos de Prince possam ter sido pequenos, a resposta foi incrivelmente grande. Quando ela acordou na manhã seguinte, havia recebido mais de 100 mil retweets e convites para aparecer em programas de televisão nacionais, como o *Good Morning America* da ABC. Seu vídeo curto incentivou uma conversa nacional. Até o momento em que este livro foi escrito, ele havia alcançado mais de 18 milhões de visualizações no Twitter e 12 milhões de visualizações no TikTok.

Porém, mais importante do que a atenção individual que Prince recebeu, foi o fato de seu vídeo ter chamado a atenção da NCAA e do mundo dos esportes. Estrelas do esporte — homens e mulheres, como o astro da NBA Steph Curry — participaram da conversa iniciada por Prince e, em resultado da atenção, a NCAA tornou as salas de musculação iguais para todos os atletas.

A microliderança, por ser acessível a todos nós, incentiva que um momento de ação se transforme em muitos outros. Esse foi o caso de Prince, que agora aproveitou a plataforma que construiu com sua primeira ação para continuar agindo em apoio a outras pessoas. Atualmente, ela tem quase 3 milhões de seguidores no TikTok, onde apoia outros atletas e defende mais mudanças na NCAA.

"Estou feliz por ela ter se manifestado", disse sua treinadora, Kelly Graves. "Ela, francamente, fez mudanças. E isso é bastante poderoso."[4]

De fato, a microliderança é superpoderosa.

Lidere de Onde Estiver

Assim como a microliderança é igualitária e acessível a todos, o mesmo vale para a oportunidade de influenciar outras pessoas. Na verdade, nós, *changemakers*, muitas vezes precisamos confiar mais em nossa capacidade de persuadir os outros do que em nossa capacidade de dizer aos outros exatamente o que fazer. A mudança geralmente exige a reunião de muitas pessoas diferentes, de várias origens, colaborando entre setores e silos e trabalhando entre, através e em torno de hierarquias.

Essa capacidade de influenciar os outros, independentemente do título ou da autoridade, é comumente chamada de "liderança lateral".

Em seu livro clássico *Leadership Without Easy Answers* [sem publicação no Brasil], o professor da Universidade de Harvard Ronald Heifetz nos ajuda a diferenciar liderança e autoridade.[5]

Heifetz define autoridade como "poder conferido para realizar um serviço". E embora este capítulo se concentre em liderar sem autoridade, vamos deixar claro que há alguns casos em que a liderança com autoridade não é apenas bem-vinda, mas necessária. Imagine o caso de uma evacuação de emergência de um estádio com 30 mil espectadores. Uma abordagem igualitária para a evacuação, em que cada pessoa tivesse a chance de se manifestar sobre a melhor maneira de sair do local, não seria apenas difícil de imaginar, mas seria extremamente perigosa. Em momentos de emergência ou angústia, a autoridade é extremamente útil. Precisamos da orientação que ela proporciona.

Mas não vivemos em situações de emergência o tempo todo; portanto, vamos nos concentrar em como podemos liderar lateralmente quando se trata de fazer mudanças.

O Primeiro Seguidor

Talvez o meu vídeo favorito de todos os tempos no YouTube (sim, supera até mesmo os erros esportivos e as cenas de *The Office* que você encontrará no meu histórico) seja um vídeo borrado e de baixa resolução intitulado, em tradução livre, "Lições de Liderança de Um Dançarino".[6] Com insights brilhantes apresentados pelo músico e empresário Derek Sivers, o vídeo apresenta o poder do que ele chama de "o primeiro seguidor".

O vídeo começa com um homem solitário dançando com entusiasmo em um festival de música ao ar livre, enquanto outros frequentadores do festival o observam ou o ignoram completamente. Ele dança sozinho por cerca de vinte segundos, até que outra pessoa, um estranho, vê o homem dançando e decide se juntar a ele com seus próprios giros bobos.

Juntos, os dois dançam por um tempo, balançam as mãos no ar, chutam com as pernas, até que o homem que se juntou recentemente — o primeiro seguidor — chama os outros com as mãos, para incentivá-los a se unirem.

Logo depois, outro dançarino se junta a ele. Depois outro. Depois, um punhado de pessoas. Até que um fluxo constante de pessoas se levanta de suas toalhas de piquenique e se une à festa.

No decorrer de apenas três minutos, nasce um movimento que vai de um único dançarino (o que Sivers chama de "maluco solitário") a uma cena repleta de dançarinos, e a dança vai de atividade secundária à atividade principal.

Adoro esse vídeo porque ele mostra de forma muito visceral como podemos desempenhar papéis de liderança para que a mudança ocorra. Alguns de nós serão o dançarino desinibido, a primeira pessoa com uma visão de mudança, que se coloca à disposição. Alguns serão o primeiro seguidor, aquele que vê potencial na visão de outra pessoa e auxilia. Alguns serão os primeiros a participar, aqueles que veem a mudança ganhar força e desejam ajudar a moldá-la e construí-la (e, ao fazer isso, tornam-na segura para que outras pessoas mais avessas ao risco também participem). E, por fim, alguns podem entrar mais tarde, pois esperam que a visão da mudança fique mais clara primeiro.

Como Sivers conclui no vídeo, o primeiro dançarino pode receber todo o crédito por iniciar o movimento. Mas, na verdade, grande parte do crédito deve ir para seu primeiro seguidor, aquele que arriscou a própria reputação para tornar seguro que outros se juntassem ao movimento. Embora o primeiro seguidor talvez não se veja como um líder de maneira tradicional, esse vídeo nos mostra que a liderança dele é pelo menos tão ou mais importante do que a de qualquer outra pessoa. É um lembrete de que todos nós lideramos e todos nós seguimos, e isso varia com o dia, a tarefa ou o ambiente.

Seu papel na liderança da mudança pode ser diferente em cada causa. Talvez você seja o primeiro a seguir novas tecnologias, mas um dos últimos a cair na pista em uma festa. Mas, independentemente da função formal de cada um no início da mudança, todos nós podemos desempenhar um papel de liderança para que ela aconteça.

Liderança Lateral

Seja em um festival ou no escritório, como liderar lateralmente e fazer a mudança acontecer? Acredito que os líderes laterais precisam adotar três ferramentas de liderança: ver o melhor nos outros, forjar alianças e pedir conselhos a outros. Vamos dar uma olhada em cada uma delas.

Para ver o melhor nos outros, adoro a visão que Liz Wiseman, autora do livro *Multipliers: How the Best Leaders Make Everyone Smarter*, nos oferece. Ela diz que a pergunta fundamental para os líderes "multiplicadores" não é "Essa pessoa é inteligente?", mas sim "De que forma essa pessoa mostra ser inteligente?".[7] "O trabalho", escrevem ela e seu colega, Greg McKeown, em um artigo relacionado, é "reunir as pessoas certas em um ambiente que libera seus melhores pensamentos — e, então, deixá-los trabalhar".[8] Os líderes laterais são capazes de ver o melhor nos outros, independentemente de seu título ou cargo, e envolvê-los na liderança eficaz da mudança.

Essa abordagem se conecta bem com a sugestão da especialista em RH Lauren Keller Johnson que, em um artigo da *Harvard Business Review*, afirmou que "a formação de coalizões desempenha um papel vital na liderança lateral" porque os indivíduos que trabalham juntos influenciarão mais do que uma única pessoa.[9] Ela diz que, ao conversar com Jay Conger, da Faculdade de Administração de Londres, ele explicou que, "ao criar coalizões, você reúne pessoas influentes para formar 'um único corpo de autoridade'". Johnson, então, aconselha-nos: "Para montar uma coalizão poderosa, comece se perguntando quem tem maior probabilidade de ser afetado pela mudança que você propõe."

Vemos a formação de alianças acontecer entre um grupo influente de ativistas climáticos mundialmente reconhecidos. Os jovens líderes Greta Thunberg (Suécia), Autumn Peltier (Wikwemikong First Nation, Canadá), Vanessa Nakate (Uganda) e Xiuhtezcatl Martinez (México) exemplificam essa abordagem de mudança. Eles se uniram porque suas comunidades são afetadas pelas mudanças climáticas e encontraram maneiras de trabalhar juntos como líderes, apesar das diferenças geográficas e culturais, além de trazerem as próprias comunidades para fazer parte da mudança. Essa liderança lateral resultou em coalizões ainda maiores, mais poderosas e mais diversificadas.

Às vezes, a inspiração vem de lugares improváveis, o que descobri ao pedir a opinião de outras pessoas. Como você pode imaginar, há muitos professores brilhantes na UC Berkeley, inclusive dez ganhadores do Prêmio Nobel. Embora eu nunca venha a estar em nenhuma das listas do Nobel, faço uma coisa que, acredito, nenhum outro membro do corpo docente de Berkeley jamais fez em suas palestras: citar o maioral, o cantor e rapper PitBull. Sim, foi nessa universidade de prestígio, cujo corpo docente é creditado pela descoberta de vários elementos químicos, incluindo o califórnio e o berquélio, em que reproduzi um clipe musical de quinze segundos do Pitbull na sala de aula.[10] Mas sua percepção, que aplicamos para aprender a liderar lateralmente, é poderosa.

"Peça dinheiro e receba conselhos", canta ele. "Peça conselhos, receba dinheiro duas vezes."

O conselho de Pitbull para a liderança lateral aqui é confirmado por empresários que buscam investimentos de capitalistas de risco. É uma abordagem bem conhecida, na qual, em vez de pedir dinheiro logo de cara, empreendedores experientes pedem conselhos aos CRs sobre sua startup, sua apresentação ou qualquer outra coisa que possam imaginar. É mais provável que as pessoas se sintam compelidas a apoiar uma iniciativa se sentirem que tiveram algum papel em ajudar a moldá-la e construí-la. Como líder lateral, você consegue encontrar oportunidades para pedir a opinião e o conselho de outras pessoas em vez de pedir ajuda diretamente ou, pelo menos, em adição a isso?

Entenda como a Influência Funciona

Pode parecer absurdo, mas um dos melhores estudos (na minha opinião) sobre o poder da influência foi realizado em banheiros de hotéis. Os pesquisadores elaboraram experimentos para ver como poderiam influenciar o comportamento dos hóspedes de um hotel no que se refere à conservação ambiental. Eles colocaram diferentes placas nos quartos de hotel para incentivar os hóspedes a participar de um programa de conservação. Em uma versão, eles usaram uma linguagem sobre o que outras pessoas faziam, como A MAIORIA DOS HÓSPEDES REUTILIZA AS TOALHAS. Em outra versão, usaram palavras mais tradicionais, com foco na proteção do meio ambiente. Eles descobriram que apelar para as normas do grupo era a maneira mais eficaz de influenciar o comportamento dos demais.[11]

Além disso, a proximidade também é importante! Quando colocaram uma placa que dizia A MAIORIA DOS HÓSPEDES DO QUARTO REUTILIZA AS TOALHAS, o resultado foi um comportamento ainda mais consciente em relação ao meio ambiente.

Esse exemplo divertido é a base de um conceito poderoso: nós, seres humanos, somos incrivelmente suscetíveis a pequenos ajustes que influenciam muito nosso próprio comportamento. Liderar mudanças não se trata apenas de ter a estratégia certa — nesse caso, reutilizar toalhas. A *maneira* como influenciamos é o que de fato fará a diferença na adoção ou não de nossas iniciativas de mudança.

O Poder da Reciprocidade

A reciprocidade é um poderoso fator de influência de comportamento. Quando fazemos algo para alguém, essa pessoa geralmente retribui o favor. Esse conceito intuitivo foi brilhantemente comprovado por pesquisadores em um artigo chamado "Aumente o caixa: O uso de doces para aumentar a gorjeta".[12] (Observação: entre passar um tempo em hotéis e restaurantes para observar o comportamento, acho que os pesquisadores de influência descobriram como se divertir ao máximo com testes de hipóteses!) Nesse estudo, os pesquisadores observaram o que acontecia com as gorjetas nas contas de restaurantes quando os garçons davam a cada cliente um pedaço de chocolate sofisticado junto com a conta, em comparação com as gorjetas de um grupo de controle que não recebia chocolate.

Quando os clientes recebiam um único doce, as gorjetas aumentavam, em média, 3%. Não é um grande resultado, mas é estatisticamente significativo.

O interessante é que, quando o garçom oferecia dois doces a cada cliente em vez de um, as gorjetas aumentavam exponencialmente, chegando a 14%!

E quando o garçom oferecia um doce por convidado, começava a se afastar e, em seguida, fazia uma pausa, virava para trás e dizia "Vocês são gente boa. Gostariam de um doce extra?", as gorjetas disparavam, aumentando para 21% em comparação com não oferecer nenhum doce.

Embora essas percepções sejam interessantes, não consigo ler estudos como esses sem me sentir um pouco desprezível. Esses exemplos específicos, relacionados apenas a doces e toalhas, são, em sua maioria, triviais, mas o poder da influência pode ser usado de forma manipuladora, o que costuma ser o caso. Em resultado disso, não sou fã do tipo de técnicas de influência que parecem transacionais ou planejadas. Aquele truque de dar um doce a mais para quem é "gente boa" na mesa pode funcionar na primeira vez, mas tenha certeza de que se um garçom tentasse usar exatamente a mesma técnica com o mesmo grupo pela segunda ou terceira vez, isso não só deixaria de funcionar, como poderia até sair pela culatra. Então, como podemos influenciar os outros de uma forma mais fundamentada e sustentável?

Poderes de Influência

Quer esteja ciente disso ou não, a influência está ao nosso redor, e sempre tentamos influenciar os outros. Mesmo ao imaginar que não veremos uma pessoa novamente, nossa reputação nos seguirá. Portanto, usar nossos poderes de influência para o bem, e não para a manipulação, não se trata apenas de um imperativo ético, mas de um imperativo de eficácia.

Quando ensino sobre influência em minhas aulas, apresento aos alunos o que chamo de "poderes de influência", que não se concentram em ganhos de curto prazo, mas sim na conexão de longo prazo com metas significativas. Vamos aprender sobre esses cinco superpoderes de influência e como aplicá-los à sua própria liderança influente.

Relacionamentos

Ao contrário das oportunidades de influência transacionais pontuais — como uma simples estadia em um hotel ou uma refeição em um restaurante, como as que você acabou de conhecer —, o primeiro poder se concentra na construção de relacionamentos muito antes de precisar pedir um favor. Como aprendemos com Margaret Wheatley e Deborah Frieze no Capítulo 6, a mudança toma forma à medida que construímos contatos.

Quanto mais você investir em relacionamentos desde o início, mais eficaz será a sua capacidade de fazer um pedido bem-sucedido a alguém, pois terá desenvolvido a confiança e a conexão e saberá a melhor forma de motivar a pessoa a se juntar a você.

E, às vezes, as pessoas se juntam à sua iniciativa de mudança não porque se importam particularmente com a mudança específica que lidera, mas porque se importam com você. Um amigo meu decidiu correr uma maratona para arrecadar fundos para uma doença rara que afetava um ente querido dele. Embora, é claro, eu me importasse em ajudar a financiar a pesquisa da doença, essa não estaria entre as cem causas pelas quais sou mais apaixonado. Mas quando ele me pediu para apoiá-lo, decidi fazê-lo com entusiasmo — não pela causa em si, mas por minha relação com ele. Ele provavelmente poderia ter me pedido para apoiar qualquer uma de 10 mil boas causas, e eu teria aceitado. E isso se deve ao fato de termos desenvolvido um relacionamento significativo, no qual algo que é importante para ele, também será para mim. Ele usou nossa conexão para fazer o pedido, e eu me senti muito bem ao apoiá-lo.

Visão

O segundo poder é a visão. Definimos visão como a imagem do futuro que os outros se sentem motivados a seguir. Você consegue descrever um futuro que é tão vibrante e empolgante ao ponto de os demais não conseguirem recusar participar dele? Lembre-se de descrevê-lo de forma clara e convincente e use o poder da aspiração, de ajudar os outros a ver o que é pode ser feito e acreditar que podem ajudar a transformá-lo em uma realidade com você. Use a visão para trazer todos — desde o zelador da NASA até a equipe executiva de quem deseja obter o apoio — para imaginar esse novo futuro com você. Jean Guo, que conhecemos no Capítulo 2, é muito eficaz em aproveitar a visão para influenciar as principais partes interessadas. A visão da Konexio é "criar uma sociedade mais inclusiva, na qual ninguém seja marginalizado por falta de acesso a habilidades digitais",[13] e observei em primeira mão como ela incentivou colegas talentosos a deixarem seus empregos e se juntarem à Konexio e trazer parceiros e investidores que se sentiram igualmente estimulados, tudo graças a essa visão. Essa visão inspiradora ilumina muitas pessoas, e Guo se empenha nisso para incentivar outros a se juntarem a ela para transformá-la em realidade.

Empatia

Ao tentar influenciar, é necessário ter empatia para ativamente procurar entender o que a outra pessoa ganha com isso e por que ela deveria se importar. Como *changemakers*, muitas vezes nos apaixonamos por nossas próprias ideias, mas a empatia nos obriga a ver as coisas pela perspectiva do outro e a entender que talvez ele goste da ideia, mas tenha medo de participar; ou que quer ajudar, mas talvez não da maneira que gostaríamos. Empregar a empatia — o terceiro poder de influência — nos ajuda a moldar nossas solicitações e nossa influência para que elas sejam centradas no ser humano, e não de modo padronizado. A líder trabalhista Dolores Huerta, que conhecemos no Capítulo 5, aproveitou a empatia durante toda a sua carreira de *changemaker* para influenciar todos os tipos de pessoas. Grande parte de seu sucesso na formação de coalizões poderosas e diversificadas veio de sua capacidade de adaptar sua mensagem para ressoar emocionalmente com cada público distinto, sejam políticos, trabalhadores rurais ou líderes de organizações sem fins lucrativos. Ela é capaz de imaginar a perspectiva dos outros e, ao empregar a empatia, entende como influenciar melhor as pessoas ao seu redor, o que resulta em uma onda de apoio.

Paixão e Positividade

As pessoas não conseguem deixar de se sentir inspiradas quando um líder se apresenta com autêntico entusiasmo pelo que é possível. Não podemos fingir que temos o quarto poder — paixão e positividade. Embora adore lecionar, se eu fosse forçado a ensinar contabilidade na Haas (não se preocupe, reitor Harrison, eu jamais tentaria fazer isso), ficaria claro, desde o primeiro momento, que isso não é algo que amo. Eu não seria capaz de influenciar outras pessoas a se tornarem grandes contadores assim como procuro ajudar os alunos a se tornar *changemakers*. Nosso herói da compostagem no local de trabalho,

Sebastien, que conhecemos no Capítulo 6, fez da paixão e da positividade seu poder de influência ao incentivar um novo comportamento em seu escritório. Ele estimulou outras pessoas a se juntar a ele em seus esforços na compostagem, em parte devido ao seu entusiasmo absoluto, que deu início a uma reação em cadeia. Seus primeiros apoiadores decidiram se juntar a ele por causa de sua paixão e, em seguida, eles mesmos transmitiram tal entusiasmo ao convencer seus próprios contatos a participar.

Segurança

Como aprendemos no Capítulo 2, todos nós temos disposições diferentes diante de riscos, e muitas das pessoas que encontrará em sua jornada de *changemaker* têm mais medo de agir do que você. O que fazer, de forma proativa, para que os outros se juntem a você de forma segura? Esse último poder de influência é um dos que tive de refinar ao tentar liderar uma mudança positiva em uma grande burocracia como a UC Berkeley. Primeiro, ao empregar empatia, percebo que um colega aprecia a visão de um esforço de mudança proposto, mas tem medo do que pode acontecer se ele não for bem-sucedido. Isso me lembra de voltar à visão de espelho e janela de Jim Collins (consulte o Capítulo 2). Digo a eles que sei que estão assumindo um risco ao se juntar a mim nessa iniciativa de mudança. E prometo que, se a iniciativa fracassar, assumirei toda a culpa e me certificarei de que eles não sejam prejudicados por terem confiado em mim. Ao mesmo tempo, se der certo, farei com que recebam o crédito. Nesse caso, o poder da humildade garante a segurança para que outros se juntem a nós.

Escolher qual poder de influência usar não é uma questão de soma zero. Cada um deles é útil em determinadas circunstâncias e podem até ser usados em combinação. Os *changemakers* mais influentes desenvolverão uma fluência com todos os cinco e usarão os melhores em cada situação. É provável que você tenha um ou dois que lhe pareçam mais confortáveis ou mais difíceis. Portanto, ao pensar sobre sua própria capacidade de influenciar, considere qual deles já é seu superpoder e quais, com um pouco de prática, podem torná-lo ainda mais influente.

A liderança pode parecer intimidadora, especialmente se esperarmos que alguém nos dê o título de líder ou a permissão para liderar. Porém, se pudermos adotar a microliderança e começarmos a ver a liderança não em termos de cargos ou posições, mas em termos de momentos a serem aproveitados, cada um de nós poderá ser um líder à sua maneira. Portanto, permita-se começar a aproveitar o poder da microliderança.

Influência em Ação

Jon Chu, o diretor de *Podres de ricos*, o primeiro grande filme de estúdio em 25 anos com um elenco inteiramente asiático, tentou muito encontrar as músicas certas para as cenas finais e fundamentais do filme.

Ele experimentou músicas de grandes nomes como Rihanna e Sia, mas nada deu certo. Ele sentiu que tinha que usar *Yellow*[1], do Coldplay, como a música final para atingir as notas emocionais certas.

Só havia um problema: a gravadora do Coldplay já tinha recusado. Embora não saibamos ao certo os motivos, talvez houvesse alguma preocupação de que o título da música, que também é um xingamento comumente usado contra asiáticos, colocasse a banda em um território desconfortável.

É exatamente por esse motivo que Chu achou que essa tinha que ser a música usada para esse filme revolucionário. "Vamos nos apropriar desse termo", disse Chu ao *Hollywood Reporter*. "Se vão nos chamar de amarelos, vamos fazer com que isso seja algo bonito."[14]

Chu tinha uma visão de como e por que aquela música encerraria seu filme, mas ele se deparou com uma dinâmica de poder muito forte. Um cineasta praticamente desconhecido que precisava convencer o Coldplay, uma das bandas mais bem-sucedidas

1 "Amarelo" em inglês. [N. do R.]

do mundo, a emprestar um de seus maiores sucessos a um projeto cuja recepção popular era completamente incerta.

Chu claramente não tinha autoridade; a única coisa que podia fazer, no entanto, era tentar influenciar. E Chu colocou todos os seus poderes de influência em ação em uma tentativa de fazer com que o Coldplay ficasse do seu lado.

Ele decidiu escrever uma carta endereçada diretamente aos membros do Coldplay: Chris Martin, Guy Berryman, Jonny Buckland e Will Champion. Ele se propôs a forjar um relacionamento, mesmo que não houvesse um na época.

Ele estabeleceu uma conexão pessoal com eles no início da carta, criando pontes e encontrando pontos em comum; falou sobre o fato de ter sido chamado pelo termo pejorativo na escola e sobre os sentimentos complicados que tinha com a palavra até ver o videoclipe do Coldplay: "Pela primeira vez em minha vida, ela descreveu a cor da maneira mais bonita e mágica que já tinha ouvido: a cor das estrelas, a pele dela, o amor. Era uma imagem incrível de atração e aspiração que me fez repensar minha própria autoimagem."

Agora que havia preparado a tela com uma conexão inicial, ele passou a criar uma imagem para o Coldplay, na qual expôs sua visão da cena que aconteceria no filme quando a música *Yellow* tocasse. Chamou-a de "marcha emocionante e com empoderamento", e, em detalhes incríveis, descreveu como *Yellow* se encaixaria perfeita e complementaria a narrativa.

A partir daí, ele voltou a falar com empatia, colocando-se no lugar da banda: "Eu sei que, como artista, é sempre difícil decidir quando é aceitável associar sua arte à de outra pessoa — e tenho certeza de que, na maioria dos casos, vocês preferem dizer não." Abordou a tensão que tinha certeza de que o Coldplay sentiria aqui, assumindo o possível desconforto.

Em seguida, ele tentou assegurar o Coldplay, apresentando alguns dos elogios iniciais que a equipe do filme havia recebido e dizendo que a história era baseada em um livro best-seller e reconhecendo que parecia arriscado para uma banda mundialmente famosa confiar em um cineasta sem um currículo extenso. Não poderia dar garantias sobre o filme, mas poderia pelo menos mencionar o reconhecimento externo que o projeto havia recebido inicialmente.

Ao encerrar sua carta, Chu se agarrou ao seu poder mais forte: a paixão e a positividade. Falou sobre o impacto que a música da banda poderia ter em uma geração de ásio-americanos, escrevendo: "Quero que todos eles tenham um hino que os faça se sentir tão bonitos quanto suas palavras e a melodia me fizeram sentir quando eu mais precisava."

Menos de 24 horas depois de Chu ter enviado a carta, o Coldplay aprovou seu pedido.

Ele traria a música que mais desejava para o seu filme e, ao fazê-lo, encerraria seu longa-metragem com uma alta carga emocional, ao passo que daria vida ao seu sonho de reivindicar o termo *amarelo*.

Chu não tinha poder e não tinha autoridade. Mas ele tinha influência. E, citando a letra de *Yellow*, ele transformou essa influência "em algo bonito".

SEJA A MUDANÇA

Pontos Importantes

- A microliderança divide a liderança em sua unidade mais simples e mais profunda: os momentos de liderança. Você pode aproveitar esses momentos sempre que surgirem; não espere por permissão para praticá-la.
- Sedona Prince e Jon Chu lideraram a mudança não por meio de títulos formais, mas sim por meio de influência sem autoridade. Prince usou a microliderança para aproveitar um momento de liderança, e Chu aplicou vários poderes influentes para persuadir uma das maiores bandas do mundo a se juntar ao seu esforço de mudança.
- Às vezes, a influência pode parecer ruim, mas, ao praticar os poderes de influência, tais como investir em relacionamentos, empregar empatia e tornar as coisas seguras para os outros, é possível influenciar de forma eficaz, honesta e transparente.

Desafio Changemaker

- Esteja atento a todos os momentos de liderança que surgirem ao seu redor na próxima semana. Comprometa-se a realizar pelo menos um ato de microliderança no primeiro dia, dois no segundo dia e até sete no sétimo dia.
- Escolha um ou dois dos superpoderes de influência que você mais deseja desenvolver e, em seguida, selecione um dos desafios abaixo para colocar esses superpoderes em prática:
- O Selecione sua organização sem fins lucrativos favorita e convença alguém que você conheça a publicar algo sobre ela nas mídias sociais.
- O Escolha um animal de que você goste e use seu poder de influência para fazer com que um amigo lhe envie uma foto dele como esse animal, sem lhe dizer o motivo.
- O Convença um estranho a cantar "Parabéns pra você" mesmo depois de lhe dizer que, na verdade, não é seu aniversário.

Capítulo 8

Seja o Líder que Gostaria de Ter Tido

Sejam os alunos *changemakers* da UC Berkeley, sejam *changemakers* que lutam pelo acesso à água em Phnom Penh — onde fui mentor — ou os *changemakers* da área de tecnologia que aconselhei no Centro-Oeste, um ponto em comum na capacidade de liderar mudanças positivas é a "empatia aplicada". Não se trata apenas de ver as coisas pela perspectiva de outra pessoa, mas agir ativamente sob essa nova perspectiva.

Tenho o incrível privilégio de conhecer muitos *changemakers* no início de suas jornadas, quando estão cheios de energia bruta e entusiasmo pela mudança, mas não sabem ao certo como incentivá-la. Uma frase simples que ofereço é: "Seja o ____ que você gostaria de ter tido." Seja o chefe que você gostaria de ter tido. Seja o mentor que você gostaria de ter tido. Seja o pai ou a mãe que você gostaria de ter tido. Seja o professor que você gostaria de ter tido. Seja o amigo que você gostaria de ter tido. Esta é uma maneira simples, mas inclusiva, de colocar a empatia em prática: sabemos como é sentir falta de algo, portanto, podemos decidir conscientemente oferecer isso aos outros.

Isso é especialmente viável quando pensamos em estabelecer e definir nosso próprio estilo de liderança. Há algo que gostaria que outros líderes tivessem feito por você? Se sim, é a oportunidade perfeita para garantir que aqueles que lidera não percam o que você perdeu. Como aluno de uma escola de ensino médio hipercompetitiva, muitas vezes senti falta de "segurança psicológica" (exploraremos esse conceito mais adiante neste capítulo). Portanto, no primeiro dia em que fui para a frente da sala de aula do Berkeley Haas, decidi, ali mesmo, que um dos princípios da minha liderança como *changemaker* na educação seria garantir que todos os meus alunos se sentissem psicologicamente seguros — algo que gostaria muito de ter sentido quando estava no lugar deles anos atrás.

Neste capítulo, nós o ajudaremos a se tornar o líder que você gostaria de ter tido. Exploraremos práticas essenciais de liderança que trazem à tona o melhor dos outros e de suas equipes: liderança inclusiva e segurança psicológica. Discutiremos por que a diversidade é essencial para qualquer equipe e compartilharemos algumas perspectivas sobre como aplicar lentes de diversidade, equidade e inclusão aos seus esforços de mudança. E como não existe uma única maneira "certa" de liderar, discutiremos diferentes abordagens de liderança e o ajudaremos a encontrar o estilo que seja fiel a quem você é como líder e *changemaker*.

Este capítulo é um convite enorme para que você se torne o líder que gostaria de ter tido. As pessoas que você lidera merecem isso.

Imagine a Liderança Inclusiva

Há uma única imagem indelevelmente gravada em minha mente que sempre vejo quando penso no termo liderança inclusiva. É uma foto da primeira-ministra da Nova Zelândia, Jacinda Ardern, e representantes da comunidade muçulmana em Christchurch, em março de 2019. A comunidade se recuperava de um tiroteio em massa em uma mesquita local, na qual mais de cinquenta membros haviam sido mortos por um assassino xenófobo menos de 24 horas antes.

A foto mostra Ardern com um lenço preto, as mãos cruzadas à sua frente e um olhar que, de alguma forma, transmite simultaneamente compaixão, determinação, preocupação e amor. Sua postura, seu olhar e sua decisão, como não muçulmana, de demonstrar respeito e usar um lenço na cabeça, tudo isso se combinou para nos dizer tudo o que precisamos saber sobre seu estilo de liderança.

Quando o presidente dos EUA, Donald Trump, ligou para ela e perguntou o que os Estados Unidos poderiam fazer pela Nova

Zelândia nesse momento de tristeza, Ardern poderia ter pedido o que quisesse.

Sua resposta foi clara: oferecer "simpatia e amor a todas as comunidades muçulmanas".[1]

Seu foco como líder da nação era garantir que os mais vulneráveis sob sua supervisão se sentissem seguros. Sua atenção e cuidado estavam voltados para eles, não para si mesma — cuidar dos outros era sua prioridade.

Isso é liderança inclusiva, e é notável ver esse exemplo vindo de uma chefe de estado na escala da política nacional e internacional. E, embora Ardern tenha liderado a partir da mais alta posição de poder e autoridade, *changemakers* de todos os tipos podem trazer essa mesma abordagem de liderança inclusiva às pessoas ao seu redor, seja em grupos, equipes ou organizações menores.

Entenda a Liderança Inclusiva

A empresa de consultoria de gestão Korn Ferry define *inclusão* como "melhorar a riqueza de conhecimentos, percepções e perspectivas em um local de trabalho aberto, confiante e diverso".[2] Acho que essa é uma definição muito boa, e para acrescentar uma perspectiva de liderança a ela, gostaria de fazer duas alterações: a liderança inclusiva vai além do local de trabalho e é igualmente importante e impactante em equipes, parcerias e grupos formais; na verdade, sempre que as pessoas se reúnem de alguma forma, é importante liderar de maneira inclusiva. Em segundo lugar, ela capacita as pessoas para que sejam elas mesmas.

Mas antes de aprendermos a praticar a liderança inclusiva, primeiro vamos ver por que ela é importante.

Em 2017, a empresa de consultoria global Deloitte analisou milhares de funcionários de vários setores para tentar medir o impacto da liderança inclusiva.[3] Os resultados são surpreendentes.

Uma de suas principais descobertas é o poder de um único líder inclusivo. A Deloitte descobriu que tal liderança pode ser responsável por um aumento de até 70% no número de funcionários que se sentem altamente incluídos. Não é necessário ser o CEO para liderar de forma inclusiva, e esses dados mostram que até mesmo um gerente de nível inferior pode causar um impacto enorme.

As ramificações positivas são amplas quando a liderança inclusiva está presente. A Deloitte descobriu que as equipes têm 20% mais chances de afirmar que tomam decisões de alta qualidade e 29% mais chances de relatar colaboração. A liderança inclusiva permite tomadas de decisões melhores e mais integradas no nível da equipe. Mas quando organizações inteiras têm uma cultura inclusiva, a Deloitte descobriu que elas têm duas vezes mais chances de atingir ou exceder as metas financeiras e seis vezes mais chances de serem inovadoras e ágeis.

Os dados são claros: a liderança inclusiva é importante para que as pessoas deem o melhor de si. E, cada vez mais, é necessária para que as equipes e organizações também prosperem.

Liderança Inclusiva: O que Não Fazer

Juliet Bourke, professora adjunta da Universidade de Nova Gales do Sul, na Austrália, e a psicóloga organizacional Andrea Titus fizeram um excelente trabalho ao identificar seis pontos para que alguém se torne um líder inclusivo.[4] Primeiro, analisemos o que a pesquisa afirma sobre as características dos líderes menos inclusivos para nos conscientizar das armadilhas não inclusivas.

Ao comparar os líderes mais inclusivos com os menos inclusivos em seu conjunto de pesquisas, Bourke e Titus conseguiram isolar três comportamentos comuns aos líderes menos inclusivos:

<u>Dominância excessiva sobre os outros</u>. Essa é uma característica muito comum no estilo de liderança "antigo" que discutimos no Capítulo 6. Durante muito tempo, os líderes acreditaram (erroneamente) que os bons líderes deveriam impor suas ideias aos outros. Na verdade, quando um líder domina os outros e tenta ter todas as respostas, ele limita a capacidade e a motivação das pessoas ao seu redor de contribuir e participar. Trabalhei com um vice-presidente sênior que, na maioria das vezes, era um líder bem-sucedido, mas o feedback mostrou que sua equipe não se sentia à vontade para participar das reuniões que ele liderava. Os dados da Deloitte deixam claro que isso significa que a equipe perdeu insights importantes. Juntos, nós percebemos

que ele achava — erroneamente — que ser líder significava ter sempre a resposta e, por isso, sentia-se pressionado a sempre dizer à equipe o que fazer. Mas ele aprendeu a dar um passo atrás e fazer mais perguntas para que os outros pudessem participar ativamente. Eu o incentivei a fazer perguntas, mesmo quando tivesse certeza da abordagem correta; se e quando alguém mencionasse a ideia que ele tinha tido o tempo todo, deveria elogiar essa pessoa pela excelente contribuição para que mais e mais pessoas se sentissem à vontade para compartilhar sugestões.

Favoritismo. Seja por questões de raça, classe, idade ou gênero ou, talvez, por interesses pessoais e históricos compartilhados, é muito comum haver favoritismo. Ele pode se manifestar em líderes mais jovens que demonstram um preconceito regular em relação às contribuições dos colegas igualmente jovens, em detrimento dos mais experientes. Ou em discussões regulares nas manhãs de segunda-feira que se concentram em atividades de fim de semana, como golfe ou esqui, das quais alguns colegas, mas nem todos, participam, fazendo com que aqueles que não passam tempo nos campos ou nas pistas se sintam excluídos. É provável que todos nós já tenhamos tido a experiência de ver alguém ter seus favoritos, elogiando regularmente ou dando mais atenção a outra pessoa, e sabemos como isso nos exclui. Devemos reexaminar regularmente nossos vieses — especialmente aqueles dos quais talvez não tenhamos consciência — para garantir que não estamos excluindo outras pessoas, mesmo de maneira não intencional.

Desconsiderar opiniões alternativas. Como aprenderemos neste capítulo, as equipes mais diversas e que têm uma gama mais ampla de experiências e pontos de vista têm melhor desempenho e são mais inovadoras. Mas não basta ter uma equipe diversificada. Como líderes, devemos mostrar regularmente que estamos abertos a perspectivas divergentes, especialmente quando elas vão contra o que pensamos ou acreditamos inicialmente.

Um líder com quem trabalhei era incrivelmente criativo e cheio de recursos, além de excepcionalmente bom em vender suas ideias. Ele também tinha a tendência de falar primeiro. Entrava em um brainstorming e convencia efetivamente todos na sala de que sua ideia era a melhor antes que qualquer outra pessoa pudesse opinar. Ocasionalmente, algumas pessoas se opunham, mas ele geralmente fazia do jeito dele, sem que os outros se manifestassem. Então, um dia, perguntou-me por que parecia, pelo menos para ele, ser a única pessoa criativa da equipe. Eu o ajudei a perceber que, como apresentava suas ideias com tanta rapidez e força, os outros não se sentiam à vontade para compartilhar suas próprias ideias. Juntos, trabalhamos para que ele lutasse contra o impulso de sempre compartilhar sua ideia primeiro e, em vez disso, abrisse espaço para que os outros compartilhassem as deles. Às vezes, essas pessoas tinham a mesma ideia que ele; outras vezes, apresentavam pontos de vista divergentes. Mas ao dar espaço para que os outros opinassem, aprendeu a ser um líder mais inclusivo, que aceitava as perspectivas e contribuições dos outros, o que levou a brainstorms mais abrangentes e eficazes.

Seis Traços da Liderança Inclusiva

Agora que identificamos as características dos líderes não inclusivos, voltaremos nossa atenção aos seis principais traços identificados por Bourke e Titus e exploraremos como cada um deles se relaciona com os aspectos do mindset de *changemaker* que aprendemos antes.[5]

Dedicação visível à inclusividade. Precisamos fazer da inclusão uma prioridade pessoal e articulá-la com a equipe. É aqui que as lições além de si mesmo entram em ação: como líder, consegue articular uma visão para a equipe inclusiva que deseja liderar? E consegue praticar a liderança servil para garantir que seus compromissos sejam cumpridos?

Humildade. Nas palavras de Bourke e Titus, isso significa "admitir seus erros e criar espaço para que outros contribuam". É importante reconhecer que nós, como líderes, não precisamos ter todas as respostas e que acreditamos — e nossas ações demonstram conscientemente — que valorizamos as contribuições dos outros para a melhoria coletiva. Como aprendemos com Amy Ou e seus colegas, que estudaram CEOs humildes (consulte o Capítulo 2), isso é relevante para a maneira como as organizações são administradas, como as decisões são tomadas e se os colegas de equipe se sentem incluídos.

Curiosidade sobre os outros. Devemos estar dispostos a ouvir primeiro e ter empatia com nossos colegas de equipe. Nesse ponto, a "flexibilidade emocional" de Steve Zaccaro pode ser especialmente poderosa como ferramenta para liberar nossa capacidade de nos conectarmos com os outros, especialmente com aqueles que são diferentes de nós. Nossa capacidade de fazer ótimas perguntas à medida que incentivamos nossa curiosidade e admiração também nos ajudará a ser líderes mais inclusivos.

Inteligência cultural. É necessário estar atento à cultura dos outros e se adaptar conforme necessário. Eu mesmo vivenciei isso durante meu primeiro dia de trabalho em Estocolmo, quando me reuni com um dos líderes mais inclusivos que já conheci, Pär Viktorsson. Como o único não sueco no escritório (e com habilidades linguísticas equivalentes às de uma criança sueca da pré-escola), eu estava inserido em uma cultura totalmente nova. Pär acolheu minha diferença e fez todo o possível para se assegurar de que eu me sentisse incluído, desde garantir que os documentos fossem traduzidos para o inglês e até me oferecer feriados estadunidenses, como o 4 de julho, como folga do trabalho. Embora nunca tenha aceitado a oferta, esse gesto significou muito para mim. E, ao refletir sobre o quanto essa inteligência cultural inclusiva foi poderosa para mim, pensei em como ela devia ser ainda mais significativa quando vivenciadas por pessoas de comunidades marginalizadas. Trabalhar na Suécia também foi uma experiência sobre humildade, pois procurei desenvolvê-la. Deixei de me sentir bastante confortável com uma única cultura e passei a reconhecer que, para liderar mudanças, eu precisava me adaptar a uma nova também. Pär liderou com uma inteligência cultural tão elevada que me senti incluído desde o primeiro dia. E esse sentimento de inclusão inspirou a maneira como eu me via, mesmo em uma cultura e em um contexto muito diferentes.

Colaboração eficiente. Isso significa ir além de apenas falar, mas também garantir que todos se sintam à vontade para compartilhar perspectivas e que a equipe acolha o pensamento diverso, especialmente as ideias que questionam o status quo. No Capítulo 3, vimos que a tendência à colaboração é uma característica fundamental dos *changemakers*; ela surge novamente aqui como uma forma de não apenas liderar a mudança, mas também de convidar inclusivamente outras pessoas a fazer parte da mudança conosco.

Estar ciente de seus vieses. Todos nós temos pontos cegos, e embora queiramos construir um mundo mais meritocrático, precisamos reconhecer as falhas maiores do sistema que nos impedem de ser assim. Nossos preconceitos assumem muitas formas diferentes: raciais, de gênero, de classe, de capacidade, de sexualidade, entre outras. Há também preconceitos que podem parecer inócuos, mas que ainda assim impedem que sejamos líderes inclusivos. Percebi que um dos meus pontos cegos é trabalhar majoritariamente com empreendedores. Como empresário, sinto uma afinidade com outras pessoas loucas o suficiente para tentarem fundar a própria organização. Como resultado, quando fizemos nossas contratações iniciais para a StartSomeGood, nossa tendência de recrutamento estava em outros empreendedores. Sim, isso pode ser maravilhoso. Mas também temos muitas falhas — incluindo, com frequência, a falta de foco em operações e logística. Percebi que tínhamos formado uma equipe reconfortante de empreendedores, mas que não era inclusiva em termos de habilidades ou personalidade (ou na capacidade de criar planilhas).

Temos uma tendência natural de querer evitar reconhecer nossos próprios vieses; afinal, sejamos francos, isso é desconfortável! Mas talvez minha descoberta favorita de Bourke e Titus seja esta: quando a consciência dos vieses é combinada com níveis elevados de humildade em um líder, isso, em média, aumenta o sentimento de inclusão dos funcionários em 25%. A lição aqui é muito poderosa. Todos nós temos preconceitos. Mas quando também temos a humildade de reconhecê-los e trabalhar ativamente neles, aplicando um mindset de crescimento em vez de sentirmos vergonha deles e ignorá-los, essa combinação permite que sejamos ainda mais inclusivos, pois ela nos ajuda a tomar medidas para lidarmos com nossos possíveis vieses.

É Seguro?

Uma empresa ambiciosa e de alto crescimento como o Google, composto por algumas das mentes mais brilhantes de todo o mundo, pode não ser a primeira coisa que nos vem à mente quando pensamos em segurança psicológica. No entanto, é exatamente essa dicotomia que torna o Google um excelente estudo de caso para ancorarmos nossas discussões sobre a criação de ambientes e equipes em que as pessoas se sentem psicologicamente seguras.

Se há uma coisa sobre a qual o Google entende são dados. Portanto, não é de surpreender que, quando a empresa decidiu descobrir o que torna certas equipes do Google mais eficientes, ele tenha olhado para si mesmo para examinar seu DNA, iniciando um estudo rigoroso e baseado em dados de suas equipes que incluiu mais de 100 mil funcionários.

Se precisasse adivinhar, especialmente em uma empresa como o Google, você poderia supor que as equipes mais eficientes têm grande conhecimento técnico. Ou talvez engenheiros e empresários altamente qualificados e bem treinados. Definitivamente, esse foi o meu primeiro pensamento quando comecei a ler os resultados do projeto do Google com o codinome Aristóteles (uma homenagem à frase do filósofo: "O todo é maior do que a soma de suas partes").

Os pesquisadores do Google analisaram a eficiência da equipe em quatro dimensões:[6]

1. Avaliação executiva da equipe
2. Avaliação da equipe pelo seu líder
3. Avaliação da equipe pelos seus membros
4. Desempenho de vendas comparado às cotas trimestrais

Os resultados foram surpreendentes. O que o Google descobriu é que "o que realmente importava não era quem estava na equipe, e sim como a equipe trabalhava em conjunto". Os pesquisadores descobriram que as características da equipe, como confiabilidade e propósito, eram importantes. Mas houve uma característica singular que se destacou acima de todas as outras variáveis: segurança psicológica.[7]

Mesmo em uma empresa como o Google, que se orgulha da inovação e do questionamento do status quo, não se tratava de características individuais, mas sim da cultura da equipe. E o aspecto mais significativo (estatística e culturalmente) do comportamento da equipe é esse conceito único e poderoso. Vamos explorar o que ele é, por que é importante e como desenvolvê-lo em suas equipes.

Segurança Psicológica

A professora de Harvard Amy Edmondson merece crédito por identificar e trazer o conceito da administração para a ciência moderna. Edmondson é especialista em equipes e no processo de formação dessas para alcance de metas, e sua pesquisa reflete a do Google.

Edmondson define a *segurança psicológica* como "uma crença compartilhada pelos membros de que a equipe é segura para assumir riscos interpessoais", "um sentimento de confiança de que a equipe não envergonhará, rejeitará ou punirá alguém por se manifestar" e "um clima de equipe caracterizado pela confiança interpessoal e pelo respeito mútuo, no qual as pessoas se sentem à vontade para serem elas mesmas".[8] O Google acrescenta a essa definição, afirmando que, quando a segurança psicológica está presente, os membros de uma equipe "se sentem confiantes de que ninguém na equipe constrangerá ou punirá outra pessoa por admitir um erro, fazer uma pergunta ou sugerir uma nova ideia".[9]

Em resumo, a sensação de segurança vem do fato de saber que todos os membros da equipe podem ser eles mesmos e podem se expor sem arriscar sua reputação ou seu bem-estar.

Para todos nós que nos sentimos sufocados por equipes que não têm segurança psicológica, sermos nós mesmos, plenos e criativos ao realizarmos mudanças, é como uma lufada de ar fresco.

A Segurança para Inovar

Embora o estudo do Google se destaque pela escala e escopo na comprovação da importância da segurança psicológica, esse é um conceito que também recebe cada vez mais atenção de pesquisas em outros lugares. Markus Baer, professor da Faculdade de Administração da Universidade de Washington, em St. Louis, também estudou o conceito em grande profundidade e em diversos campos, com uma visão específica sobre seu papel na inovação. A partir da análise de muitos estudos separados realizados por Baer, Edmondson e outros ao redor do mundo, podemos observar o impacto positivo da segurança psicológica em termos absolutamente inequívocos. Os dados desses estudos mostram que a presença da segurança psicológica:

- Aumenta a probabilidade de determinada tentativa de inovação ser bem-sucedida, além de melhorar a inovação geral no nível da equipe.[10]
- Aumenta o aprendizado que os membros da equipe obtêm ao cometer erros.[11]
- Aumenta o envolvimento e a retenção dos funcionários.[12]
- Torna mais provável que os colegas de equipe aceitem e aproveitem o poder das diversas ideias de seus colegas.[13]

Como estabelecer e reforçar a presença da segurança psicológica em suas equipes, seja você o líder formal ou não? Seguem algumas sugestões baseadas na pesquisa de Edmondson e algumas abordagens táticas que funcionaram bem em minhas equipes.

A primeira sugestão é enquadrar cada desafio como um "problema de aprendizado" em vez de um "problema de execução". Quando os desafios são apresentados dessa forma, podemos reconhecer a incerteza (que, sem dúvida, estará presente em qualquer esforço de mudança que você realizar!) e recorrer à nossa interdependência. Quando um desafio se relaciona simplesmente à sua execução, seu foco na convergência — sem tempo para divergir — pode ser eficiente, mas muitas vezes exclui outras vozes, perspectivas, abordagens, ideias e conexões que poderiam ser aproveitadas na busca do aprendizado sobre um problema.

A segunda sugestão é reconhecer nossa própria falibilidade. Ao modelar o comportamento que você espera gerar entre os outros, será de ajuda se as pessoas ao seu redor se sentirem seguras para fazer o mesmo. É preciso coragem e um pouco de humildade para liderar dessa maneira, mas o poder de liderar pelo exemplo ajuda a mostrar aos outros que é seguro correr riscos e ser imperfeito.

A terceira sugestão é dar o exemplo da curiosidade. Em vez de nos ver como líderes que fornecem a resposta "correta", ver-nos, em vez disso, como curiosos que fazem perguntas poderosas, prepara o terreno para que os outros se sintam à vontade para apresentar as próprias ideias. Isso reforça a ideia de que buscamos o aprendizado, não apenas a execução, e ao nos mostrarmos curiosos, inspiramos essa mesma abordagem nos outros.

Abordagem Tática

Seguem algumas estratégias que você, como *changemaker*, pode usar para garantir que todos em sua equipe se sintam psicologicamente seguros. Essas ferramentas são baseadas no que experimentei em meu trabalho.

Primeiro, dê a todos a chance de apresentar ideias antes de tomar uma decisão. Pode ser tentador se contentar com a primeira ideia que parece boa para a maioria e que não recebe nenhuma resistência inicial. Mas isso é o mesmo que se conformar com um "acordo" em vez de "colaborar" no modelo TKI (consulte o Capítulo 3). É o caminho de menor resistência. Mas se você, como líder, não estiver esperando que os outros se manifestem, poderá perder as ideias deles porque eles não se sentem seguros para sugeri-las.

É possível criar esse ambiente de várias maneiras: durante uma reunião, ao circular pela sala e convidar a todos a darem uma opinião; enviar uma pesquisa antes ou depois da reunião; ou aproveitar outras plataformas tecnológicas para permitir que todos adicionem sua voz à conversa. Pode levar mais tempo para garantir que todos tenham a chance de compartilhar perspectivas, mas considere a possibilidade de pedir ativamente a todos que apresentem suas ideias e opiniões, em vez de confiar nas vozes mais altas. Tenha certeza de que todos os membros da sua equipe se sentam incluídos e confortáveis para compartilhar opiniões.

Em seguida, adote a "flexibilidade cognitiva" de Zaccaro (consulte o Capítulo 4), a capacidade de considerar dois cenários diferentes e potencialmente conflitantes ao mesmo tempo. Muitas vezes, pressões e vieses cognitivos que nos levarão a seguir nosso primeiro instinto. Embora essa talvez seja a resposta que escolheremos, um líder que consegue considerar várias perspectivas — especialmente aquelas que divergem diretamente das nossas — torna seguro para os outros discordar ou apresentar opiniões minoritárias.

Em seguida, comemore fracassar de maneira útil. Um dos valores importantes para a minha equipe no Reach for Change, na Suécia, era que nós "falhávamos com orgulho e consciência". Abríamos todas as reuniões semanais da equipe em que todos deveriam dar respostas a duas perguntas: qual foi a sua vitória da semana (o que você fez que nos aproximou de nossas metas)? E como você fracassou na semana passada?

A expressão aqui é deliberada. Não comemorávamos qualquer fracasso (por exemplo, não responder a um e-mail crucial); em vez disso, observávamos o aprendizado que o fracasso pode nos proporcionar. Com isso, atingíamos dois objetivos específicos: lembrar aos colegas de equipe, todas as semanas, que queríamos que eles experimentassem coisas novas (mesmo que isso significasse fracassar) para que pudéssemos aprender com nossos fracassos e com os dos outros; e modelar o tipo exato de segurança psicológica que queríamos cultivar em todos da equipe, desde os estagiários até os executivos. Normalizar o fracasso tornava seguro admitir erros, independentemente da função de cada um, porque todos nós fracassamos e todos nós incentivamos o aprendizado que isso possibilitava.

Por fim, fique atento à unanimidade absoluta da equipe, especialmente em relação a uma ideia que você mesmo propôs. Pode ser que você tenha tido uma ideia brilhante (nesse caso, parabéns!), mas também pode ser que os outros não se sintam confortáveis em divergir das suas opiniões fortes ou de sua confiança, como no caso do vice-presidente sênior que conhecemos anteriormente neste capítulo, cuja equipe hesitava em participar de suas reuniões. Nesse caso, considere pedir a alguém — mesmo que essa pessoa concorde com você — para assumir a posição oposta e apontar possíveis falhas na ideia. Na pior das hipóteses, obterá novas perspectivas que fortalecerão a ideia existente. E sinalizará para os outros que deseja a resposta mais forte, não a mais fácil, incentivando-os a assumir riscos e a apresentar novas ideias ousadas.

Lentes de Diversidade, Inclusão e Equidade na Realização de Mudanças

A crença mais fundamental que permeia este livro é a de que qualquer pessoa pode ser um *changemaker*. E espero que este livro seja, de fato, um manual radicalmente inclusivo para que *changemakers* de todos os tipos liderem mudanças positivas que sejam verdadeiras para eles — o que inclui especialmente você.

No entanto, também devemos reconhecer que o processo de desenvolver uma identidade *changemaker* e aprender as habilidades para transformar ideias em realidade não é o mesmo para todos. Cada um de nós baseia sua própria identidade *changemaker* sobre as identidades existentes que são fundamentais para quem somos, e elas se cruzam com a nossa capacidade de liderar mudanças positivas de inúmeras maneiras — algumas de formas incrivelmente úteis e outras de formas que apresentam barreiras sistêmicas além de nós como indivíduos.

Embora eu tenha me esforçado ao máximo para escrever este livro da forma mais inclusiva possível, sei que tenho meus próprios pontos cegos e reconheço que poderão haver partes que, por qualquer motivo, não funcionarão para alguma situação específica da sua vida. *Changemakers* devem reconhecer que o talento é distribuído igualmente, mas as oportunidades não. E isso, por si só, é um chamado significativo para a mudança.

Changemakers não só podem, mas devem criar um sistema mais meritocrático. Mas ainda não chegamos lá. *Changemakers* podem e devem garantir que todos tenham acesso às oportunidades. Mas ainda não chegamos lá. *Changemakers* podem e devem, criar um mundo que funcione para cada um de nós. Mas ainda não chegamos lá.

Portanto, há um trabalho importante a ser feito em termos de diversidade, equidade, inclusão e muito mais. E, como *changemakers*, optamos por nos voltar para essa realidade, não como um desafio intransponível, mas como a oportunidade de uma vida inteira para inspirar outros *changemakers* a também perceber o próprio potencial.

Diversifique seu Portfólio (Equipe)

Um ponto de partida é criar e contribuir conscientemente para equipes mais diversas.

Não deveríamos precisar de dados para encontrar a motivação para investir no cultivo de uma equipe diversificada. Fico um tanto alerta diante da solicitação que ouvimos com frequência sobre a necessidade de criar um "caso de negócios" para a diversidade, quando a verdadeira motivação deveria ser simplesmente fazer a coisa certa e desmantelar padrões históricos de preconceito e opressão. Mas também pode ser útil lembrar que, para nossos esforços de mudança, os dados são claros: equipes mais diversas são mais inovadoras e obtêm um desempenho melhor.[14]

Cristian Dezsö, da Universidade de Maryland, e David Ross, da Universidade de Columbia, uniram-se para analisar a interseção da diversidade de gênero e o desempenho das principais empresas da lista S&P Composite 1500. Seus resultados mostraram que, em média, "a representação feminina na alta gerência leva a um aumento de US$42 milhões no valor da empresa".[15] Além disso, a "intensidade da inovação" dessas empresas (definida como a relação entre os custos de pesquisa e desenvolvimento e o total de ativos) aumenta juntamente com a diversidade de gênero.

Observamos relações semelhantes entre inovação e diversidade racial. Orlando Richard, professor da Faculdade de Gerenciamento de Isenberg da Universidade de Massachusetts Amherst, e seus colegas estudaram os executivos de 177 bancos norte-americanos e suas operações e descobriram que a diversidade racial estava positivamente correlacionada à inovação.[16]

A diversidade de pontos de vista também é muito importante. Em um estudo supercriativo, os pesquisadores Denise Lewin Loyd, Cynthia S. Wang, Katherine W. Phillips e Robert B. Lount Jr. fizeram com que 163 participantes lessem uma história de mistério de assassinato e fizessem uma afirmação sobre quem eles achavam que havia cometido o crime.[17] Também perguntaram a esses participantes se eles se identificavam como democratas ou republicanos. Em seguida, pediram aos participantes que escrevessem uma redação para convencer outro membro do grupo de que o suspeito do assassinato havia cometido o crime. Em cada caso, os participantes foram informados de que a pessoa com quem se encontrariam discordava de sua opinião, mas que, mesmo assim, precisariam chegar a um acordo com essa pessoa. Metade dos participantes foi informada de que apresentaria seu caso a um membro do mesmo partido que eles; a outra metade, que apresentaria o caso a alguém do partido oposto. Os resultados foram surpreendentes: os democratas se prepararam muito mais para debater com um republicano do que com alguém de seu próprio partido; o mesmo padrão se aplicou aos republicanos. De acordo com os autores, "quando a discordância vem de uma pessoa socialmente diferente, esforçamo-nos mais. A diversidade nos motiva à ação cognitiva de uma forma que a homogeneidade simplesmente não o faz."[18]

Encontre Seu Estilo de Liderança

Ao encerrarmos este capítulo sobre como se tornar o líder que você gostaria de ter tido, quero abordar de forma proativa uma questão com a qual muitos de meus alunos têm dificuldade: no primeiro trabalho do semestre questiono como descreveriam seu estilo de liderança. Muitos alunos foram condicionados a acreditar que existe um único estilo de liderança, o auge ao qual todos nós devemos aspirar. E, embora existam traços de mindset e liderança que acredito que os melhores líderes e *changemakers* tenham — conceitos que já discutimos, incluindo empatia, resiliência, coragem e bondade —, não existe uma maneira única e prototípica de liderar.

Por muito tempo, colocamos um único tipo de líder em um pedestal: o extrovertido, o que faz acordos, o visionário, o hiperconfiante. Mas isso faz um desserviço tanto para os indivíduos que não se encaixam nesse molde incrivelmente estreito quanto para o mundo, que sugere que as pessoas devem se conformar a um arquétipo para serem eficazes. Isso leva os indivíduos a duvidarem de sua própria capacidade de se identificarem como líderes (um padrão que, infelizmente, tenho visto ser especialmente pronunciado entre mulheres e pessoas não brancas em meus cursos), limitando sua própria capacidade e potencial como tais.

Portanto, sejamos claros: não existe uma única maneira de praticar a liderança nem uma única maneira de ser um *changemaker*.

Seis Estilos de Liderança

Em meus primeiros dias como líder da StartSomeGood, um mentor me deu uma cópia do artigo clássico de 2000 do psicólogo Daniel Goleman, "Liderança que gera resultados".[19] Goleman articula seis estilos de liderança usados por homens, cada um com seus pontos fortes e fracos. Dei uma olhada rápida no artigo e, enquanto saía para correr, algo me ocorreu: venho tentando, há muito tempo, fazer com que meu próprio estilo de liderança se encaixe no que achava que os outros queriam de mim, forçando um bloco quadrado em um buraco redondo. Por exemplo, apesar de sempre ter me concentrado muito na construção de relacionamentos em outras funções, agora acreditava erroneamente que, em virtude do meu novo título de liderança, eu tinha que me concentrar exclusivamente nos resultados, embora esse foco restrito sempre me parecesse estranho. Em vez de dedicar tempo para treinar e apoiar um colega de equipe para que ele se desenvolvesse em uma função mais ampla, comecei a acreditar que precisava lhe dizer exatamente o que fazer e maximizar a eficiência dele.

Mas aprendi que não se trata de ter um estilo de liderança único; trata-se de ser capaz de usar o estilo certo no momento certo, aplicando um mindset de *changemaker* a cada um deles. Encurtei minha corrida (como se precisasse de alguma motivação extra para isso) para ler o artigo corretamente. Estudei o artigo e continuo praticando os seis estilos de liderança em momentos diferentes, a depender do que a situação exige. Alguns são mais fáceis para mim do que outros, mas o que mais gosto na estruturação de Goleman é que ele mostra que cada um de nós pode desenvolver os seis estilos, independentemente de nossa personalidade ou experiências anteriores como líderes.

1. Abordagem coerciva ou do "Faça o que eu digo". Essa abordagem exige conformidade imediata e é melhor em um desastre, em uma situação de reviravolta ou ao trabalhar com colegas de equipe difíceis. Ela é crucial em algumas circunstâncias — por exemplo, em um prédio em chamas, em que a orientação é necessária —, mas, muitas vezes, pode prejudicar tanto a flexibilidade quanto a motivação dos outros.
2. Abordagem autoritária ou do "Venha comigo". Essa abordagem mobiliza as pessoas em direção a uma visão e é a melhor quando a equipe não tem uma. Nesse caso, o líder estabelece a meta maior, mas deixa os indivíduos

com a flexibilidade e a liberdade necessária para descobrir a melhor forma de alcançá-la. Será um desafio se você tiver menos experiência ou for menos qualificado do que os outros membros da equipe.

3. Abordagem afiliativa ou do "Pessoas em primeiro lugar". Essa abordagem cria harmonia e constrói laços emocionais. A liderança afiliativa é excelente para aumentar o moral da equipe e garantir que todos se deem bem. Mas suas desvantagens incluem permitir que pessoas com baixo desempenho continuem sem repreensão. E como esses líderes são menos propensos a oferecer conselhos, às vezes os funcionários ficam frustrados quando precisam de uma opinião mais direta.
4. Abordagem democrática ou do "O que você acha?". Ela gera consenso por meio da participação. É excelente para criar flexibilidade, aumentar a responsabilidade e trazer novas ideias. No entanto, as desvantagens podem incluir reuniões sinuosas e funcionários confusos que clamam por uma direção mais forte.
5. Abordagem rítmica ou do "Faça como eu faço, agora". Essa abordagem estabelece altos padrões de desempenho, exemplificados pelas próprias ações do líder. Para equipes altamente motivadas, ditar o ritmo, ou pacesetting, funciona muito bem, mas alguns colegas de equipe podem se sentir sobrecarregados por essa motivação e se ressentir da tendência do líder de pacesetting de assumir o controle da situação.
6. Abordagem de coaching ou do "Tente isso". Essa abordagem desenvolve as pessoas para o futuro e funciona especialmente bem para ajudar os colegas de equipe a melhorar o desempenho a longo prazo ou desenvolver habilidades a longo prazo. O coaching funciona bem com colegas de equipe motivados, mas é difícil para aqueles que não estão dispostos a mudar os próprios hábitos.

Aposto que, assim como a maioria dos meus alunos, ao ler sobre esses estilos de liderança, um ou dois deles chamaram a sua atenção como algo com os quais se sentiria confortável ou como algo que já vem praticando regularmente. E tenho certeza de que houve pelo menos um estilo que fez com que você se sentisse desconfortável ou que nunca imaginou usar.

Considero a abordagem de Goleman extremamente libertadora para nós, *changemakers*, porque nos mostra que não precisamos tentar encaixar nossa personalidade em um único estilo de liderança. Em vez disso, essas são abordagens que podemos experimentar como vários chapéus, avaliando a situação e as necessidades que nós e nossa equipe possuímos. Podemos colocar nossa personalidade de líder "autoritário" por um dia sem nos definirmos assim. Podemos ser um líderes rítmicos quando nossa equipe precisa de uma liderança exemplar e, então, mudar para outro estilo quando esse tiver cumprido sua função.

Assim como fazer mudanças não é algo único, nosso estilo de liderança também não é. Todos nós podemos liderar de uma forma que seja fiel a nós mesmos. E se decidirmos ser o líder que gostaríamos de ter tido, poderemos garantir que, ao fazermos isso, traremos à tona o que há de melhor nas pessoas ao nosso redor.

SEJA A MUDANÇA

Pontos Importantes

- A segurança psicológica é o fator de sucesso mais importante que o Google encontrou entre suas equipes. Ela é caracterizada por um sentimento de confiança e respeito mútuo, em que a tomada de riscos é aceita e em que fica claro que a equipe não constrangerá nem rejeitará alguém por se manifestar.
- A maneira mais poderosa de ser um líder inclusivo é combinar o reconhecimento de nossos vieses com a humildade de saber que precisamos trabalhar neles.
- Adotar uma perspectiva de diversidade, equidade e inclusão para nosso trabalho de changemaker não é apenas o certo a fazer; isso também aumenta as chances de inovação e soluções que funcionarão para mais pessoas.

Desafio Changemaker

- Reflita sobre os seis estilos de liderança apresentados no final deste capítulo. Pense em qual deles você usa com mais frequência e qual é o mais desafiador para você. Tente aplicar cada um deles pelo menos uma vez na próxima semana. O que acontece quando você experimenta esses diferentes estilos?

PARTE 3

AÇÃO CHANGEMAKER

Capítulo 9

Incentive a Mudança: Da Ideia à Ação

EMPREENDER É MUITO MAIS DO QUE ESTRATÉGIAS GO-TO-MARKET E planos de negócios. É um empreendimento profundamente pessoal, uma maneira de manifestar os valores, as perspectivas e as experiências de uma pessoa no mundo real.

Essa é uma lição que eu mesmo aprendi ao remontar as raízes de minha família ao longo das vielas de Xangai, na China.

Como judeus que viviam em Berlim e Viena durante a ascensão do Terceiro Reich sob o comando de Adolf Hitler, meus parentes enfrentaram um perigo terrível. Embora adorassem viver nessas capitais culturais, logo perceberam que a Europa não era mais segura e que precisavam partir. Como temiam por suas vidas, tentaram ir para os EUA, mas não conseguiam obter o visto. Então, aplicaram o que considero um mindset de empreendedor para chegar a outras soluções e encontrar um lugar que os aceitasse: Xangai, na China.

Xangai tinha seus portos abertos e não exigia documentação. Minha família embarcou em uma viagem de 24 dias, de Trieste, na Itália, no transatlântico SS *Conte Verde*, com destino ao país inesperado. Ao todo, cerca de 20 mil refugiados se abrigaram no chamado Setor Restrito para Refugiados Apátridas, e a maioria ficou até o fim da guerra, em 1945. Meus parentes moraram em um gueto judeu (também chamado de Pequena Viena), afastado de grande parte da cidade.

Quase oitenta anos depois, o trabalho me levou a Xangai, e comecei a investigar essa parte da história da minha família.

Eu tinha comigo um livro que meu pai havia me dado, o qual continha os endereços de todos os judeus dos quais se tinha conhecimento em Xangai durante a década de 1940, com endereços chineses traduzidos para o alemão. Peguei esses endereços, traduzi-os para o inglês e, depois, com a ajuda do Google Maps e do Google Tradutor, para os nomes das ruas chinesas atuais.

Consegui encontrar o endereço exato em que ficava o mesmo prédio onde morou a minha família do lado da minha avó. E embora não tenha conseguido encontrar o endereço exato da minha família do lado do meu avô, percorri os becos dilapidados perto da casa deles, onde sei que ele teria caminhado diariamente.

Também visitei o Museu dos Refugiados Judeus de Xangai, que fica bem no coração do distrito de Hongkou, onde eles moravam.

Essa experiência não só mudou para sempre a conexão que eu tinha com minha família, mas também transformou minha maneira de pensar sobre empreendedorismo.

Sempre ouvi falar que minha família havia aberto um café vienense no meio do gueto judeu em Xangai para trazer um pouco da vida do velho mundo para o novo mundo em que vivia.

Eu nunca havia entendido totalmente esse empreendimento até visitar o museu e ver foto após foto do café destacado como uma parte crucial da experiência dos refugiados judeus em Xangai. Apertei um botão em uma tela interativa no museu e vi o café vienense ganhar vida. Perguntei ao guia turístico sobre a cafeteria, e ele contou que ela era um centro de conexão e alegria para os residentes em meio a seus muitos desafios, como a tristeza pela vida antiga da qual todos sentiam falta.

Não há dúvida de que havia muito desespero entre os moradores desse setor restrito. Mas minha família agiu, dando vida a seus valores em uma cafeteria que se tornou muito mais do que um lugar para tomar um café ou comer um doce. Vi o que é o empreendedorismo em seu sentido mais verdadeiro — um negócio repleto de paixão e uma maneira de estender seus valores, crenças e trabalho muito além de si mesmo.

Enquanto caminhava sozinho pelas ruas de Hongkou, imaginei minha própria família caminhando por essas mesmas ruas décadas antes (provavelmente se sentindo igualmente sozinhos e desorientados), e senti uma conexão indescritível. Embora o café vienense não existisse mais, seus valores e seu impacto permaneceram, bem como sua conexão entre outros refugiados e até mesmo com um neto norte-americano quase um século depois.

Como diz a musicista Joan Baez: "A ação é o antídoto para o desespero." De pé nas ruas de Xangai, com o trânsito e a agitação ao meu redor, lembrei-me de meus parentes. Imaginei pela primeira vez como deve ter sido para eles viver lá e percebi o quão significativo foi para mim o fato de a minha família ter decidido agir naquele momento.

A Equação de Impacto *Changemaker*

Com base nas palavras de Joan Baez, começarei este capítulo com um desafio para você.

A essa altura, você já desenvolveu um mindset de *changemaker* e expandiu suas habilidades de liderança. Agora vou apresentar o que chamo de equação do impacto *changemaker*:

(MINDSET + LIDERANÇA) x (AÇÃO) = IMPACTO

Essa equação simples mostra que seu impacto como *changemaker* é uma função da soma de seu mindset e de sua liderança multiplicada pela ação que você realiza.

Em outras palavras, o impacto que você tem como *changemaker* pode ser medido pelo mindset e pela liderança que traz ao seu trabalho multiplicados pela ação realizada por esses atributos.

Em sala de aula, depois de apresentar essa equação, eu chamo alunos de matemática ou de física e lhes peço para responder outra pergunta matemática importante. Eles se animam, provavelmente prontos para citar um teorema do qual nunca ouvi falar. Mas, então, eu lhes pergunto, de forma intrigante: "A que equivale um número multiplicado por zero?"

"Zero", respondem eles rapidamente.

"Mas o que acontece se você multiplicar um número muito grande por zero?", pergunto novamente, fingindo incredulidade.

"Continua sendo zero."

Mesmo que você tenha um mindset de *changemaker* definido e habilidades de liderança para incentivar mudanças positivas, se não agir, nunca terá nenhum impacto como *changemaker*.

A equação do impacto *changemaker* serve como ponto de partida para explorarmos juntos como agir para realizar mudanças para nós mesmos, nossas comunidades e nosso mundo.

Mesmo os *changemakers* mais talentosos que conheço têm dificuldade em dar os primeiros passos em prol de uma nova ideia ou projeto. Portanto, este capítulo se concentra nesses primeiros passos cruciais para ajudá-lo a transformar uma ideia inicial em realidade. Veremos como *changemakers* em áreas que vão da medicina à arte ou dos esportes aos negócios deram seus primeiros passos e exploraremos o que todos nós podemos aprender com o campo mais amplo do empreendedorismo — mesmo que a maioria de nós nunca se tornem empreendedores — sobre como começar algo que importa.

A StartSomeGood tem apoiado milhares de *changemakers* a dar o primeiro passo nessa jornada. Isso me proporcionou o privilégio incrível de ter uma visão favorecida das lições que todos nós podemos aprender sobre o que é necessário para que *changemakers* passem do nada a algo e deem aqueles primeiros passos assustadores, mas cruciais. Juntamente com o apoio aos meus alunos em seus projetos inspiradores de *changemakers*, eu observei padrões consistentes sobre o que realmente os ajuda a começar — com base no que realmente funciona, não em memes simplificados ou em uma retórica inspiradora e vazia. Dividi essas percepções em seis lições, as quais compartilharei com você neste capítulo.

Você desenvolverá a arte do domínio — a capacidade de sentir frustração ou desespero e, ao mesmo tempo, acreditar que pode fazer algo a respeito. Aprenderá a primeiro disparar balas e depois o canhão — tomar muitas e muitas pequenas atitudes primeiro, as quais lhe darão a confiança necessária para fazer um movimento grande e ousado mais tarde. Verá como reduzir a resistência à ação ao reformular os problemas e aproveitar os recursos existentes. Aprenderá a validar suas ideias e a usar a metodologia de "startup enxuta" para começar pequeno e iterar rapidamente. Por fim, aprenderá a saber a hora de dar um salto — e por que nunca é uma boa ideia fazer paraquedismo com desconto! Primeiro, eu o ajudarei a desenvolver seu senso de domínio. Ao final do capítulo, espero que o conceito de ação lhe pareça muito menos assustador e completamente acessível.

A Arte do Arbítrio

Aprendi que, independentemente de quem somos ou do que mais nos apaixona, quase sempre temos mais poder do que achamaos para agir e causar mudanças. Vejamos como alguns artistas desencadearam iniciativas de mudanças em nível local e, em seguida, como uma nação inteira se uniu para agir coletivamente.

Começaremos com a praia de Malpe, perto de Udupi, em Karnataka, Índia. Em 2018, esse belo local ao longo do Mar da Arábia estava repleto de garrafas plásticas que arruinavam uma costa pitoresca e, mais importante, causavam estragos ao meio ambiente. O artista e escultor local Janardhan Havanje buscou uma solução.

Com barras de ferro, ele criou uma enorme escultura em forma de peixe com rede aberta chamada *Yoshi the Fish*. Ao lado da escultura, havia os dizeres YOSHI AMA PLÁSTICO. DÊ COMIDA A ELE, POR FAVOR.

O resultado? Uma obra de arte em forma de peixe cheia de garrafas plásticas que seriam recicladas, uma praia livre de detritos e um conceito que seria copiado em praias de todo o mundo, a mais famosa em Bali, possivelmente.

Havanje tinha motivos para estar frustrado. Afinal de contas, ele sozinho nunca poderia recolher todo o lixo da praia, mas encontrou força na ação e provocou mudanças positivas em sua comunidade.

Como outro exemplo, vamos até a fronteira dos EUA com o México, entre El Paso, Texas, e Ciudad Juárez, México, para ver a ação ocorrer em um local desafiador. Virginia San Fratello e Ronald Rael, ambos professores e artistas nos Estados Unidos, planejavam há cerca de dez anos uma instalação de arte que poderiam criar na fronteira. Em 2019, em meio a deportações e separações de famílias, eles instalaram gangorras pink através da cerca para que as crianças de ambos os lados do muro pudessem brincar juntas. Isso não apenas criou um momento de conexão humana, mas também apresentou um ponto de vista filosófico e poderoso: que as ações de um lado do muro — assim como uma gangorra — afetam as ações do outro lado. Rael explicou ao Guardian que queria que as gangorras proporcionassem "um ponto de apoio literal" entre os países e trouxessem "alegria, entusiasmo e união no muro da fronteira".[1]

Para ser claro, a instalação artística não muda políticas ou leis. Isso exigiria "mudança de sistemas", uma abordagem *changemaker* que discutiremos no capítulo 11. Mas essa obra, que recebeu ampla cobertura da mídia, se pôs diante do desespero e ajudou muitos a verem o muro e suas políticas relacionadas de uma maneira totalmente nova.

O mesmo sentimento de domínio para criar mudanças que esses artistas encontraram também pode ser aplicado coletivamente em um grupo, mesmo que extremamente grande. Vejamos como a ação coletiva tomou forma em nível de estado-nação. Em 2019, os cidadãos da Etiópia se uniram para enfrentar as ameaças existenciais do desmatamento e das mudanças climáticas plantando árvores. E não apenas algumas árvores. Em um único dia, mais de 23 milhões de etíopes se uniram para plantar 353 milhões de árvores![2] Os alunos foram dispensados e os funcionários públicos folgaram para contribuir com a iniciativa de plantio. A mudança climática pode parecer um problema intratável para qualquer indivíduo (o recorde mundial de árvores plantadas em um único dia por uma única pessoa foi de cerca de 15 mil em 2001). No entanto, se cada um de nós decidir agir, será possível ter um senso coletivo de ação para enfrentar até mesmo os maiores desafios.

Dar a nós mesmos permissão para começar a agir pode ser difícil, especialmente para os agentes de mudança de primeira viagem. Às vezes, a inação parece ser o caminho mais seguro ou mais fácil. Mas, como nos lembra a facilitadora e coach Brandi Nicole Johnson: "A inação é uma ação."[3] Portanto, vamos escolher a ação.

Bala de Canhão!

De todas as coisas em que eu imaginava investir uma boa quantidade de tempo enquanto liderava a StartSomeGood nos seus primeiros dias de existência, passar horas e horas ao telefone com bancos e implorar aos processadores de pagamento certamente não era uma delas. Tínhamos imaginado que a StartSomeGood apoiaria *changemakers* em todo o mundo. Portanto, decidimos apostar tudo e atuarmos como uma plataforma global desde o primeiro dia — um empreendimento inspirador, com certeza, mas que testou minha paciência tanto quanto minha capacidade de navegar pelas linhas telefônicas de atendimento ao cliente a qualquer hora do dia. Não entendemos totalmente como seria desafiador dar suporte a transações em nosso site; por exemplo, ao fazer com que um apoiador no México contribuísse para um empreendimento na Tailândia — uma experiência que me forçou a aprender muito mais do que eu queria sobre os mercados de câmbio.

Nossas intenções eram boas e nossa visão de mudança global era nobre. Mas, com recursos limitados, simplesmente assumimos uma complexidade excessiva logo no início, o que desviou meu tempo e minha atenção do desenvolvimento do nosso site e da nossa comunidade para, em vez disso, me familiarizar com, pelo menos, uma dúzia de funcionários de suporte ao usuário espalhados pelo mundo, aos quais precisava ligar o tempo todo para pedir ajuda. Fizemos muita coisa cedo demais e tentamos nos globalizar instantaneamente, em vez de começar com alguns primeiros passos incrementais em direção à internacionalização. Essa pressa de realizar grandes mudanças é algo que vejo com frequência nos *changemakers* que oriento.

Durante meu horário de expediente, Samar, um aluno de graduação, apresentou-me um desafio de mudança: ele é um excelente nadador e é apaixonado por seu trabalho de meio período como professor de natação. Chegou até mesmo a desenvolver várias técnicas criativas de natação extremamente eficazes. Mas o gerente de Samar no clube de natação se recusou a lhe dar permissão para ensiná-las ou fazer qualquer outra coisa que se desviasse do currículo exigido.

Samar queria fazer mudanças; ele tinha uma visão clara de todas as novas técnicas de nado que ensinaria. Estava confiante em sua capacidade de ajudar jovens nadadores a atingir todo o seu potencial caso tivesse a oportunidade de fazê-lo. Entretanto, com os desequilíbrios de poder entre Samar e seu gerente e a resposta negativa deste último a qualquer uma de suas inovações, seu único caminho parecia ser continuar a ensinar a técnica menos eficaz. Ele desejava questionar o status quo, mas achava que não conseguiria contornar seu gerente teimoso.

Ele me perguntou o que fazer, e eu me lembrei das ideias de Morten Hansen e Jim Collins: primeiro dispare balas, depois o canhão.[4]

Por meio da análise de grandes organizações, os autores nos ajudam a ver que, muitas vezes, o que parece ser uma única grande aposta em uma estratégia é, na verdade, a soma de vários testes pequenos que nos dão a confiança necessária para tentar algo grande.

O iPhone da Apple foi uma grande aposta, mas a Apple não começou com ele. Primeiro, ela testou o iPod em 2001. Depois, em 2003, a loja de música iTunes. Eram balas — testes relativamente menores para ver se a Apple atingiria o alvo. À medida que a empresa tinha uma noção cada vez melhor de onde estava o alvo e de como atingi-lo, ganhou confiança em 2007 para fazer algo grande e disparar a enorme bala de canhão: o iPhone. Para muitos observadores, quando Steve Jobs tirou o iPhone do bolso durante sua apresentação, essa talvez tenha parecido uma única ação ousada e singular. Mas como havia sido informado pelas "balas" anteriores da Apple, Jobs revelou o iPhone com a confiança de que seria bem-sucedido.

Muitas vezes, em iniciativas de mudança, achamos que temos apenas uma chance, a qual será um momento de sucesso ou de fracasso completo. Samar imaginava uma reunião controversa com seu chefe, na qual apresentaria um currículo renovado e daria um ultimato ao seu gerente para que o deixasse experimentar todas essas técnicas ou se demitiria. Isso seria pressão demais sobre todos os envolvidos, provavelmente não lhe oferecendo a melhor oportunidade de atingir o objetivo. Em vez disso, eu o incentivei a pensar em como fazer testes menores para ganhar confiança e ter um feedback antes de realizar uma grande ação.

Quando perguntei a Samar como poderia aplicar esse conceito em seu ensino, ele entendeu imediatamente: disse que tentaria ensinar uma única técnica nova a uma criança e ver qual seria o resultado. Trabalharia como voluntário por uma hora com as crianças mais avançadas ao lado de outro treinador. Ou treinaria a técnica mais eficaz ele mesmo, sem pedir que nenhuma criança o copiasse.

No início de nosso horário, Samar não conseguia encontrar nenhum caminho para liderar a mudança além de lançar sua bala de canhão, mas saiu de lá com várias balas pequenas para disparar e começar a superar a lacuna entre saber e fazer. Por fim, convenceu seu gerente a deixá-lo experimentar uma técnica nova com um nadador. Quando os tempos do nadador melhoraram, Samar passou a ter mais liberdade para aplicar as novas ideias nas suas aulas. Embora não tenha reformulado todo o currículo (pelo menos em alguns meses), Samar conseguiu implementar muitas de suas técnicas, e todos saíram ganhando com isso.

Os Blocos de Construção da Mudança

Às vezes, uma iniciativa de mudança exige a criação de uma empresa, organização ou empreendimento totalmente novo. Se for o caso, ótimo, mas isso pode parecer exagerado ou intimidador para muitos *changemakers*, que talvez não se sintam como que tendo recebido um chamado para começar algo novo. Às vezes, a mudança acontece de dentro para fora; isso é chamado de intraempreendedorismo, cujos pilares são enxergar os problemas de uma nova maneira e o aproveitamento eficaz de recursos existentes. O *changemaker* Luis Sota incorpora essas duas características, e sua história mostra como pensar de forma diferente e, em seguida, reunir os recursos de sua empresa, e as principais partes interessadas de sua comunidade o ajudaram a dar os primeiros passos para liderar a mudança.

Em 2008, a CEMEX, uma grande empresa de materiais de construção, operava em 4 continentes, com 260 centros de distribuição e mais de 2 mil instalações em todo o mundo. Embora sua sede esteja localizada em Monterrey, no México, os produtos da empresa, tradicionalmente de preço superior, lutavam para ganhar força no mercado local, especialmente entre as famílias de baixa renda que desejavam moradias mais seguras em áreas urbanas e semiurbanas.

A empresa considerou modelos tradicionais de responsabilidade social corporativa (RSC) para disponibilizar produtos a essas famílias, como a doação de uma parte da receita para fornecer materiais de construção gratuitos. Também considerou a possibilidade de vender sacos de concreto menores e mais baratos em bairros de baixa renda.[5]

As intenções podem ter sido boas, mas os resultados foram inexistentes.

Sota integrou a capacidade de combinar percepções, empatia e comunidade e conseguiu ver o desafio da CEMEX de uma maneira completamente nova. Então ele se apoiou nessa nova maneira de pensar e nos recursos que poderia aproveitar, como a marca e a infraestrutura existentes da CEMEX, para começar a agir. Imaginou um programa muito diferente do que a CEMEX havia elaborado anteriormente, o qual melhoraria a vida das famílias locais e os resultados financeiros da empresa.

Sota se propôs a apoiar pessoas como Esperanza, mãe de dois filhos, que vivia com o marido em uma casa de apenas 2,5 metros quadrados, protegida apenas por um telhado de lata com goteiras e cortinas que separavam a cozinha da área de dormir.[6]

O impacto transformador de Sota começou com uma constatação simples, mas poderosa: famílias como a de Esperanza não estavam interessadas no cimento em si, mas no que esse cimento tornaria possível. Elas não eram motivadas simplesmente pelo acesso a materiais mais baratos; como todo mundo, estavam preocupadas em construir um espaço seguro e saudável para morar.

Ao praticar a empatia e projetar soluções de acordo com as necessidades reais da comunidade, Sota voltou à CEMEX. Em vez de iniciar uma nova organização, agiu dentro da empresa, buscando maneiras de concentrar seus recursos nessa nova oportunidade de mudança. Ele transformou a oferta de meros sacos de cimento em um conjunto completo de produtos. Convenceu a liderança a oferecer a essas famílias não apenas cimento, mas uma ampla variedade de inovações específicas, como materiais, microfinanciamento, assistência técnica e suporte logístico. As famílias também receberiam preços fixos, de modo que, se a construção demorasse muito, não ficariam impossibilitadas de comprar materiais no meio da construção (e entregas just-in-time durante todo o projeto, em vez de correr o risco de roubo durante esse período). A CEMEX também ofereceu consultoria de arquitetos para ajudar as famílias a evitar um projeto de construção ruim desde o início. E Sota foi pioneiro na opção de pagamentos semanais fixos — algo que a CEMEX nunca havia considerado.

No total, essas inovações deram origem à Patrimonio Hoy, uma nova parte da CEMEX, que trabalha com famílias locais para ajudá-las a assumir o controle de suas casas e de sua vida. Por meio de uma combinação de acesso a microcrédito e consultoria de construção desde o início da obra até o final, a Patrimonio Hoy ajudou Esperanza e sua família a construir uma nova unidade habitacional. A iniciativa de mudança de Sota fez com que, pela primeira vez em sua vida, ela tivesse uma casa segura e salubre. Ela marcou esse novo capítulo ao queimar todas as fotos antigas de sua antiga e duvidosa casa.

A Patrimonio Hoy começou com uma única família em uma única comunidade. A partir dessa ação inicial, estimulada pela reformulação criativa da oportunidade feita por Sota, ela já apoiou mais de 500 mil famílias, e sua taxa de pagamentos em dia é de incríveis 99%. A faísca de Sota colocou em movimento uma mudança positiva e duradoura para os consumidores e uma linha de negócios lucrativa para a CEMEX. Sota nos lembra de que, embora às vezes a mudança exija algo totalmente novo, às vezes é preciso enxergar uma nova perspectiva.

O Que é Intraempreendedorismo?

Embora o intraempreendedorismo seja às vezes definido como uma "inovação corporativa", prefiro pensar no conceito em um contexto mais amplo. Tomas Chamorro-Premuzic, professor da University College London (UCL), descreve-o como "agir como um empreendedor, mas dentro do ecossistema de uma organização maior e mais tradicional".[7]

Os intraempreendedores são aqueles que pegam uma empresa que, antes, era totalmente analógica e a ajudam a se adaptar a um mundo que prioriza o digital. Os intraempreendedores são aqueles que conseguem navegar habilmente pela política interna e pelos obstáculos para lançar um novo produto ou serviço. São aqueles que conseguem lidar com o que o economista e especialista em gestão Clayton Christensen chamou de "o dilema da inovação", que explica por que as grandes empresas muitas vezes não conseguem se ajustar às novas tecnologias.[8] Em seu livro de mesmo nome, Christensen nos mostra que as mesmas práticas que levam as empresas a ser bem-sucedidas no início também podem levá-las ao fim por causa de abordagens de gestão e liderança que não apoiam a inovação contínua. Os intraempreendedores são especialmente aptos a liderar mudanças necessárias para garantir que as organizações continuem a inovar mesmo, e principalmente, quando já obtiveram algum sucesso.

Como o conceito de microliderança nos mostra, não é necessário ser um empreendedor nem um intraempreendedor para liderar mudanças. Podemos fazê-las a partir até das menores e mais simples maneiras. A criação é muito mais abrangente do que o empreendedorismo ou o intraempreendedorismo; o que realmente importa é a capacidade de combinar um mindset de *changemaker* e habilidades de liderança com a ação. Mas descobri que muitos de meus alunos se inspiram ao aprender sobre o caminho dos intraempreendedores, porque isso lhes dá uma lente para começar a identificar oportunidades de mudança desde o primeiro dia de trabalho — especialmente se estiverem em uma organização grande ou mais tradicional.

Sua Ideia é Boa?

Um dos livros que mais gosto de ler para meu filho é a brilhante história de Kobi Yamada, *O que você faz com uma ideia?*. Trata-se de um livro ilustrado que conta a bela história de uma ideia e da criança que a traz ao mundo. O título de seu livro também é uma das perguntas mais comuns que recebo de *changemakers* que buscam a validação de suas ideias. Como você aprenderá na próxima seção, a metodologia da startup enxuta — que vai muito além das startups tradicionais — é uma maneira perfeita de verificar se vale a pena levar sua ideia adiante. Mas, muitas vezes, os *changemakers* não conseguem começar a agir simplesmente porque não têm confiança de que sua ideia de mudança é válida. Quero me antecipar a essa pergunta comum com duas formas excelentes e acessíveis de os *changemakers* identificarem se vale a pena desenvolver suas ideias: a partir de percepções baseadas em dados e da experiência real.

Nadine Burke Harris se formou em medicina e começou sua carreira como médica em São Francisco, em 2005. Cerca de três anos após o início de sua prática, ela leu um artigo de pesquisa médica que a introduziria à ideia que transformaria sua carreira: "A relação de experiências adversas de infância com a saúde adulta: A transformação de ouro em chumbo", de Vincent J. Felitti.[9] O estudo, baseado em pesquisas realizadas em San Diego, mostrou uma ligação entre a presença de experiências adversas na infância (EAIs), como o divórcio ou um pai alcoólatra, em todos os tipos de resultados negativos para a saúde no futuro, de câncer a doenças cardíacas. Essa ideia, respaldada por pesquisas médicas rigorosas e baseadas em dados, tornou-se o núcleo dos esforços de Burke Harris como *changemaker*. Ela participou de um TED talk sobre o assunto para aumentar a conscientização sobre a ideia e fez parcerias para criar novos modelos clínicos para que os médicos fizessem a triagem e apoiassem as crianças com EAIs.[10] Assim, ela se tornou a primeira cirurgiã geral do estado da Califórnia a integrar a conscientização e as intervenções para o estresse tóxico pelo inteiro governo estadual, desde o transporte público até a educação e, é claro, a saúde pública. Todo o trabalho transformador de Burke Harris surgiu de uma ideia. E, para ela, essa ideia vinha dos dados e das pesquisas.

Sam McCracken, membro das tribos Fort Peck Sioux e Assiniboine, começou sua carreira na Nike, em 1997, trabalhando no depósito da empresa, em Wilsonville, Oregon. Três anos depois de assumir a função, ele desenvolveu uma ideia que se baseou em todas as suas experiências até aquele momento: tanto as comunitárias quanto as profissionais. Ele apresentou a ideia de uma linha inspirada em indígenas dentro da Nike, que aproveitaria a marca e seus recursos para incentivar o aumento da participação esportiva entre as comunidades indígenas. Como McCracken soube que essa era uma ideia que valia a pena ser levada adiante? "Ouvi que havia uma necessidade em minha comunidade e prestei atenção", diz ele.[11] Como soube que essa ideia se encaixaria na Nike? Sua ideia para o N7 Fund, que é apoiado diretamente pelas vendas da linha de calçados e roupas N7, foi ancorada pelas frases da Nike, como "Nossa natureza é inovar" e "Faça a coisa certa". "Eu uso a marca Nike como inspiração", conta ele. "Temos uma série de onze frases, e uso todas elas." Até o momento, o fundo arrecadou quase US$8 milhões e apoiou mais de 500 mil crianças.

A inspiração para a sua ideia pode ser como a de Burke Harris e vir de pesquisas, ou sua ideia pode se basear em sua própria experiência — pessoal, profissional ou além —, como a de McCracken. Ambas são válidas e poderosas. Agora que você tem mais confiança de que sua ideia vale a pena, vejamos como a metodologia da startup enxuta o auxiliará a trazê-la no mundo sem se sentir intimidado por ela.

Startups Enxutas Para *Changemakers*

Baseada na metodologia de desenvolvimento de clientes de Steve Blank e popularizada pelo livro *A startup enxuta*, de Eric Ries, de 2011, a essência da metodologia de startup enxuta é ajudá-lo a descobrir o mais rápido possível se vale a pena seguir uma ideia proposta.[12]

Embora o nome seja *startup*, acredito que essa abordagem seja útil para qualquer tipo de iniciativa de mudança, indo além das startups tradicionais. Já ajudei *changemakers* a aproveitar esse conceito e agir em todos os tipos de iniciativas diferentes, especialmente as que estão longe de serem startups ou mesmo de ambientes corporativos. Portanto, independentemente de sua mudança ser nas artes, nas ciências ou na sua comunidade, a startup enxuta pode ajudá-lo a aprender como conceituar suas ideias com confiança e, em seguida, colocá-las em prática. Qual é o oposto da startup enxuta? É a criação de produtos com longos ciclos de construção, altos custos iniciais, feedback tardio (se houver) e muito desperdício de tempo, energia e dinheiro.

É aí que entra a startup enxuta.

A startup enxuta é construída em torno de um ciclo chamado loop de construção, medição e aprendizado. O ciclo começa com uma ideia. Pode ser uma ideia para uma empresa iniciante, um recurso ou até mesmo uma técnica; pense no método mais eficiente de Samar.

Com essa ideia criamos um "produto mínimo viável": o menor e mais simples teste que nos permitirá obter feedback dos usuários para saber se essa ideia tem potencial.

Os produtos mínimos viáveis assumem muitas formas diferentes:

- O cofundador do Dropbox, Drew Houston, tinha uma visão para um aplicativo de sincronização de arquivos, mas sabia que criá-lo seria extremamente caro. Então, ele gravou um vídeo, explicando o que seu aplicativo faria e o publicou no Reddit para receber feedback. As pessoas adoraram a ideia, e esse feedback inicial aumentou sua confiança de que valia a pena criar o aplicativo.
- O Pebble foi um dos primeiros smartwatches a serem criados — muito antes do Apple Watch. As pessoas realmente desejariam um? Seus fundadores não tinham certeza, então lançaram um produto mínimo viável; lançaram o conceito no site de crowdfunding Kickstarter e convidaram as pessoas a apoiar o produto e receber um relógio meses depois. O Pebble não apenas pré-financiou todos os custos de fabricação, mas também se tornou a campanha mais bem-sucedida até aquele momento na história do Kickstarter, mostrando que havia, de fato, demanda pelo relógio.

Quando criamos um produto mínimo viável, medimos sua resposta ao coletarmos dados. Esses dados nos informam se nossas hipóteses iniciais sobre a ideia que tivemos são verdadeiras ou não.

Esse conceito se conecta fortemente com o método científico. A startup enxuta nos ajuda a transformar ideias em testes, com os quais podemos aprender.

Nem todo produto mínimo viável será bem-sucedido como o Dropbox e o Pebble, e isso é ótimo! O tempo é o nosso recurso não renovável mais valioso, e um produto mínimo viável que não dá certo é uma dádiva, pois ele nos diz que uma ideia não está no caminho certo — pelo menos por enquanto — antes de perdermos muito tempo com ela.

Na metodologia da startup enxuta, não há nada como o fracasso, apenas o "aprendizado validado". Se você tentar lançar um programa de reforço escolar para alunos do ensino médio, mas ninguém aparecer, isso não é um fracasso. É um insight: sua ideia não deu certo. Você confirmou que um programa do tipo para alunos do ensino médio não é a melhor abordagem.

Com base nos dados que coletou, será possível usar esses insights — esse aprendizado validado — para voltar ao início do ciclo e ter uma nova ideia. Talvez deseje experimentar um programa de tutoria após a aula para alunos do ensino médio. Ou um programa de tutoria de fim de semana para alunos do ensino fundamental.

O ciclo construir-medir-aprender se repete vez após vez à medida que você tem uma ideia, constrói um produto mínimo viável, avalia-o após a coleta de dados, aprende com isso e repete as iterações.

É extremamente improvável que você tenha, logo de cara, uma ideia perfeita de mudança que não exija nenhum ajuste. É muito mais provável que tenha o início de uma ideia realmente boa e, ao praticar os princípios da startup enxuta, ganhe cada vez mais confiança de que está, de fato, no caminho certo e que sua ideia tem potencial.

A startup enxuta nos ajuda a testar, não a adivinhar.

Dê o Salto

Fazer mudanças nos dá muito medo, especialmente quando precisamos liderá-la. Costumo contar a história a seguir aos meus alunos para lembrá-los de que colocar ideias no mundo será inevitavelmente assustador. É totalmente normal sentir medo; todos nós sentimos. Muitas vezes, esse sentimento é simplesmente um sinal de que chegou a hora de sua ideia sair de sua cabeça e ir para o mundo.

Em um esforço para enfrentar o medo de frente, eu e meus amigos decidimos usar um cupom do Groupon para obter um desconto enorme em nossa primeira experiência de paraquedismo. De todas as coisas para as quais você nunca deve usar um cupom, eu diria que o paraquedismo deve estar no topo da sua lista.

Felizmente, sobrevivi para contar a história (embora eu não tenha contado à minha mãe sobre essa aventura até estar em segurança no solo), mas havia tantos sinais de alerta que deveríamos ter prestado atenção antes de entrar no avião. Imaginei que decolaríamos de um pequeno aeroporto. Não. Era mais um campo coberto de mato com terra aqui e ali. Pensei que receberíamos um treinamento completo sobre como saltar e o que fazer em todos os cenários possíveis. Não. Tivemos um workshop de dez minutos, no qual a maior lição foi tentar não aterrissar no chão com as pernas esticadas. Achei que saltaríamos em dupla, com especialistas profissionais, para garantir que todas as precauções de segurança fossem seguidas. Não. Eu saltei com um cara chamado Chuck, e foi só quando estávamos no ar que descobri que ele não trabalhava no centro, mas que tinha apenas se oferecido para ajudar porque um dos paraquedistas profissionais estava doente. Achei que teríamos aviões de nível militar. Não. Tínhamos aviões que pareciam ter saído diretamente da Segunda Guerra Mundial, com um piloto que também estava usando um paraquedas (o que também não exalava confiança).

Saltamos de paraquedas no dia em que decidi sair do meu emprego de tempo integral para focar exclusivamente na StartSomeGood. Embora eu trabalhasse em algo que adorava no meu emprego das 9h às 17h, tentar administrar uma empresa social de alto crescimento a partir das 17 horas significava não dormir antes das 3 horas da manhã, não cuidar de mim mesmo e não ser o colega de equipe de que ambas as empresas precisavam.

Quando atingimos a altitude de saída a quase 3 quilômetros de altura, preso a Chuck e com os pés pendurados para fora do avião, eu soube que era hora de partir.

Olhar para fora pela porta daquele avião velho a 10 mil pés de altura, com o vento batendo violentamente em minhas bochechas, foi assustador, e o mesmo pode ser dito sobre a situação de se encontrar entre as ações de ter uma ideia e decidir apresentá-la ao mundo. Eventualmente, porém, chega o momento de verificar seu paraquedas e saltar.

Brené Brown ensina que do outro lado da vulnerabilidade está a coragem. E, às vezes, a maior vulnerabilidade possível é expor a si mesmo e suas ideias ao mundo.

Embora o paraquedismo esteja atrelado a perigos físicos, expor uma ideia de mudança pode parecer igualmente perigoso, mesmo que fazer isso se limite ao aspecto emocional.

Naquele dia, eu dei dois grandes e assustadores saltos: um para fora de um avião e outro em prol de uma mudança que desejava muito fazer.

Dar esse salto talvez nunca pareça algo perfeitamente lógico. Afinal de contas, quem em sã consciência diria que pular de um avião é uma boa ideia? (Certamente, não a minha mãe.) E sempre há motivos que nos fazem pensar que é melhor escolher o que for mais seguro, seguir o caminho mais fácil e nunca apresentar nossa ideia ao mundo.

Mas sei que, como um *changemaker* que está lendo este livro, você tem uma ideia dentro de si que pode mudar o mundo.

Convido-o a encontrar essa coragem, a sentir o medo, a abraçar a vulnerabilidade e, ainda assim, agir: vá dar esse salto.

SEJA A MUDANÇA

Pontos Importantes

- A ação é sua forma de colocar seu mindset de changemaker e suas habilidades de liderança em prática para causar impacto.
- Antes de iniciar uma nova mudança, desafie-se a enxergar os obstáculos existentes sob uma nova luz e veja se os recursos existentes podem ser usados de outra maneira.
- Independentemente de sua ideia vir de uma pesquisa baseada em dados ou da própria experiência, é possível usar o modelo de startup enxuta de construir-medir-aprender para testar as ideias logo no início e com frequência.
- Não aceite uma promoção para saltar de paraquedas!

Desafio Changemaker

- Lembre-se de que a startup enxuta não serve apenas para startups! Ela é útil para iniciativas de mudança de todos os tipos. Pense em uma mudança que você gostaria que se tornasse realidade e crie um produto mínimo viável que lhe permita dar o primeiro e pequeno passo.
- Dê a si mesmo permissão para praticar a arte do domínio. Em seguida, lance esse produto mínimo viável e veja o que acontece.

Capítulo 10

Liderar Mudanças é Difícil

"Eu estava tipo, meu Deus, preciso ficar calma," foi o que Carolyn Davis disse ao refletir sobre os momentos antes de fazer um discurso de 3 minutos diante de 25 mil pessoas em uma arena lotada na Universidade do Arkansas. Ela ouviu as vaias que o orador anterior recebeu, e disse: "Eu sou a próxima. E agora estou ainda mais nervosa."[1]

À primeira vista, Davis pode parecer uma pessoa improvável para se dirigir à equipe de liderança executiva do Walmart e a dezenas de milhares de acionistas. Ela é funcionária do Walmart, em Outer Banks, na Carolina do Norte. Sua cidade, Bayboro, tem uma população total de 1.210 habitantes, o equivalente a menos de 5% do número de pessoas na multidão naquele dia, em junho de 2017. Ela nunca buscou os holofotes, especialmente com os riscos que sabia que poderiam advir de falar sobre um problema em seu trabalho. Mas, como ela contou mais tarde no podcast *WorkLife*, "a vontade de ajudar os outros superava a noção de que eu poderia ser demitida".

Davis é mãe de dois adultos e tem um neto, o que a levou a tomar a decisão de se tornar uma *changemaker*. Uma de suas colegas estava grávida e se encontrava em uma situação incômoda que muitas mães enfrentam: como pagar as contas e, ao mesmo tempo, tirar uma folga do trabalho para se recuperar do parto e ficar com o filho.

Ela percebeu que os executivos da empresa recebiam salário integral e dez semanas de licença familiar remunerada quando tinham um filho, ao passo que as funcionárias comuns recebiam apenas metade do salário por, no máximo, seis a oito semanas. O que Davis poderia fazer para mudar isso? Ela decidiu falar com outras pessoas.

Ela começou com conversas particulares. E quando essas conversas indicaram que muitos outros funcionários tinham enfrentado o mesmo problema, ela deu o próximo passo: tentou alcançar uma comunidade mais ampla nas mídias sociais. A partir daí, fez pesquisas para descobrir do que os funcionários da loja realmente precisavam e, em seguida, lançou uma petição para pedir aos executivos do Walmart que mudassem as políticas da empresa. Ela esperava algumas centenas de assinaturas. Mas Davis havia se deparado com uma necessidade coletiva. Para seu choque absoluto, reuniu mais de 100 mil assinaturas de funcionários. "Ter um grupo por trás, apoiando, faz uma diferença enorme", disse ela. "Há poder nos números."

Davis sempre se perguntou se valia a pena dedicar seu tempo e esforço para tentar fazer mudanças, especialmente quando as chances contra ela eram tão grandes, devido à dinâmica de poder e às políticas corporativas fixas. Mas sua motivação para dar voz aos outros e a sensação de saber que tantas pessoas estavam ao seu lado (mesmo que optassem por permanecer anônimas, por meio de incentivos por e-mail em vez de assinaturas identificáveis), deram-lhe um propósito e a incentivaram a continuar.

Munidos de uma caixa com todas as assinaturas, Davis e outros colegas a entregaram em mãos no escritório do CEO do Walmart. Logo depois, essa relutante oradora estava prestes a subir ao microfone, com 25 mil pares de olhos fixos nela.

"Meu nome é Carolyn Davis, da loja 1300. E sou uma associada do Walmart de Outer Banks, na Carolina do Norte, onde sirvo nossos clientes com orgulho", começou ela.[2] Em seguida, deixou claro seu apelo por mudanças: "Investir nos associados significa que os novos pais no Walmart tenham tempo para criar laços com os próprios filhos. As executivas do Walmart recebem dez semanas de licença familiar remunerada. Vamos fazer o mesmo para os funcionários que trabalham por hora, homens e mulheres." Ela usou os três minutos restantes de seu tempo para defender a igualdade para todos os trabalhadores e para associados, como sua colega, que queria tempo para ficar com seu bebê sem se preocupar todos os dias se ainda conseguiria pagar as contas.

Ao criar uma onda de apoio e dar voz a tantas outras pessoas, Davis tocou em um assunto poderoso. Ao contrário do orador anterior, ela foi recebida com palmas e gritos de "Sim!". Ela não se propôs a ser uma líder vocal, mas ao dar vários e pequenos passos sucessivos, ela pegou o microfone com o poder de milhares de pessoas atrás dela.

Alguns meses depois do discurso de Davis, o Walmart anunciou uma política ampliada de licença familiar remunerada. Agora, todos os funcionários, inclusive os que trabalham por hora, recebem dez semanas de pagamento integral.

Davis disse que ainda não conseguia acreditar que isso aconteceu. "Muitas pessoas queriam permanecer anônimas porque tinham medo de retaliação... mas me parabenizaram por e-mail, me agradeceram por ter sido corajosa ao me manifestar."

Davis tinha todas as chances contra ela quando iniciou seus esforços de mudança. Mas, como aprenderemos neste capítulo, ela aplicou algumas abordagens cruciais para liderar a mudança quando era difícil, desde o envolvimento de diferentes grupos interessados de maneiras exclusivas até o aproveitamento da cultura como um incentivo para a mudança e a superação do viés do status quo.

Este capítulo lhe dará as ferramentas para avançar em seus esforços de mudança e ensinará abordagens e táticas para que, se a dúvida e o medo eventualmente vierem, você saiba que, assim como Carolyn Davis, quando chegar a hora de assumir a liderança da mudança, estará pronto.

Ah, As Pessoas Que Você Conhecerá

O NOBL (pronuncia-se "no-bell") Collective é um grupo de psicólogos organizacionais e especialistas em gestão de mudanças que ajuda indivíduos e equipes a liderar mudanças. Ele identificou "os três tipos de pessoas que você encontrará ao implementar a mudança", o que é um ponto de partida útil para começarmos a pensar em como liderar a mudança quando ela for difícil.[3] São os apoiadores, os cínicos e os indecisos. Discutiremos cada um deles, bem como as melhores maneiras que aprendi para trabalhar com cada tipo.

Apoiadores

Os apoiadores são inspirados pela possibilidade da mudança que criamos.

O NOBL sugere que "envolvamos os apoiadores", delegando-lhes projetos e tomadas de decisão e apoiando suas ideias (quando possível), além de demonstrarmos apreço pelo entusiasmo que eles têm.

Clem Auyeung talvez tenha sido o primeiro apoiador do StartSomeGood. Ele me enviou um e-mail do nada, que precisei reler várias vezes para ter certeza de que havia entendido corretamente. Nele, Clem expressava o quanto se sentia inspirado por nossa visão e perguntava se poderíamos considerar contratá-lo como estagiário. Naquele momento, não tínhamos um organograma nem cartões de visita, muito menos um programa de estágio, mas pude perceber que tínhamos despertado algo em Clem. Seu e-mail foi tão convincente que o contratamos na hora. Eu ainda não sabia o quanto ele era talentoso nem o que faria por nós. Mas reconheci um apoiador de nossa missão quando li aquele e-mail e sabia que ele deveria participar. Ele trabalhou conosco por alguns anos em vários cargos, com responsabilidades cada vez maiores, e deixou uma marca indelével em nossa organização e em nossa equipe. Um apoiador desde o início, e temos muita sorte pelo entusiasmo que ele trouxe para a nossa visão. Os apoiadores ajudam a construir um movimento.

Cínicos

Os cínicos são aqueles que se opõem ativamente à mudança.

O NOBL reconhece que "a negatividade dos cínicos pode ser irritante", mas interagir com eles e tentar convencê-los pode ser uma grande perda de tempo quando se trata de liderar mudanças. Aqui está a mágica: "Os cínicos são apenas idealistas decepcionados." Talvez tenham se entusiasmado com a mudança e se decepcionado.

Ao contrário de quem fica em cima do muro, um cínico está, pelo menos, ativamente envolvido com o esforço de mudança. Portanto, dedique seu tempo a apresentar "algo que importe" aos cínicos, pois ações falarão muito mais alto do que palavras. E, se você for bem-sucedido, seus maiores cínicos, uma vez conquistados, muitas vezes se tornarão seus maiores apoiadores.

Isso foi algo que vivenciei em primeira mão nos primeiros dias da StartSomeGood, quando nosso site foi afetado pelos inevitáveis bugs que acompanham o lançamento de uma tecnologia nova e incipiente. Recebi diversos e-mails de usuários desapontados, que expressavam emoções que eu não imaginaria que fossem geradas por uma startup em estágio inicial. Mas, em vez de discutir ou dizer por que a desconfiança em relação a nós ou à nossa plataforma estava errada, tentei ouvir as reclamações e fazer algo a respeito.

Quando um cético expressava seu desapontamento com a falta de um recurso, eu não dizia a ele por que o havíamos despriorizado. Em vez disso, agradecia o feedback e, assim que o recurso era lançado, eu enviava uma mensagem que lhe pedia para nos ajudar a testá-lo. Alguns dos cínicos que escreveram alguns dos e-mails mais furiosos se tornaram nossos apoiadores mais fortes e fervorosos quando provamos a eles que a mudança era, de fato, possível. O otimismo em ação muitas vezes conquista até mesmo nossos cínicos mais severos.

Indecisos

Os indecisos são aqueles que ficam em cima do muro e não sabem o que pensar sobre mudanças.

O NOBL sugere deixá-los para os outros. "Conquiste algumas pequenas vitórias", aconselha o NOBL, "e, depois, deixe que os apoiadores e os cínicos convertidos cuidem dos que estão indecisos." Assim como aprendemos no vídeo do dançarino, uma vez que haja incentivo, até mesmo o mais persistente dos que se afastam da ideia geralmente retorna.

Vi isso em primeira mão com as campanhas de arrecadação de fundos que hospedamos no StartSomeGood, em que os *changemakers* criavam uma meta de financiamento (os totais variavam de algumas centenas de dólares até centenas de milhares de dólares) e um prazo para atingir essa meta (entre um e sessenta dias). Caso a organização atingisse sua meta até o prazo final, receberia os fundos; caso contrário, nenhum dinheiro mudaria de mãos. Ao analisar os dados dos dois primeiros anos de operação, descobrimos algo que nos surpreendeu: naquela época, entre centenas de campanhas, todas as campanhas que chegavam a 42% de sua meta total a atingiriam ou a excederiam. Em outras palavras, se uma campanha chegasse a 42% de sua meta, era praticamente garantido que ela atingiria pelo menos 100%.

No início, não conseguíamos explicar esse fenômeno, mas a estrutura dos apoiadores da causa nos ajuda a entender o motivo. Provavelmente, os primeiros defensores de uma campanha serão seus apoiadores. Os indecisos, por sua vez, talvez achem que o trabalho que uma organização faz seja interessante, mas são céticos quanto à capacidade de realmente realizar a mudança proposta. No entanto, depois que os primeiros apoiadores se engajarem e houver uma onda de entusiasmo, esses apoiadores da causa descerão do muro com mais facilidade. Quando uma organização não alcança o mínimo de sucesso — 42% de sua meta — com os primeiros apoiadores, será menos provável que os apoiadores se engajarão. No entanto, se a organização e seus apoiadores conseguirem obter vitórias iniciais e criarem um impulso, será mais provável que os que estejam em cima do muro participem e ajudem com os esforços de mudança para atingirem níveis ainda maiores.

Junte Tudo

Carolyn Davis nos mostra o que é possível fazer quando se aborda cada um desses três grupos com estratégias distintas para incentivar a mudança. Seu primeiro passo foi criar uma comunidade de apoiadores. Essas pessoas estavam dispostas a estar entre as primeiras a assinar a petição e a trabalhar com ela para ajudar a aumentar a conscientização em lojas locais, longe da loja de Davis na Carolina do Norte.

Um grande número de associados estava em dúvida. Muitos deles gostavam do que ela dizia, mas tinham medo de se manifestar. No entanto, depois que Davis engajou um número suficiente de apoiadores iniciais, tornou-se muito mais seguro para os que estavam em cima do muro se juntarem a ela e ajudarem a campanha a passar de um pequeno grupo para uma multidão, até que, por fim, 100 mil pessoas dos Estados Unidos se juntaram a ela.

Por fim, embora Davis tenha enfrentado alguns cínicos que questionaram se a mudança seria possível em tal escala, ela acolheu a contribuição deles nos bastidores e, em seguida, conquistou-os com seu discurso convincente e seus apoiadores, convencendo-os de que, desta vez, poderia ser realmente diferente.

Incentive a Mudança Pela Cultura

Aprendemos no Capítulo 1 que há três maneiras de acelerar radicalmente a capacidade de liderar efetivamente mudanças positivas:

- Torne-se um *changemaker*.
- Cerque-se de *changemakers*. Falaremos mais sobre isso nos próximos capítulos, à medida que você construir sua comunidade *changemaker*.
- Ajude outras pessoas a se tornarem um também. De fato, acredito que o maior impacto que um *changemaker* pode exercer — como fizeram Laura Weidman Powers e Tony Carr (consulte o Capítulo 1) — é ajudar outras pessoas a ver o potencial que possuem para liderar mudanças positivas.

Se, como eu, você acredita que todos podem ser *changemakers* à sua maneira, então podemos ajudar as pessoas ao nosso redor a se tornarem *changemakers*. A cultura, portanto, é um dos meios mais poderosos para incentivar mudanças positivas. Assim como acredito que você pode liderar mudanças positivas de onde quer que esteja, também poderá liderar e moldar a cultura de onde quer que esteja.

Empreendedorismo Normativo

Esse é um dos meus conceitos favoritos de *changemaker*. A ideia de empreendedorismo normativo é aplicada com mais frequência no mundo da ciência política e das relações internacionais.

Dizemos que um estado-nação age como um empreendedor normativo, por exemplo, ao defender a política de mudança climática. Christine Ingebritsen, professora da Universidade de Washington, explora essa questão em seu artigo "Empreendedores Normativos: O papel da Escandinávia na política mundial".[4] Nele, ela explica como um "pequeno grupo de Estados, militarmente fraco e economicamente dependente" exerce uma influência descomunal nos assuntos internacionais. Em contraste com os estudos tradicionais de ciência política sobre "poder material", ela mostra como esses países exercem "poder social" e influenciam o desenvolvimento sustentável, as metas ambientais e a segurança coletiva por meio da definição e do reforço de normas coletivas.

No artigo "Dinâmica de normas internacionais e mudança política", de 1998, as cientistas políticas Martha Finnemore e Kathryn Sikkink foram as primeiras a discutir o objetivo do empreendedorismo normativo, que define ou cria padrões comportamentais específicos para que outras pessoas da comunidade os sigam.[5] O jurista Cass Sunstein adaptou esse conceito de nível estado-nação para o nível individual.[6]

Assim como um empreendedor cria e amplia um novo empreendimento ou empresa, um empreendedor normativo cria e amplia uma nova cultura.

O que mais gosto nesse conceito é que ele é inerentemente democrático: qualquer pessoa pode ser um empreendedor tradicional e qualquer pessoa pode ser um empreendedor normativo. Não importa se você é um estagiário ou um funcionário iniciante, você pode ajudar a moldar a cultura. As normas que cria podem ser tanto formais quanto informais. Do ponto de vista formal, talvez isso signifique pressionar e garantir uma remuneração igual para todos os funcionários. De maneira informal, tentar criar uma norma que melhore o início de todas as reuniões virtuais do Zoom, convidando cada participante a dizer rapidamente como estão.

Assim como lançar um novo negócio, não há garantia de que uma nova norma cultural será implantada e ampliada com sucesso. Mas, ao observar uma norma cultural que você gostaria que fizesse parte de seu local de trabalho ou de sua comunidade, não há nada que o impeça de tentar incorporá-la ao que já existe.

Sebastien, que conhecemos no Capítulo 6, criou uma norma em todo o escritório sobre compostagem. E, assim como ele, como um empreendedor normativo, você pode liderar a mudança por meio da cultura onde quer que esteja.

Uma Receita Para a Mudança

A UCSF Health, em São Francisco, é uma vanguardista em pesquisa, ensino e inovação médica. Minha família depositou muita confiança em seu centro médico, quando meu pai foi submetido a uma cirurgia em virtude do câncer, no verão de 2018, o que salvou a vida dele.

Em todos os aspectos, a UCSF é um lugar excepcional para o setor de saúde.

Mas Julie Kliger, na época diretora do Programa Integrado de Liderança de Enfermagem, notou uma tendência surpreendente: erros de dosagem de medicamentos. Imagine esperar que um ente querido receba um medicamento e uma dosagem específicos só para descobrir, mais tarde, que ele recebeu um remédio completamente errado ou uma dose inadequada. Essas confusões podem ser mortais. Kliger percebeu que esses erros de medicação constituíam a maior proporção de erros médicos no hospital.[7] Ao compreender a gravidade da situação, Kliger abordou esse desafio com curiosidade e humildade, e se perguntou: "Como podemos reduzir essa taxa de erros?" Ela deixou claro que não desejava criticar os enfermeiros.

Em vez de tentar resolver o problema imediatamente, ela iniciou seus esforços como *changemaker* ao observar o trabalho dos enfermeiros em vários hospitais da Bay Area. Ela descobriu algo surpreendente: os enfermeiros eram interrompidos pelos médicos repetidas vezes. Os médicos ou outros colegas enfermeiros viam outro enfermeiro de costas, não percebiam que ele estava aplicando algum medicamento e o interrompia com uma pergunta ou solicitação.

Joanne Mette, diretora de enfermagem dos hospitais Fremont e Hayward da Kaiser Permanente na época do estudo, colocou a escala dessas interrupções em perspectiva; segundo Mette, não era incomum uma enfermeira ser interrompida de cinco a dez vezes enquanto tentava dosar um único medicamento![8] Com esse tipo de distração, não surpreendente que haja tantos erros nas medicações.

O que Kliger fez com esses dados? Repreendeu os médicos? Ensinou os enfermeiros a ignorar todas as solicitações? Ambas as mudanças teriam sido difíceis de incentivar e colocar em prática. Em vez disso, desenvolveu uma abordagem mais simples e muito mais eficaz.

Ela criou uma nova norma na UCSF. Ao dosar medicamentos, os enfermeiros passariam a usar um colete amarelo neon com as palavras NÃO INTERROMPA escritas nas costas. Isso se tornou um sinal visual para todos no hospital de que o enfermeiro estava concentrado em uma tarefa importante à qual precisava dar toda a sua atenção.

É claro que houve certa resistência: alguns não queriam usar os coletes. Alguns médicos não gostaram do atraso de comunicação causado pela nova norma.

Mas os dados dessa intervenção falaram muito: uma queda de 88% nos erros de medicação em 36 meses em 9 hospitais da Bay Area.

Iniciar uma mudança nem sempre significa criar um novo produto ou organização. Os esforços de Julie Kliger como *changemaker* resultaram em mudanças práticas, sustentáveis e mensuráveis. Ela causou mudanças dentro de um hospital, mas seu impacto se espalhou por toda a profissão médica, tudo por meio do empreendedorismo normativo.

Sua Teoria da Mudança

Como *changemakers*, muitas vezes lutamos para superar a incerteza e a ambiguidade. De fato, essa imprevisibilidade é uma das características que definem a liderança de qualquer iniciativa de mudança. Portanto, tudo o que pudermos fazer para obter mais clareza e certeza nos ajudará a ser mais estratégicos com nossos recursos e a desbravar as trilhas à nossa frente com mais confiança.

Existe uma ferramenta poderosa que ensino aos meus alunos chamada de modelo da "teoria da mudança", que ajuda *changemakers* a visualizar e superar justamente esse desafio.[9] Embora não possamos eliminar a incerteza por completo, essa ferramenta tem ajudado inúmeros *changemakers* a prosseguir com seus esforços, apesar da inevitável imprevisibilidade que enfrentam.

Eu sempre gosto de falar sobre o porquê das ferramentas e dos conceitos e, aqui, o porquê é bastante claro: o modelo da teoria da mudança serve como base para o que um esforço de mudança faz e por que o faz. E lhe proporciona a clareza para mapear a maneira como suas ações se conectam à mudança maior que deseja criar. Uma teoria da mudança deve responder fundamentalmente a três perguntas:

1. Qual é o impacto ou a mudança que você espera causar?
2. Qual é o mecanismo, as ações por meio das quais você buscará causar esse impacto ou essa mudança?
3. Como saberá que a alcançou?

Embora seja usada com mais frequência em ambientes sem fins lucrativos, acredito que essa ferramenta seja aplicável à visualização e à elaboração de estratégias de mudanças de todos os tipos, independentemente do setor ou da escala.

A essência de um modelo de teoria da mudança é criar um conjunto de vínculos logicamente sólidos no qual você mapeia como o trabalho que realiza o levará ao resultado que deseja alcançar. (É por isso que as versões desse modelo também são chamadas de "modelo lógico".) Existem outras versões e iterações diferentes desse modelo, mas falarei sobre a mais usada.

Trabalhe no Modelo

A criação de um modelo de teoria da mudança faz com que seus esforços de liderança de mudança passem de um desafio estratégico para um desafio executivo. Isso o ajuda a conectar o ponto em que você está agora com o ponto em que deseja estar e o ajuda a entender o que será necessário para chegar lá. Um modelo de teoria da mudança bem pensado esclarece quais ações devem ser tomadas e quando devem ser tomadas, além de proporcionarem a confiança de que o que você faz todos os dias está alinhado com sua visão de mudança e sua estratégia para alcançá-la.

A primeira etapa é identificar suas metas de longo prazo. Como você quer que o mundo esteja no futuro — digamos, daqui a vinte anos — por causa da sua mudança? Vamos usar a redução global de plásticos de uso único como a meta que queremos alcançar no futuro.

Em seguida, devemos realizar um mapeamento retroativo e conectar as condições prévias necessárias para atingir esse objetivo. Em outras palavras: o que precisaria existir no mundo para transformar esse resultado em realidade? Em nosso exemplo, poderíamos dizer que é necessário que haja uma diminuição da demanda de plástico entre os consumidores e uma diminuição da produção dele entre as empresas. Para haver menos plástico no mundo, essas duas condições precisam ser atendidas.

A partir daí, identificamos algumas das suposições básicas subjacentes à mudança que buscamos. O que precisaríamos para diminuir a demanda e a produção de plástico? Talvez devêssemos presumir que existem materiais substitutos adequados para o plástico e que, se e quando reduzirmos a produção de plástico, outros materiais poderão substituí-lo. Talvez também seja necessário chegar a um ponto em que as pessoas em geral acreditem que tentar reduzir o uso de plástico é uma meta importante. Se nenhuma dessas premissas for verdadeira, será difícil imaginar que reduziremos a quantidade de plástico no mundo algum dia.

Em seguida, pensamos nas intervenções de nossa iniciativa e definimos o trabalho que faremos para obter a mudança desejada. Quais são as atividades tangíveis que você realmente realizará diariamente, semanalmente ou mensalmente? Para reduzir o uso de plástico, talvez possa lançar uma campanha nas redes sociais voltada aos consumidores para incentivá-los a reduzir o consumo de plástico. Talvez possa visitar restaurantes locais e tentar incentivá-los a não oferecer mais canudos de plástico. Ou talvez possa programar um congresso voltado para a implantação de políticas relacionadas ao plástico.

Por fim, a etapa final será desenvolver indicadores para avaliar o desempenho de nossa iniciativa de mudança. O que mediremos que nos dirá que realmente estamos no caminho certo? Talvez a redução percentual no uso de plástico em um grupo-alvo de consumidores. Ou talvez medir o número de restaurantes que eliminaram o uso dos canudos devido aos nossos esforços. Todos esses são exemplos de indicadores que nos diriam que as atividades que realizamos a curto prazo estão tendo o impacto desejado, o que provavelmente levará ao resultado a longo prazo, devido às conexões causais que delineamos logicamente.

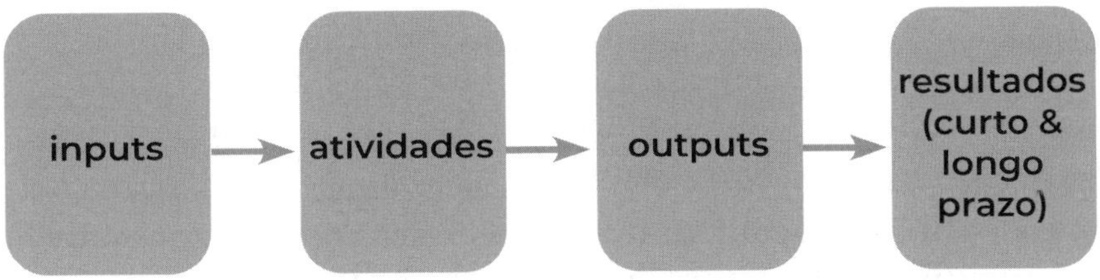

Se você for um aluno mais visual, talvez prefira um modelo lógico com os mesmos conceitos de uma forma mais visualmente atraente:

- Trabalhe de trás para frente, do futuro para o presente, começando com os resultados que deseja alcançar, tanto a curto prazo (dois a três anos) quanto a longo prazo (vinte anos).
- Identifique os resultados mensuráveis da iniciativa — por exemplo, quantas pessoas mudaram de comportamento em resultado do seu trabalho.
- Em seguida, detalhe as atividades que você realizará. Isso inclui divulgações, treinamentos, lançamento de novos programas, trabalhos em defesa de direitos ou outras intervenções e técnicas que resultarão na produção dos resultados identificados anteriormente.
- Por fim, liste seus insumos — o que você colocará nesse modelo — o que inclui todos os recursos disponíveis para realizar esse trabalho, desde o capital humano até o capital financeiro e a comunidade.

Às vezes, quando lideramos uma mudança, temos uma forte visão do que queremos, e devemos ilustrá-la para que os outros a sigam, mas o caminho para chegar lá continua repleto de incertezas. Ao reservar um tempo para criar um modelo de teoria da mudança, você poderá dividir uma iniciativa de mudança grande e ambiciosa em etapas lógicas para alcançá-la, podendo dedicar seu tempo à ação e não ser paralisado pelo medo e pela confusão.

Supere a Oposição

Às vezes, mesmo com todas essas ferramentas e abordagens para liderar uma mudança difícil, ela ainda pode continuar sendo muito difícil! O que fazer para enfrentar uma oposição feroz aos seus esforços? Como persuadir até mesmo seus detratores mais fortes a ficar do seu lado?

Discutiremos agora algumas lições de fontes bastante diversas, incluindo um ganhador do Prêmio Nobel, consumidores de sabão para roupas e professores teimosos, a fim de ajudá-lo a persuadir até mesmo aqueles que parecem inconvencíveis de que seu esforço de mudança vale a pena.

O Efeito Patrimonial

Os economistas William Samuelson e Richard Zeckhauser foram os primeiros a apresentar uma base empírica para algo que muitos de nós sentimos intuitivamente ao longo de nossa vida: o viés do status quo. No artigo de 1988, "O viés que o status quo representa nas decisões", os pesquisadores aplicaram a psicologia, a economia e a teoria da decisão para mostrar que muitas pessoas preferem o status quo, mesmo quando a alternativa é comprovadamente melhor.[10] Eles descobriram, por exemplo, que ao passo que os funcionários mais novos tinham maior probabilidade de escolher um novo plano de saúde, os funcionários que já possuíam um plano tinham maior probabilidade de permanecer com o antigo, ainda que fosse menos favorável. Os pesquisadores descobriram que os funcionários estavam mais concentrados em minimizar possíveis perdas do que em considerar possíveis ganhos.

Isso também está relacionado ao trabalho lendário de Daniel Kahneman (ganhador do Prêmio Nobel de 2002) e Amos Tversky, cuja teoria do prospecto resultou na expressão "as perdas são maiores do que os ganhos".[11] Ao detalhar o "viés da média de perdas", a dupla mostrou que as pessoas geralmente se concentram mais no que elas têm a perder do que no que têm a ganhar.

Esses vieses podem tornar a liderança da mudança especialmente desafiadora, porque *changemakers*, inevitavelmente, questionam o status quo e abalam a norma vigente.

Mas só porque algumas pessoas começaram a aceitar fenômenos indesejáveis como status quo, como o aquecimento global, desigualdades raciais ou tecnologias ultrapassadas, isso não significa que não podemos persuadi-las a mudar de ideia. Compreender esse desejo essencialmente humano de manter o status quo é um ponto de partida importante para que nós, *changemakers*, consigamos convencer os outros.

Vamos refletir sobre a carta de Jon Chu para o Coldplay (consulte o Capítulo 7). Ele entendeu que o status quo no setor musical tende a proteger e limitar o uso. Ao demonstrar empatia a como achava que o Coldplay provavelmente reagiria ao seu esforço de mudança por meio das lentes do viés do status quo, ele conseguiu bater de frente com a norma. "Eu sei que, como artista, é sempre difícil decidir quando é aceitável associar sua arte à de outra pessoa — e tenho certeza de que, na maioria dos casos, vocês preferem dizer não", escreveu ele. "No entanto, acredito que este projeto seja especial". Em seguida, detalhou os motivos e concluiu: "Ele dará a toda uma geração de asio-americanos, e outros, o mesmo sentimento de orgulho que tive quando ouvi sua música." Chu articulou de forma proativa o preconceito do status quo com o qual sabia que enfrentaria, apresentando com sucesso seu argumento sobre como e por que superá-lo.

O Radar Antipersuasão

Precisamos reconhecer que as pessoas não gostam de receber ordens.

Jonah Berger, professor da Wharton, relata um conjunto paradoxal de comportamentos relacionados, entre outras coisas, à ingestão de produtos químicos venenosos. No início de 2018, virou moda no YouTube assistirmos adolescentes desafiarem outros a comer cápsulas de sabão, que eram claramente vendidas para limpar roupas e não deveriam ser ingeridas sob nenhuma hipótese.[12]

A empresa que fabrica o produto se adiantou e gravou um vídeo cativante com um astro da NFL, no qual ele balançava o dedo e dizia "Não!" com autoridade quando questionado se as pessoas deviam comer essas cápsulas. "Não! Não! Não! Não!", falava ele ao longo do divertido clipe.

Os executivos acharam que a mensagem era clara o suficiente e que o consumo das cápsulas finalmente pararia. Afinal de contas, eles haviam comunicado isso por meio de uma figura esportiva adorada e identificável e explicaram em termos inequívocos que produtos químicos não deveriam ser ingeridos.

Mas o que aconteceu?

Depois que o vídeo foi lançado, as pesquisas na internet sobre as cápsulas aumentaram e as visitas aos centros de controle de intoxicação também.

Berger atribui esse fato ao "radar antipersuasão" natural das pessoas: a sensação de que foram instruídas sobre o que deveriam fazer e de que sua liberdade de decisão foi violada.

Uma das sugestões de Berger para superar esse instinto é fazer perguntas em vez de dizer às pessoas o que fazer.[13] Ao fazer perguntas, você dá às pessoas a sensação de que elas têm a capacidade de decidir, mesmo que as duas opções tenham sido propostas por você.

Como aplicar isso em sua própria iniciativa de mudança? Tente promover a adesão fazendo o ouvinte deixar de pensar em todos os motivos pelos quais você está errado e dando-lhe a liberdade de decidir a própria abordagem com base em perguntas feitas por você. Ofereça duas soluções em vez de uma. Dessa forma, em vez de decidir entre mudar e não mudar, o que ativará o viés do status quo, você poderá ver qual das mudanças ele prefere. Isso convida os possíveis cínicos a se manifestarem e responderem, em vez de receberem ordens sobre o que fazer. E, lembre-se: efeito patrimonial significa que tendemos a gostar de nossas próprias respostas, porque... bem, são nossas.

Peça Menos

Talvez você também precise pedir menos em prol de uma mudança maior. Enquanto o reitor Rich Lyons liderava uma iniciativa para articular claramente e dar mais ênfase ao papel da cultura na Berkeley Haas, ele enfrentou muita resistência, especialmente dos membros do corpo docente que consideravam a cultura difícil de medir ou até mesmo sem importância. Lyons sabia que não conseguiria fazer com que todos os membros do corpo docente apoiassem sua iniciativa cultural, portanto, em vez de pedir que 100% do corpo docente apoiasse ativamente seus esforços de mudança, ele mudou seu pedido. Disse aos professores que não gostaram de sua mudança que poderiam acreditar no que quisessem e que ele não os forçaria a, por exemplo, ensinar sobre cultura em sua própria sala de aula. Mas fez um pedido menor e claro: independentemente do que façam, prometam que não menosprezarão a cultura da Haas na frente dos alunos. Só isso; esse foi o único pedido que fez aos membros teimosos do corpo docente. E conseguiu 100% de comprometimento com seu pedido ao oferecer uma forma de engajamento que não exigia muito de um único indivíduo, mas que assegurava que um grupo de possíveis detratores não atrapalharia.[14]

Uma recomendação final ao se preparar para liderar mudanças quando elas são difíceis: lembre-se de praticar o autocuidado para se manter forte a longo prazo. Nenhuma mudança significativa acontece da noite para o dia. Em geral, liderar mudanças é uma maratona, não uma corrida rápida; portanto, pratique a "paciência urgente", que John Kotter, um dos principais pensadores em gerenciamento de mudanças, define como "agir todos os dias com um senso de urgência, mas com uma visão realista do tempo".[15] Lembre-se de que, devido à sua natureza, algumas mudanças levarão certo tempo, e tudo bem. Não há nada de errado em sofrer certa resistência. Na verdade, esse provavelmente será um sinal de que você está no caminho certo.

SEJA A MUDANÇA

Pontos Importantes

- Envolva os apoiadores de suas iniciativas de mudança desde o início por meio de delegação. Envolva os cínicos ao ouvi-los e faça um pedido a eles.
- Por meio do empreendedorismo normativo, você pode liderar a mudança cultural de onde quer que esteja, tanto por meios formais quanto informais.
- Como um changemaker, você lutará contra o viés do status quo. Esteja preparado para fazer um esforço extra para superar os diversos obstáculos que enfrentará.

Desafio Changemaker

- Identifique um grupo do qual você faz parte e pense em como a cultura dele poderia refletir melhor alguns dos conceitos de changemakers que já aprendeu. Torne-se um empreendedor normativo e tente criar uma nova norma em seu grupo, seja de maneira formal ou informal. Preste atenção em como os outros reagem e se a nova cultura se mantém.

Capítulo 11

O Canvas *Changemaker*

"Ei, Scott, seu braço está sangrando. Está tudo bem?"

Essas foram as primeiras palavras que eu disse a Scott Shigeoka, hoje uma pessoa que considero bastante e alguém que realizou mudanças incríveis em muitas áreas diferentes, tal como vimos no Capítulo 3.

Scott rapidamente puxou sua mão estendida de nosso aperto de mão e se desculpou. Fiquei sentado, perplexo, olhando para o meu café gelado e me perguntei o que havia acabado de acontecer. Alguns minutos depois, Scott voltou do banheiro, com o braço todo enfaixado e seu sorriso característico de volta, de orelha a orelha.

Scott me disse que, ao tentar me encontrar a tempo, caiu de bicicleta em algum lugar nas ruas de Washington, DC, mas seguiu em frente, pois não queria deixar que uma queda qualquer interrompesse seu dia.

Se alguma vez houve uma metáfora para a maneira como Scott vive a vida — e lidera a mudança — foi essa.

Shigeoka conta histórias, é artista, designer e constrói pontes (metafóricas).

Nos breve oito anos que conheci Scott, elu liderou mudanças em funções mais tradicionais, como a criação de design de impacto social na empresa IDEO, e escreveu para veículos de comunicação, como o *Washington Post*.

Mas Shigeoka também contribuiu com toda a sua identidade como uma pessoa *queer*, yonsei (isto é, nipo-americana de quarta geração) e nascida no Havaí, além de sua criatividade, para imaginar e reimaginar projetos que não se encaixam em nenhuma categoria tradicional de mudança.

Scott criou um festival de arte e música na zona rural da Islândia, apesar de nunca ter pisado lá, bem como uma experiência artística radicalmente imersiva que ajuda os participantes a imaginar a própria morte para que pudessem viver melhor no presente.

Como os Estados Unidos e muitos outros países ao redor do mundo se tornaram mais polarizados, o foco atual de Scott é de apoiar os esforços nacionais e promover a compreensão, além de superar divisões em qualquer cenário possível.

No ano passado, Scott compartilhou com a minha turma algumas lições que aprendeu na estrada, e uma delas em particular me impressionou. Scott disse: "Se sua carreira não tiver uma aparência convencional, tudo bem." E, de fato, a trajetória profissional de Scott não se encaixaria na maioria dos folhetos de orientação profissional de MBA.

O que faz com que seja elu um *changemaker* tão bem-sucedido em tantas áreas e com tantas ideias únicas de mudança positiva é a capacidade de usar um kit de ferramentas *changemaker*. Embora os detalhes da realização de um festival de música sejam muito diferentes de uma viagem de construção de pontes para superar divisões políticas e sociais, as formas subjacentes de pensar sobre a liderança de mudanças positivas são incrivelmente semelhantes.

Assim como um médico ou um artista, os *changemakers* também possuem o próprio conjunto de ferramentas.

Neste capítulo, apresentarei a você um novo modelo para liderar mudanças, chamado de Canvas *Changemaker*. Mostrarei até mesmo como escolher a iniciativa de mudança mais complexa, avassaladora e intimidadora que você consiga imaginar neste momento e torná-la compreensível, prática e realizável por meio desse modelo e do kit de ferramentas que ele oferece.

Um Laço Comum

"Três! Dois! Um!", gritamos a plenos pulmões enquanto saltávamos da terra e mergulhávamos no mar de Mármara, na Turquia. Tive o privilégio de estar lá graças a uma bolsa de estudos para jovens empreendedores sociais de todo o mundo. Embora eu tenha aprendido muito sobre os meandros do crescimento de uma empresa social, aprendi algo muito mais poderoso naqueles dez dias juntos: conexão.

Enquanto mergulhávamos no mar, com o sol do Mediterrâneo se pondo no horizonte, senti um vínculo incrível com as dezenove pessoas que nadavam ao meu redor. Apesar das origens distintas e de termos vindo dos lugares mais diferentes da Terra, havia algo poderoso que nos unia em nossas esperanças e lutas.

Embora cada *changemaker* seja especialmente único, se cada um de nós trouxer sua própria mistura especial de identidades, experiências e interesses que informam as mudanças que lideramos, haverá muito mais coisas para unir do que dividir os *changemakers*. Enquanto nadávamos, percebi que meu novo amigo, Muhammad Kisirisa, que trabalha incansavelmente para apoiar e melhorar sua comunidade em Bwaise, a maior favela de Kampala, em Uganda, tinha muito em comum, quando se trata de fazer mudanças, com alguém como Agustín Rodríguez Aké, que ajuda crianças em hospitais no México a nutrir uma cura positiva. Sim, as visões de mudança e as comunidades que apoiam e as geografias deles são muito diferentes. Mas ambos estimulam mudanças positivas com um conjunto semelhante de ferramentas.

Quando o sol se pôs no horizonte, saímos da água e voltamos para terra firme. Percebi que, por mais diferentes que fôssemos em termos de nossas formações, experiências e visões de mudança, agora estávamos inextricavelmente conectados; eu acabara de encontrar minha comunidade *changemaker*.

Quem você considera parte de sua comunidade *changemaker*? Como você pode se conectar com ela e cultivar essa relação? A mudança é um esporte de equipe, e todos nós nos beneficiamos quando nos cercamos de pessoas que aspiram liderar a mudança como nós.

O Canvas *Changemaker*

Seja com Muhammad, Agustín ou outros, percebi que *changemakers* têm um conjunto comum de ferramentas para liderar a mudança e que, para todos os *changemakers*, fazer isso pode ser completamente desafiador e assustador. Para desenvolver a primeira ideia e questionar a última, desenvolvi uma ferramenta chamada Canvas *Changemaker*.

Inspirado em ferramentas como o business model canvas, que utiliza o conceito antiquado de um plano de negócios e o transforma em uma estratégia de uma página, o Canvas *Changemaker* faz o mesmo. Ele ajuda *changemakers* a escolher iniciativas de mudança e dividi-las em blocos menores e gerenciáveis. Você identificará etapas concretas e atividades práticas para ajudá-lo a transformar sua ideia em uma realidade impactante. O Canvas *Changemaker* o ajudará a equilibrar o panorama geral do mundo que decidiu mudar com as pequenas mudanças que o levarão até lá.

Essa ferramenta dá aos *changemakers* clareza sobre o que precisa ser feito, a confiança de que podem liderar a mudança e as percepções sobre os primeiros passos para a ação. Ao contrário de um plano de negócios, que requer páginas e páginas de redação antes de a ação ocorrer, o canvas é uma ferramenta elaborada para promover a reflexão primeiro e, então, promover a ação em questão. Cada seção deve ser respondida com, no máximo, um parágrafo. Muitas vezes, apenas uma frase (que emerge do pensamento e da estratégia) será o ideal.

O canvas é dividido em seis seções: Visão, Oportunidade, os Quatro Indicadores da Mudança, Ação, Comunidade e Abordagem. Nas próximas páginas, detalharei cada seção com instruções e exemplos para que você possa se tornar como muitos dos meus alunos e desenvolver seu próprio kit de ferramentas *changemaker* e colocá-lo em ação.

No final do capítulo, você encontrará um URL para acessar uma cópia editável do Canvas *Changemaker*. Eu o orientarei em cada um dos blocos do canvas e explicarei como tirar o máximo de proveito da ferramenta.

Também incluí, ao longo deste capítulo, um exemplo de como o canvas pode ser usado. Nesse caso, esse quadro foi feito para um *changemaker* iniciante de 24 anos, que trabalha em uma empresa de logística com escritórios em todo os EUA, apaixonado por fazer mudanças positivas na forma como a empresa lida e apoia os funcionários em relação à saúde mental.

VISÃO	**O porquê**. Por que você se importa em criar essa mudança positiva específica? **A visão**. Descreva a mudança que você está criando de forma clara, concisa e convincente. **A mudança**. Em uma frase, descreva a mudança positiva desejada e como você a realizará.
OPORTUNIDADE	**Problema central**. Uma frase sucinta que descreve o problema exato que você tem agora. **Consequências**. As implicações de curto e longo prazo se o problema central não for resolvido. **Causas básicas**. As questões subjacentes (sociais, legais, históricas, culturais, ambientais etc.) que sustentam o problema central.
MUDANÇA	**Impacto substancial**. O impacto pretendido de seu projeto e de 1 a 3 indicadores cruciais que serão medidos. **Escalabilidade**. Como você dimensionará isso além de um projeto mínimo viável. **Sustentabilidade**. Como você garantirá que esse projeto continue a longo prazo. **Mudança sistêmica**. Como abordar as causas básicas (leis, políticas, mindsets, regras etc.) para criar uma mudança sistêmica.
AÇÃO	**Projeto mínimo viável**. O teste mais simples que você pode executar agora para saber se vale a pena continuar desenvolvendo esse projeto. **Plano de resiliência**. Os obstáculos que enfrentará e como poderá superá-los de forma proativa.
COMUNIDADE	**Os realizadores**. Os principais changemakers que liderarão essa mudança e suas principais habilidades. **Os evangelistas**. Os influenciadores e defensores mais importantes, cujo apoio e aprovação são cruciais. **A comunidade**. A quem você serve com essa mudança e como você sabe que esse público se beneficiará com ela. **A coalizão**. Outras pessoas que se preocupam com isso e como você as envolverá.
ABORDAGEM	**Mindset de changemaker**. Os principais aspectos desse mindset para criar essa mudança positiva. **Liderança transformadora**. Os principais aspectos da liderança transformadora que serão necessários para realizar a mudança.

A Alquimia da Mudança

Talvez meu romance mais amado de todos os tempos seja *O alquimista*, de Paulo Coelho, que conta a história da busca do menino pastor Santiago por um tesouro há muito enterrado.[1] Trata-se de uma parábola repleta de pérolas de sabedoria para viajantes, buscadores e transformadores, mas há uma cena que ficou gravada em minha consciência.

O rei de Salém orienta Santiago, ao lhe entregar uma colher cheia de óleo, a explorar seu castelo sem derramar o óleo da colher. Ele retorna com a colher cheia, mas o rei ressalta que Santiago perdeu toda a beleza do castelo, como as tapeçarias persas na parede e os pergaminhos na biblioteca. Santiago parte novamente, e dessa vez observa a beleza ao seu redor, mas, ao retornar, percebe que todo o óleo foi derramado.

"Pois este é o único conselho que eu tenho para lhe dar", diz o rei. "O segredo da felicidade está em olhar todas as maravilhas do mundo e nunca se esquecer das duas gotas de óleo na colher."

Li esse livro pela primeira vez no início da minha jornada *changemaker* com a StartSomeGood, e o conceito me vem à mente sempre que ensino outras pessoas a liderar mudanças positivas.

O segredo para liderar a mudança é ser capaz de ver simultaneamente o panorama da mudança que deseja criar no mundo, sem nunca perder o foco nos detalhes cruciais e nas pequenas etapas que estão à sua frente enquanto você as cria.

O Canvas *Changemaker* tenta ajudá-lo a fazer ambos, equilibrando o panorama do mundo que você deseja alterar com as pequenas gotas de mudança que o levarão até lá.

Visão

Como *changemakers*, antes de focar os pequenos detalhes — o óleo em nossas colheres —, podemos nos beneficiar de uma primeira imersão no panorama geral. Começamos nosso Canvas *Changemaker* ao refletir por que nos preocupamos em fazer essa mudança especifica e fazemos um esboço de como ela será quando a realizarmos. Como disse o grande jogador de beisebol Yogi Berra: "É preciso ter muito cuidado se você não tem certeza para onde está indo, pois pode não chegar lá." Reservar um tempo no início para traçar seu curso lhe dará a confiança para, mais tarde, conectar os pontos de trás para frente e garantir que você chegará com sucesso ao destino transformador que deseja.

O Porquê

> A saúde mental afetou a mim, aqueles que amo e meus colegas, e acredito que todos nós nos beneficiamos do apoio e que o merecemos.

Como Simon Sinek instrui em sua palestra viral no TEDx: os grandes líderes começam com o porquê.[2] Ele nos diz que as pessoas não compram *o que* você faz, elas compram o *porquê* de você o fazer. O que ele chama de O Círculo Dourado, do porquê ao como e ao o quê, ajuda a explicar por que muitas pessoas ficam felizes ao comprar diversos produtos da Apple, e não apenas um "o quê". Nós compramos o "porquê" da Apple, o qual, tal como descrito por Sinek, se resume ao seguinte: "Em tudo o que fazemos, acreditamos em questionar o status quo. Acreditamos em pensar de forma diferente. A maneira como o questionamos é por meio da criação de produtos com um design bonito, simples e fáceis de usar. E também por fabricamos computadores excelentes. Quer comprar um?"

Liderar com um porquê é onde toda grande mudança começa, sendo, portanto, a primeira peça necessária de seu próprio Canvas *Changemaker*.

Reflita sobre o porquê de liderar sua iniciativa de mudança. As "declarações de porquê" precisam de três coisas para funcionar: devem ser convincentes, autênticas e pessoais. Ela deve deixar os outros entusiasmados com a mudança que você lidera; afinal, se não estiver entusiasmado com ela, por que eles ficariam? Em segundo lugar, ela deve ser fiel a quem você é. Não minta, especialmente porque precisará recorrer a ela como um suporte em momentos difíceis. Por fim, sua declaração deve ser exclusiva de quem você é. Coloque seu eu nela. Seu trabalho de *changemaker* é uma extensão de quem você é. Baseie-se isso.

Além de iniciar seu Canvas *Changemaker*, liderar com um porquê é uma técnica de liderança poderosa para envolver os outros e fazer com que se sintam incluídos. Para cada tarefa que dou em sala de aula, sempre explico aos alunos o porquê da tarefa — o motivo pelo qual a escolhi entre uma infinidade de tarefas e como ela se encaixa nas metas e objetivos gerais do curso. Estamos tão acostumados a fazer o que nos mandam em cursos que, muitas vezes, nos falta o contexto para entender por que isso é importante.

A Visão

A saúde mental é tão valorizada em nossa empresa quanto a saúde física.

O segundo bloco do Canvas, a visão, está relacionado a muitos temas deste livro. No Capítulo 4, aprendemos a descrever uma visão para outros seguirem. Sua visão é clara, convincente e fará com que os outros se juntem a você? Ela é aspiracional? Ela atiça nossa curiosidade, admiração e entusiasmo? Considere a possibilidade de incluir as metas de longo prazo que você identificou em seu modelo de teoria da mudança e elevá-las aqui para articular o que sua mudança tornará possível.

Uma declaração de visão particularmente poderosa consiste em apenas cinco palavras: "Tornar o autismo um superpoder." Ela pertence a um aplicativo, o DayCape, que ajuda as crianças do espectro autista a conquistar mais autonomia por meio de planejamento e suporte diário. Fundada e criada inteiramente por uma equipe de *changemakers* no espectro, a ferramenta permite que as crianças não apenas lidem com o que muitas vezes percebemos como as limitações de um diagnóstico de autismo, mas também usem o que a neurodiversidade lhes fornece.

Embora o conceito seja fantástico, é a visão que nos prende e nos faz querer saber mais. Ela nos ajuda a imaginar o mundo que o DayCape deseja criar e, em seguida, nos convida a participar mais.

A Mudança

Aumento da conscientização e do apoio à saúde mental em toda a empresa e em nossa equipe.

Por fim, precisamos perguntar: qual é a mudança?

Em uma frase clara e poderosa, explique qual é a mudança que você deseja fazer. Não é possível explicar tudo; portanto, concentre-se na essência da mudança e deixe os outros ansiosos para saber mais. Está curioso para ver alguns exemplos? Estes são alguns que os alunos usaram:

- Usar a gamificação para fazer com que mais crianças leiam.
- Educar e inspirar os alunos da Cidade do México a se tornarem *changemakers*.
- Reduzir o desperdício de alimentos no campus por meio de campanhas de conscientização.

Em cada um desses exemplos, a mudança é simples e clara, mesmo que os meios para alcançá-la ainda não sejam aparentes. Ainda não precisamos saber como esses alunos usarão a mecânica de jogos para estimular a leitura entre as crianças. Por enquanto, tudo o que precisamos saber é para onde a mudança proposta deseja nos levar. O restante do quadro nos ajudará a preencher os detalhes.

Com esses três blocos, você pode nos ajudar a ver o mundo ao nosso redor de uma nova maneira. Agora voltamos nossa atenção para as "gotas de óleo" na colher: os detalhes de como fará a mudança acontecer.

Oportunidade

Uma citação frequentemente atribuída a Albert Einstein diz: "Se eu tivesse 1 hora para resolver um problema, eu passaria 55 minutos pensando sobre o problema e 5 minutos pensando na solução".

Mesmo assim, muito do que aprendemos sobre resolução de problemas incentiva o oposto: chegar à solução o mais rápido possível.

O Canvas *Changemaker* nos ajuda a desacelerar e a passar mais tempo na compreensão profunda do problema que esperamos resolver para que possamos avançar com a confiança de que nosso tempo será, de fato, usado para resolver o problema correto.

Sei que isso não é algo natural. Meus alunos frequentemente comentam como é desconfortável simplesmente ficar com um problema, observando-o, pensando nele e analisando-o por certo tempo, em vez de tentar resolvê-lo de uma vez.

Além do desconforto de ficar com um problema, muitas vezes percebo que muitos *changemakers* têm dificuldade de identificar qual seria a abordagem apropriada. Devem encarar um problema multifacetado de modo geral? Concentrar-se em um subconjunto específico do problema? Focar os efeitos posteriores? Tentar abordar questões sistêmicas?

Para ajudar *changemakers* como você a entender um problema, nosso Canvas divide a identificação do problema — ou, como prefiro chamar, a identificação da "oportunidade" de mudança que buscamos liderar — em três partes distintas: o problema central, as consequências e as causas fundamentais. Os três são aspectos separados, porém conectados de forma crucial, para reconhecer uma oportunidade de mudança.

Problema Central

> Apoio inadequado à saúde mental em toda a empresa e em suas políticas e práticas.

Defino o problema central como "uma frase sucinta que descreve a questão exata que deve ser enfrentada". Quando trabalho com *changemakers*, eles frequentemente debatem se a mudança que desejam deve ser em nível hiperlocal, comunitário, estadual, nacional ou até mesmo global. Eles se perguntam se o escopo deve ser amplo ou mais restrito.

Essa ferramenta oferece, intencionalmente, espaço para toda e qualquer opção, mas eu encorajo *changemakers* no início de seu processo de mudança a buscar um problema central que seja inspirador, mas alcançável. No caso de mais apoio à saúde mental, esse é certamente um problema que precisa ser abordado não apenas em nível local e estadual, mas também em nível nacional e até internacional. No entanto, como primeiro passo, isso é um tanto complicado. Identificar o problema central o convida a começar de onde estiver. Em nosso exemplo, faz mais sentido para o *changemaker* começar a liderar a mudança na própria empresa.

O problema é definido de maneira mais específica (a empresa), mas mostrar que ele se baseia em vários fatores (como políticas formais e práticas informais) nos dá um ponto de partida claro: começar pequeno, mas ainda assim mirar grande.

Consequências

Exclusão; perda de oportunidades; estigma; participação reduzida; vulnerabilidade; maior rotatividade; desempenho reduzido.

As consequências são as implicações negativas causadas pelo problema identificado caso não seja resolvido. Em outras palavras: se não resolvermos o problema central, o que aconteceria como resultado?

Changemakers às vezes confundem o problema central com as consequências. Porém, como um problema não resolvido costuma resultar em muitas consequências, tentar abordar a todas de uma só vez provavelmente nos deixará muito dispersos, de modo que não conseguiremos realizar nenhuma mudança.

A identificação das consequências nos dá um roteiro de como medir o sucesso da nossa iniciativa de mudança e como determinar as áreas negativas para o trabalho futuro, caso tenhamos sucesso em resolver o nosso problema central primeiro. (Se as consequências não se tornarem realidade, saberemos que fomos bem-sucedidos em promover mudanças em nosso problema principal.)

É útil pensar nas consequências tanto em nível individual (o que acontece se nenhuma pessoa conseguir obter o apoio de que precisa e merece) quanto em nível organizacional (o que acontece se a empresa não conseguir apoiar totalmente seus funcionários). Em nosso exemplo, as sete consequências identificadas são diversas, e seria um desafio resolvê-las todas de uma só vez, porque dispersaria demais os nossos recursos. Porém, se resolvêssemos com sucesso nosso problema principal, causaríamos um impacto significativo em todas.

Causas Básicas

> Condições de saúde subjacentes; trauma; estresse; apoio inadequado em todos os sistemas educacionais; disparidades de raça e classe no acesso ao atendimento.

É essencial identificar as questões subjacentes que causam o problema central identificado. Muitas vezes, essas causas básicas são sociais, legais, históricas, culturais, ambientais ou tecnológicas e refletem problemas sistêmicos maiores.

Na verdade, é essa mesma observação sistêmica que nos incentiva a identificar causas fundamentais desde o início. Ao identificá-las, é possível pensar em quais seriam os sistemas a ser mudados e onde estariam os maiores pontos de melhoria.

É raro estarmos prontos para trabalhar na mudança de sistemas desde o início; portanto, muito provavelmente você começará com a abordagem do problema central. No entanto, o reconhecimento desses sistemas lhe dará a perspectiva necessária para manter ideias em mente ao dar os primeiros passos, bem como a percepção de onde a mudança sistêmica ocorrerá à medida que suas mudanças iniciais se consolidarem.

Os Quatro Indicadores da Mudança

Em 2012, Rebecca, minha namorada na época, recebeu uma oferta de emprego em Estocolmo, na Suécia. Eu já havia visitado a cidade uma vez antes de conhecê-la, mas ela nunca havia ido para lá.

A ideia de explorar uma parte fascinante do mundo juntos e experimentar a vida em um novo país era atraente.

Rebecca e eu visitamos Estocolmo em julho, com as longas noites do verão escandinavo como pano de fundo, enquanto nos apaixonávamos ainda mais um pelo outro e por essa nova cidade que decidimos chamar de lar. Seis meses depois, demos o salto e nos mudamos juntos para lá.

Nós nos mudamos no meio do inverno.

Esse garoto da Califórnia nunca tinha passado frio na vida, então aprendi muito: por exemplo, cachecóis não são apenas um acessório de moda; são a diferença entre conseguir chegar até o metrô ou ter que parar em lojas aleatórias ao longo do caminho apenas para se aquecer.

Apesar do clima congelante, a empolgação de explorar uma nova cultura e um novo contexto para a realização de mudanças era fascinante para mim.

Sou eternamente grato pelo fato de a Reach for Change ter confiado o suficiente em mim — um imigrante recém-chegado que não falava sueco — para administrar a incubadora de empreendedores sociais. Eu me senti privilegiado por ter essa oportunidade e me comprometi a fazer tudo o que pudesse para ajudar mais pessoas na Escandinávia a se tornarem *changemakers*. Ao fazer isso, tive o cuidado de não forçar meu mindset do Vale do Silício sobre os outros, mas sim de me adaptar e apoiar e ser um parceiro completo na colaboração com meus colegas de equipe e com o ecossistema de inovação social que estava apenas começando a florescer.

A Reach for Change foi pioneira em inspirar e cultivar empreendedores sociais em toda a Suécia, sendo uma das primeiras organizações a reconhecer a oportunidade de liderar mudanças positivas dessa forma. Selecionávamos empreendedores sociais em estágio inicial que trabalhavam em campos que variavam desde a saúde mental à educação e à inclusão social, às vezes apenas com o início de uma ideia, e lhes dávamos financiamento salarial por três anos (para que pudessem abandonar qualquer outra coisa que faziam para que sua organização pudesse se concentrar no empreendimento por tempo integral), bem como três anos de orientação, aconselhamento e suporte.

Ao decidirmos quais empreendedores selecionaríamos, enfretávamos um desafio monumental. Recebemos mais de quinhentas inscrições para cinco vagas anuais — uma taxa de aceitação de apenas 1%. Embora eu tenha trabalhado arduamente para encontrar maneiras de apoiar as outras mais de 495 ideias fantásticas por meio de informações, isso significava que ainda tínhamos que descobrir como encontrar as 5 ideias de empreendimentos sociais mais dignas em um grupo enorme, diversificado e merecedor.

Juntamente com meus colegas de todo o mundo, desenvolvemos quatro indicadores-chave da mudança que buscaríamos e que formariam a base de nossas decisões de investimento.

Esses blocos do Canvas o ajudarão a ter clareza sobre a criação de uma mudança que persistirá e que irá além de você mesmo — seja qual for a relação de sua mudança com um impacto social ou a algo completamente diferente.

Impacto Substancial

Número de funcionários que participam de novos serviços de saúde mental; % de funcionários que dizem se sentir amparados em sua saúde mental (medido antes/depois de nossas intervenções).

Aqui você listará de um a três indicadores cruciais que usará para medir o impacto pretendido do seu projeto.

Em outras palavras, como saber se você está realmente no caminho certo para alcançar a mudança? Inclua medidas qualitativas e quantitativas aqui, mas se concentre em identificar apenas as mais essenciais, que o informarão se o impacto substancial que espera criar por meio da sua mudança foi causado.

É importante ter uma medida tanto para o nível de adoção (quantas pessoas participaram), quanto para a diferença (se houver) que as intervenções causam. Em nosso exemplo, a medição do impacto de funcionários que se sentem amparados é feita por meio de autorrelato. Embora isso não seja ideal para uma publicação revisada por pares, é uma ótima maneira de obter alguns dados rápidos e acionáveis sobre o impacto inicial de uma iniciativa de mudança.

Para aqueles que têm uma ideia da mudança que desejam fazer, mas não têm certeza de como implementá-la, a empresa de design verynice, sediada em Los Angeles, criou um recurso incrível chamado de Modelos de Impacto, no qual foram identificadas centenas de maneiras de incorporar o impacto em qualquer tipo de iniciativa.[3] Por exemplo, um de seus modelos é o "emprego para populações tradicionalmente marginalizadas", que é o alvo da Konexio, de Jean Guo; e outro é a defesa de direitos, algo que Dolores Huerta vem buscando de várias formas ao longo de sua carreira. Ou você pode buscar um desconto condicional para recompensar determinado comportamento, tal como o Hummus Bar em Kfar Vitkin, Israel. O restaurante tem um preço fixo no cardápio para o homus, mas oferece um desconto de 50% para as pessoas mestiças de judeus e árabes, incentivando a conexão e a comunidade por meio da comida.[4]

E a própria verynice usa um modelo criativo de impacto para o seu próprio trabalho de mudança, chamado #givehalf. Ela faz 50% do seu trabalho para grandes empresas, como o Google, o Red Bull e a Apple, e depois faz 50% do seu trabalho pro bono, ou com desconto, para organizações sem fins lucrativos e empresas sociais, como o National Resources Defense Council, a Pancreatic Cancer Action Network e o grupo comunitário Pando Populus, do sul de Los Angeles. A empresa usa os grandes contratos das grandes corporações para subsidiar a capacidade de desenvolver um design de classe mundial para clientes que se preocupam com o impacto.

Escalabilidade

> Criaremos um grupo de recursos para funcionários com pelo menos um membro em cada escritório nos EUA.

Nos programas de MBA, a multiplicação geralmente é ensinada de uma maneira específica: se você tiver um food truck bem-sucedido, será ensinado que, inevitavelmente, precisará de um segundo. Se os dois caminhões forem bem-sucedidos, você logo deverá ter cinco. Depois, cinquenta. Depois, um império de food trucks.

No entanto, acredito que mais nem sempre é melhor, especialmente quando se trata de liderar mudanças.

Eu ensino aos *changemakers* a "multiplicação inteligente", não "multiplicação a todo custo".

Como ampliar sua iniciativa para além de um projeto mínimo viável? Embora seu projeto não precise se multiplicar — e certamente não de imediato —, pensar nisso desde o início o ajudará a elaborar um projeto de mudança que pode crescer. Independentemente de você liderar ou não esse crescimento e de criar ou não um modelo replicável para ser seguido por outras pessoas, estabeleça como a multiplicação ocorrerá desde o início.

Em nosso exemplo, um grande desafio para a multiplicação é o fato de a empresa ser de âmbito nacional, com diferentes líderes em cada escritório. Para aumentá-la de forma rápida e eficaz, é fundamental estar presente em todos os lugares e envolver os líderes locais nos esforços de mudança.

Pesque com a Maior Rede

Conhecemos Rosie Linder, fundadora da Peppy Pals, no Capítulo 5, quando falamos sobre a empatia. Ela está entre os empreendedores sociais mais inspiradores que apoiamos durante meu tempo no Reach for Change, principalmente porque foi finalista duas vezes antes de ser selecionada. Mais tarde, ela me contou que, em ambos os casos, depois de chegar tão perto de ser escolhida, mas ser rejeitada várias vezes, ela se deu um dia para chorar e ficar chateada e, em seguida, voltou imediatamente ao trabalho para liderar a mudança.

A capacidade de Linder de transformar a Peppy Pals em uma entidade global começou com uma escolha única e deliberada que a preparou para uma multiplicação inteligente desde o primeiro dia.

A maioria dos aplicativos infantis contém linguagem, seja escrita ou falada. Mas Linder pensou de forma diferente. Ela reconheceu que há apenas cerca de 9 milhões de falantes de sueco no mundo; se ela lançasse o aplicativo em sueco, isso limitaria significativamente seu apelo inicial. Da mesma forma, o uso exclusivo do inglês afastaria outros usuários. Traduzir o aplicativo para diferentes idiomas seria muito desafiador, demorado e caro, e Linder não tinha esse conhecimento linguístico em sua equipe.

Linder tomou a ousada decisão de criar um aplicativo que não tivesse idioma algum. Todo o jogo seria baseado na interação com adoráveis animais animados, com dicas visuais e aprendizado de leitura de microexpressões.

Por meio de uma única decisão, a Peppy Pals se tornou completamente globalizada desde o primeiro dia. O lançamento foi simultaneamente na loja de aplicativos sueca e na norte-americana, bem como na França, na Alemanha, no Brasil e em mais de vinte outros países.

Sustentabilidade

> Garantiremos que o financiamento do programa seja incluído no orçamento de longo prazo da empresa, juntamente com todos os custos de saúde.

É imperativo que você garanta que seu projeto continue a longo prazo. Especialmente no mundo corporativo, os sistemas de arquivos das empresas estão repletos de memorandos de mudanças, estratégias e planos de ação que nunca resultaram em mudanças duradouras. Para evitar essas armadilhas, pense na sustentabilidade tanto do ponto de vista financeiro quanto do capital humano. Ao liderar uma mudança dentro de uma organização, como ter certeza de que essa iniciativa de mudança sobreviverá ao processo orçamentário do ano seguinte? Ao criar um novo grupo comunitário, como financiará não apenas sua fundação, mas manterá suas operações estáveis?

No que diz respeito ao capital humano, é possível que esse projeto seja alimentado apenas por você no início, o que não tem problema algum! Em breve, aprenderemos mais sobre como envolver outras pessoas em seu projeto. Mas como garantir que sua iniciativa de mudança sobreviverá ao "teste das férias" (em que você, como líder, fica incomunicável por duas semanas)? Há outras pessoas que poderia envolver logo no início, mesmo que de forma leve, para garantir que o projeto continue sem você caso mude de emprego, de empresa ou precise de uma pausa?

Mudança Sistêmica

> Seremos transparentes e compartilharemos nossos aprendizados com outras empresas; defenderemos mudanças nas políticas em nível estadual e nacional.

O quarto indicador é a mudança sistêmica.

O que queremos dizer com "sistêmica"? Um sistema é um conjunto de coisas que trabalham juntas como parte de um mecanismo ou rede. O texto de Donella Meadows, que foi uma importante pensadora sistêmica, lembra-nos de que um sistema pode ser "uma corporação, uma economia, um corpo vivo, uma cidade, um ecossistema".[5]

Os sistemas também são fascinantes.

Raramente um insight me deixa sem palavras, mas as observações do médico Paul Batalden sobre sistemas fizeram exatamente isso. "Todo sistema é perfeitamente projetado para obter os resultados que obtém",[6] diz ele. Isso significa que, se um processo estiver nos dando resultados que não queremos, a culpa não é do sistema; nós é que devemos mudá-lo.

Neste bloco, você descreverá como abordará as causas fundamentais identificadas na seção anterior (leis, políticas, mindsets, regras etc.) para criar uma mudança sistêmica. A maioria das iniciativas de mudança não criará mudanças sistêmicas logo de cara, e isso é de se esperar. Mas, depois de dedicar algum tempo para identificar os problemas centrais, comece a pensar em quais seriam algumas das abordagens que garantirão que você não colocará apenas um curativo em um corte, mas impedirá que o corte exista em primeiro lugar.

Em nosso exemplo de saúde mental, o *changemaker* deve pensar em como as mudanças na política da empresa podem complementar ou até mesmo substituir alguns dos serviços de saúde mental que sua empresa fornecerá no curto prazo. O *changemaker* também deve pensar de forma abrangente, além de sua empresa, e considerar como o modelo pode ser ampliado para outras também.

Mude o Sistema

Como podemos mudar o sistema? Por meio da mudança de mindset, da alteração de políticas, da criação de novas estruturas ou do reequilíbrio das estruturas de poder.

Donella Meadows nos aconselha a procurar pontos de melhoria em que uma única mudança pode gerar grandes alterações em um sistema — por exemplo, ao alterarmos as "regras do sistema" (incentivos, punições ou restrições) ou até mesmo as metas dele.

Como seria uma mudança de sistema na prática? Em comparação com outros países, a Suécia tem direitos humanos bastante excepcionais, especialmente para as crianças. Mas nem todas as crianças conhecem seus direitos — como os imigrantes recentes e, ainda mais, os jovens refugiados desacompanhados que chegaram recentemente à Suécia, que normalmente fogem de países com diferentes sistemas de apoio social e direitos.

Fundado pela empreendedora social Elin Wernquist, o empreendimento Barnrättsbyrån, com sede na Suécia, ou Escritório de Direitos das Crianças, trabalha com uma equipe de advogados para garantir que esses jovens conheçam seus direitos e sejam respeitados pelas autoridades locais — um serviço importante por si só. No entanto, é por meio de seu trabalho em casos individuais que a organização muda o sistema. Seus advogados aprendem onde estão as brechas no sistema, obtendo informações sobre o que falta às crianças e os casos em que seus direitos não estão sendo respeitados. Em seguida, com base em seu trabalho individual de "impacto profundo", buscam, defendem e informam as mudanças nas políticas do governo sueco. O suporte a casos individuais os ajuda a perceber quando o sistema de bem-estar social sueco produz um resultado indesejado e, em seguida, defendem incansavelmente a mudança para que, no futuro, nenhuma criança passe pela mesma situação.

O Barnrättsbyrån não apenas ensina sobre direitos ou oferece serviços de direitos, ele revoluciona a forma como as crianças são atendidas por todo o sistema público de apoio. Isso é uma mudança sistêmica.

Ação

Esta seção do Canvas nos lembra de que a ideia não é *pensar* em mudanças, e sim *realizá-las*. Aqui, você traçará as primeiras estratégias para tornar sua mudança uma realidade e se preparará para superar os inevitáveis contratempos que acompanham essa liderança.

Projeto Mínimo Viável

Em um escritório, criaremos "dias de saúde mental" incluídos nos dias de licença médica. Para reduzir o possível estigma, todos os funcionários serão incentivados a tirar pelo menos um dia para esse propósito nos próximos três meses.

Como uma brincadeira com o conceito de produto mínimo viável que exploramos no Capítulo 9, este bloco pede que você delineie seu "projeto mínimo viável", ou PMV: a maneira mais simples e rápida de validar sua iniciativa de mudança. Como vimos nos exemplos de startups enxutas de empresas como o Dropbox, os primeiros passos da mudança geralmente não são elegantes.

Antes de dedicar muito tempo, energia e esforço para liderar uma mudança, descubra primeiro se você está, de fato, no caminho certo. Queremos passar o mais rápido possível do conceito da ideia para um projeto tangível que valide nossas suposições iniciais.

O *changemaker* do nosso exemplo tem muitas suposições a testar, como o papel que o estigma desempenha ao impedir que as pessoas obtenham apoio à saúde mental; até que ponto podemos fazer com que seja seguro para que todos façam parte dessa mudança; e até que ponto os diferentes escritórios estarão dispostos a participar. A saúde mental é multifacetada, complexa e se beneficia de uma abordagem holística. Ao iniciar em um único escritório e dar o primeiro passo, nosso *changemaker* pode identificar o que funciona bem e quais são as barreiras específicas à mudança existentes dentro da empresa.

Plano de Resiliência

Esperamos enfrentar alguma resistência dos líderes seniores, de modo que nos prepararemos com dados. Por exemplo, a Mental Health America relata que apenas 5% dos trabalhadores nos EUA sentem que seu empregador oferece um ambiente seguro para a própria saúde mental; 80% corre o risco de burnout.

O segundo bloco da seção "Ação" é o seu plano de resiliência. Aqui, você deve refletir sobre os obstáculos que provavelmente enfrentará e a maneira como poderá superá-los de forma proativa. Há um ditado no mundo do desenvolvimento de software que diz que um projeto geralmente leva o dobro do tempo e custa o dobro do que foi decidido inicialmente. Isso pode ser devastador se você criar toda uma estratégia de lançamento sem espaço para erros em datas ou custos. Mas ao levar esses fatores em consideração desde o início, poderá enfrentar a tempestade. Em vez de reagir somente após o surgimento dos inevitáveis obstáculos, imagine desde já como a iniciativa de mudança poderia sair dos trilhos e como corrigi-la.

Conheço um grupo de três empreendedores que, no estágio inicial de fundação de sua empresa, debateu por algum tempo sobre todos os piores cenários possíveis — desde o desvio de fundos de um deles até a morte de dois deles, restando apenas um cofundador. Essas conversas nunca são fáceis de se ter! Mas a perspectiva deles era de que seria mais fácil de falar sobre isso antes, quando havia menos emoção e mais tempo para pensar, do que no momento, quando o caos estaria presente, sendo muito mais difícil refletir na situação com clareza.

Fazer com que a mudança aconteça exige muita ação de sua parte e de sua equipe; mas antes de começar, reserve um tempo para planejar como superar os obstáculos inevitáveis, pois isso o ajudará a se manter forte a longo prazo.

PMV em Ação

Um grupo de alunos meus queria criar um sistema de "caminhada segura" na UC Berkeley para os alunos que estudam tarde da noite em uma das bibliotecas do campus e que não querem voltar para casa sozinhos. A visão deles era criar um aplicativo em que os alunos pudessem inserir seu destino final juntamente com o horário em que pretendiam sair e, em seguida, usando dados do LinkedIn e do Facebook para garantir a confiança, o aplicativo combinaria alunos para acompanhar uns aos outros com segurança até a casa. A criação desse aplicativo exigiria muita engenharia e inteligência e, além disso, eles ainda não tinham certeza se a ideia era boa.

Então testaram a ideia com um projeto mínimo viável, ou PMV.

Eles ficavam nas bibliotecas até tarde da noite e enviavam avisos para outros alunos que estivessem próximos por meio do recurso de AirDrop da Apple. Os alunos liam sobre o conceito e recebiam um link para um grupo privado do Facebook (que exigia um endereço de e-mail de domínio berkeley.edu para participar). Lá, podiam ver que outros alunos presentes na biblioteca e se tinham amigos em comum logo de cara (que não era o mesmo que uma confirmação pessoal da idoneidade dessas pessoas por parte dos amigos, mas garantia pelo menos certo nível de prova social).

Embora parecesse um conceito intrigante em teoria, meus alunos descobriram que a barreira da confiança era um obstáculo alto demais para ser superado digitalmente. Informado pelos rápidos aprendizados de seu PMV, esse grupo de *changemakers* descobriu que os alunos preferiam a segurança que vinha com o serviço oficial de caminhada noturna da UC Berkeley, embora muitos alunos comentassem que ele era lento, ineficaz e, muitas vezes, "estranho".

Mas esse foi um ótimo resultado! Foi um aprendizado validado que informou a esses *changemakers* que deveriam mudar seu conceito original de caminhada segura por causa de uma alternativa já existente. E, graças a um pouco de iniciativa empresarial, meus alunos conseguiram descobrir isso em apenas algumas noites, sem a necessidade de investir milhares de dólares e centenas de horas no desenvolvimento de aplicativos.

Comunidade

A mudança é um esporte de equipe e, para tornar o seu conceito realidade, é necessário trabalhar, de inúmeras maneiras, por meio de outras pessoas e com ela. Isso não é tão simples quanto identificar colaboradores para trabalhar acompanhado. Há uma nuance crucial quando se trata de envolver outras pessoas em sua iniciativa, e há quatro grupos distintos de pessoas que exigem a incorporação de abordagens próprias e exclusivas. Vamos dar uma olhada em cada um deles: os realizadores, os evangelistas, a comunidade e a coalizão.

Os Realizadores

Johanna: visão e gerenciamento de equipe
Ibrahim: comunicações
Daphne: pesquisa de políticas e orçamento

Os realizadores são essenciais para a sua equipe, pois arregaçam as mangas ativamente para transformar a iniciativa de mudança em realidade. Ao tentar liderar uma mudança, não busque por uma equipe composta inteiramente por cinco CEOs ou cinco contadores. O ideal é possuir uma mistura de pessoas com personalidades, abordagens, experiências e habilidades diversas. Algumas prioridades para montar uma equipe de *changemakers*:

- Não aceite qualquer pessoa que manifestar interesse. Reserve um tempo para pensar em como deseja que sua equipe manobre funções e responsabilidades.
- Decidiu fazer sozinho? Considere a "zona de genialidade". Pense em quais são suas principais habilidades e onde poderá contribuir melhor. Reflita não apenas sobre aquilo em que você é bom, mas também sobre o que lhe dá energia. Na medida do possível, crie uma equipe que lhe permita fazer aquilo que você faz de melhor e que inspire a sua maior contribuição pessoal possível. Tudo bem se ainda não tiver nenhum colaborador específico em mente! Às vezes, os estágios iniciais de uma iniciativa de mudança significam começar sozinho. Reserve um tempo agora para imaginar quais seriam as outras funções na equipe. Se você se destacar em definir uma visão, talvez precise de outra pessoa para ser COO, que cuide das operações. Se se destacar em finanças, talvez precise de alguém que tenha paixão e habilidades em marketing e relações públicas. Identifique os trabalhos mais importantes a serem realizados para que a mudança ocorra e avalie qual seria a equipe ideal e a divisão de funções e responsabilidades.
- Tem uma equipe? Em vez de adotar uma estratégia emergente em relação a funções e responsabilidades, tenha uma conversa franca e honesta com ela. Discuta quais são as áreas de maior contribuição e a disponibilidade de cada um. Descubra onde há sobreposição e onde há

lacunas. Deixar de fazer isso foi um erro que cometi nos primeiros dias da StartSomeGood. Meu cofundador, Tom, e eu éramos bons na parte da visão e não tão bons nas operações. Comparativamente, porém, Tom era melhor do que eu na visão, e eu era menos ruim nas operações, o que levou a uma divisão aproximada do trabalho — embora colaborativa — nesse sentido. Se tivéssemos feito esse exercício antes, teríamos percebido que conseguir um COO deveria ter sido nossa principal prioridade!

- Discuta como trabalharão juntos. Uma ferramenta útil aqui é fazer com que cada membro da equipe crie seu próprio manual de usuário pessoal.[7] Se cada membro da equipe entender como os outros membros trabalham, isso facilitará o trabalho em conjunto. Peça que cada pessoa da equipe escreva uma lista de uma página sobre como trabalha e como conviver bem com ela. Isso pode incluir, por exemplo, "Sou pai; portanto, não poderei verificar e-mails depois das 17 horas, mas sempre verificarei o que aconteceu quando meus filhos me acordarem às 5 horas da manhã!" ou "Costumo ser bastante resistente a novas ideias; portanto, se eu não enxergar as nuances de uma oportunidade, por favor, tenha paciência". Essa lista pode se tratar de traços de personalidade, preferências no ambiente de trabalho, estilos de comunicação, conflitos e muito mais. Reservar um tempo para criar esses manuais de usuário com antecedência pode reduzir significativamente o desconforto futuro e aumentar a eficiência da colaboração para que sua equipe possa operacionalizar a mudança da forma mais eficaz possível.

Preencher a seção "Realizadores" ajuda a esclarecer como será a sua equipe ativa de *changemaker* no dia a dia e de que forma cada pessoa (ou função proposta) contribuirá na realização da mudança.

Os Evangelistas

Equipe de liderança executiva (especialmente o CEO e o chefe de RH); gerentes gerais de cada escritório.

Além dos realizadores, identifique e envolva um grupo de evangelistas. Essas são pessoas que não estarão ativas no apoio às suas operações diárias, mas cuja aprovação ou apoio tácito ao seu projeto será crucial. Aqui, queremos identificar quem são eles e como fazer com que sejam defensores de seu projeto, mesmo que não contribuam muito em termos de tempo ou energia.

Se eu liderar uma iniciativa de mudança na Berkeley Haas, talvez precise do apoio e da aprovação do reitor, do diretor de operações ou, talvez, do diretor financeiro. Os três são pessoas ocupadas e gerenciam uma infinidade de projetos todos os dias. Não posso esperar que eles participem de reuniões diárias. Mas, antes de iniciar esse projeto, devo identificar quem é a pessoa cuja aprovação será crucial para que o projeto se torne realidade e como posso conseguir sua adesão.

Além de garantir que o seu projeto esteja alinhado com as metas da empresa ou da organização ao trabalhar com os evangelistas, descobrirá que eles podem fazer muito por você e pela sua visão em pouco tempo. Talvez apresentá-lo a alguém, uma derrubar uma barreira ou fazer outra contribuição que seja pequena para eles em termos de tempo, mas grande em termos de impacto para você. Há também o benefício adicional da "prova social" que vem junto com as listas de verificação, um termo cunhado por Robert Cialdini em seu livro *As armas da persuasão.*[8] Trata-se de um fenômeno social que ocorre quando alguém não tem certeza da maneira correta de se comportar e, por isso, observa outras pessoas em busca de pistas que confirmem o comportamento correto. Em momentos de incerteza, buscamos figuras de autoridade. Portanto, alguém pode decidir se deve ou não fazer parte da sua iniciativa de mudança ao procurar saber quem o apoia. Se você tiver uma lista impressionante de evangelistas a bordo — seja formalmente, em um conselho consultivo, ou informalmente, por meio de um sinal verde para o seu projeto —, essa será uma informação crucial de prova social que poderá incentivar outras pessoas a seguirem o exemplo dos evangelistas e o apoiarem também.

A Comunidade

Criaremos um conselho de funcionários que será diversificado e inclusivo para nos fornecer ideias e feedback.

Bryan Stevenson, que conhecemos no Capítulo 2, nos lembra que há poder na proximidade. Ele nos ensina que devemos nos aproximar, e não nos afastar, daqueles a quem servimos. "Se você estiver disposto a se aproximar das pessoas que estão sofrendo", disse ele, "encontrará o poder de mudar o mundo."[9]

Faça a si mesmo duas perguntas-chave ao envolver a comunidade em sua mudança. A primeira é: a quem você serve? E a segunda é: como sabe que essa mudança será positiva para eles?

A elite, como as universidades, os think tanks e empresas de consultoria, tem o hábito terrível de tentar resolver problemas de fora para dentro. Por exemplo, muitas aulas universitárias sobre empreendedorismo social incentivam os alunos a apresentar soluções para, por exemplo, construir uma escola melhor em Ruanda, apesar do fato de que a maioria dos alunos não trabalha com educação e nunca esteve em Ruanda.

Em vez disso, uma abordagem apresentada por Joanna Cea e Jess Rimington inverte esse modelo, conforme detalham no artigo "Projeto com o beneficiário".[10] Nele, eles defendem de forma convincente que "os usuários finais têm um papel vital a desempenhar na inovação", mostrando como os não especialistas que estão próximos de um problema apresentam ideias de produtos mais originais e uma grande propensão a "selecionar e aprimorar com sucesso as melhores opções entre vários protótipos". Embora isso se aplique principalmente a projetos sem fins lucrativos, o conceito é válido para qualquer tipo de mudança. Em vez de adivinhar que tipo de mudança as pessoas mais precisam, pergunte a elas — ou, melhor ainda, envolva-as na liderança da mudança com você.

Talvez você seja uma das pessoas diretamente afetadas pela mudança. Se for o caso, esse é um ótimo lugar para começar, pois as complexidades do problema são familiares. Mas você também precisará da opinião de outras pessoas. Isso começa com a proximidade e continua com a humildade, sobre a qual aprendemos no Capítulo 3, para termos uma postura de "mais perguntas do que respostas" e estarmos prontos para realmente ouvir os outros ao passo que eles nos falam mais sobre a mudança da qual precisam e esperam ver.

A Coalizão

Alinhar-se regularmente com o Instituto Nacional de Saúde Mental, Mind Share Partners, Bring Change to Mind e outras organizações sem fins lucrativos da área.

O quarto e último grupo a se envolver na liderança da mudança é a coalizão. Aqui, colocamos em prática nossas lições sobre liderança por meio de contatos e identificamos outras pessoas que buscam o mesmo que nós e que talvez já trabalhem em mudanças semelhantes.

Talvez isso se manifeste em um *changemaker* que usa métodos semelhantes, mas em uma geografia diferente. Ou alguém que busca uma mudança semelhante, mas com métodos diferentes.

Como aproveitar o que os outros já realizam e não reinventar a roda? Como usar uma divisão inteligente do trabalho para fazer o que você faz de melhor e fazer parte de uma solução maior, em vez de tentar fazer tudo sozinho?

Em 2013, Tristan Harris compartilhou uma apresentação com uma pequena comunidade de colegas designers do Google e foi dormir.

Quando acordou, sua apresentação havia viralizado dentro da empresa, e ao entrar no ônibus do Google que o levaria ao trabalho, viu tela após tela de laptop exibindo suas palavras.

Sua apresentação viral, "Um chamado para minimizar a distração e respeitar a atenção dos usuários", repercutiu em todo o Google e fora dele.[11]

Nela, ele apresentou um argumento convincente de que, nunca antes na história da humanidade, tão poucas pessoas, um grupo pequeno e homogêneo de designers no Vale do Silício, "em sua maioria homens brancos que moram em São Francisco, com idade entre 25 e 35 anos... trabalhando em três empresas [Facebook, Google e Apple]... teve tanto impacto em determinar no que milhões de pessoas em todo o mundo se concentrariam".

Harris discursou no TED[12] sobre como as empresas de tecnologia controlam a mente dos usuários por meio da criação de produtos que promovem comportamentos viciantes e prejudiciais à saúde, como a "rolagem eterna" pelos feeds do Facebook, que estimula excessivamente nossos neurônios de dopamina a cada "Curtir", a cada notificação e a cada momento de indignação na mídia social.

Ele foi cofundador do Center for Humane Technology (CHT), que busca promover mudanças positivas no mundo da tecnologia. Mas ele e seus cofundadores não tentaram fazer isso sozinhos — longe disso. A organização sem fins lucrativos se envolveu conscientemente e desenvolveu uma coalizão poderosa e repleta de parceiros, na qual todos trabalham em conjunto para atingir objetivos semelhantes.

O CHT se vê como um "nó, não um centro", conforme aprendemos no Capítulo 6, quando estudamos a liderança baseada em contatos. A organização reuniu todos os tipos de *changemakers* de diferentes áreas dessa tecnologia tão viciante. De professores da UC São Francisco, Columbia, MIT e Cornell a matemáticos, capitalistas de risco, empreendedores, políticos e até mesmo Justin Rosenstein, o cara que inventou o botão curtir do Facebook.

Juntos, avançam para alcançar a mesma visão, de "infraestrutura de tecnologia radicalmente reimaginada e modelos de negócios que realmente se alinham com os melhores interesses da humanidade"[13] e, embora o CHT desempenhe um papel ao unir todos eles, cada membro da coalizão lidera a mudança à sua própria maneira: um professor de direito que trabalha nos aspectos legais; um médico, que trabalha nas implicações para a saúde; e assim por diante.

Como *changemakers*, cada um de nós pode incentivar uma mudança. Mas para que ela se torne uma realidade duradoura, muitas vezes será necessário identificar, apoiar e aprender com outras pessoas que também se importam com essa mesma questão.

Esse é o poder de uma coalizão de *changemakers*.

Abordagem

Nossa sexta e última seção do Canvas *Changemaker* nos leva de volta à equação do impacto *changemaker* (consulte o Capítulo 9).

Lembre-se de que seu impacto é a soma de seu mindset de *changemaker* e de suas habilidades de liderança multiplicada por sua capacidade de ação. As primeiras cinco partes deste quadro o ajudam a identificar sua estratégia e se preparar para agir. A parte final do Canvas o ajudará a ancorar sua mudança de volta ao mindset e à liderança de que precisará para torná-la real.

Mindset de *Changemaker*

> Resiliência para superar a resistência inicial; pensamento a longo prazo para concretizar nossa grande visão; disposição flexível para permanecermos otimistas e, ao mesmo tempo, realistas em relação aos desafios futuros.

Comece primeiro com seu mindset de *changemaker*. Quais dos aspectos que você aprendeu são mais cruciais? Quais serão os mais aplicáveis para ajudá-lo a liderar essa mudança positiva? Lembrar-se de como questionar o status quo e nadar contra a correnteza? Trazer regularmente flexibilidade e empatia para seu trabalho? Ou talvez se concentrar no pensamento a longo prazo, mesmo quando houver pressão por resultados a curto prazo? Esta é a sua reflexão pessoal sobre os traços e atributos de mindset que você se comprometerá a praticar para transformar a mudança que deseja em realidade.

Liderança *Changemaker*

> Influência sem autoridade, para convencer a liderança sênior; microliderança, para reconhecer e aproveitar os momentos para servir aos outros; liderança inclusiva.

Com seus traços de mindset definidos, reflita sobre as habilidades de liderança transformadora das quais você precisará para trabalhar com outras pessoas e por meio delas para realizar sua mudança. Precisará influenciar sem autoritarismo? Praticar a liderança baseada em contatos? Talvez a chave seja uma combinação de microliderança e liderança com propósito. Não há respostas certas aqui. Essa é a sua chance de identificar antecipadamente quais técnicas e abordagens de liderança você acha que podem ser especialmente úteis e então colocá-las em prática.

Muhammad Kisirisa, Agustín Rodríguez Aké e todos os outros *changemakers* com quem nadei no mar de Mármara mantiveram contato e ainda torcem uns pelos outros. Embora tracemos caminhos divergentes, sempre que recebo uma mensagem de um deles no nosso grupo de WhatsApp, sinto um pouco de conforto e um senso de conexão. Lembro-me de que embora todos nós, vinte pessoas, espalhadas por seis continentes diferentes, trabalhemos em iniciativas muito diferentes, estaremos sempre conectados por nossas lutas e vitórias compartilhadas em busca de mudanças positivas para as nossas comunidades. Criei o Canvas *Changemaker* para eles, para nós e para você.

Espero que esse quadro faça parte de seu kit de ferramentas, e que você se sinta equipado e preparado para transformar a ideia em ação e dar os primeiros passos cruciais para incentivar a mudança com coragem e confiança.

SEJA A MUDANÇA

Pontos Importantes

- Independentemente do tipo de mudança que conduzimos, ela sempre nos sobrecarregará, especialmente no início.
- Comece com seu porquê. Por que dedicar seu recurso mais escasso — seu tempo — para fazer essa mudança?
- Sua mudança será impulsionada por outras pessoas e com elas, mas lembre-se de envolvê-las no processo de diferentes maneiras, desde evangelistas, que fornecem aprovação ou "prova social", até membros de sua coalizão, que envolverá colaboradores.

Desafio Changemaker

- Faça o download de uma cópia editável do Canvas Changemaker em changemaker.us/canvas e o preencha com uma iniciativa de mudança que você gostaria que se tornasse realidade! Compartilhe-o com pelo menos uma outra pessoa para obter um feedback inicial.

Capítulo 12

Catalise Sua Jornada *Changemaker*

Sarika Saksena só tinha 18 anos quando se inscreveu para o curso Seja um *Changemaker*, em 2019, no primeiro semestre em que ministrei a aula. Eu me dediquei de corpo e alma para criar e ministrar o curso; portanto, nada foi mais significativo para mim do que ver uma aluna como ela se tornar uma *changemaker* bem diante dos meus olhos.

Mas não foi o que ela fez em meu curso que lhe rendeu uma nota 10 em seu trabalho final, uma nota que raramente dou. Foi o que ela fez fora da sala de aula com o seu recém-descoberto mindset de *changemaker* e sua capacidade de liderança que me mostrou o poder coletivo da mudança em ação.

Adoro quando os alunos questionam o status quo com as tarefas; portanto, em vez de exigir que escrevam uma redação acadêmica tradicional para mostrar o que aprenderam em sala de aula, ofereço-lhes outras opções — uma delas é escrever um conto de fadas sobre o que significa ser um *changemaker*. Isso não apenas incentiva a curiosidade e a criatividade dos alunos, mas também exige que dominem o material de tal forma que possam escrever sobre ele em termos simples e em forma de narrativa. Não fiquei nem um pouco surpreso quando Sarika escolheu essa opção. Ela escreveu uma linda história sobre um menino chamado Butru, que vivia com a mãe em um pequeno vilarejo. Por meio de suas interações com uma deusa mágica, ele aprendeu lições de empatia, coragem e resiliência que o ajudaram a fazer mudanças para as pessoas de seu vilarejo. Uma deusa ajuda Butru a se tornar um *changemaker*; mas antes do final da história, Sarika inclui perguntas de conversação para que as crianças que estão lendo o conto de fadas aprendam as mesmas lições que Butru.

Sarika me disse que leu sua história para o irmão, que cursava o ensino fundamental, envolvendo-o nas perguntas no final. Na semana seguinte, Sarika contou: "Meu irmão me disse que, nessa semana, passou o intervalo na escola de forma muito diferente do habitual. Ele se aproximou pela primeira vez de duas crianças e passou o tempo livre com elas. Uma delas 'sempre se senta sozinha' e outra 'nunca brinca com ninguém'." Seu irmão descobriu, que ambos os alunos sempre se sentiram excluídos dos outros alunos — um por causa de um problema de saúde e o outro por vergonha de algo que estava muito além de seu controle. Seu irmão ficou triste com isso, mas disse a Sarika que finalmente sentiu que sabia o que fazer. Havia aprendido as mesmas lições que Butru sobre empatia, coragem e resiliência e o chamado para agir. Sempre quis fazer algo, mas nunca soube o que ou como fazê-lo — até aquele momento mágico, em que se tornou um *changemaker*.

Aprendi que a mudança não se limita a cada um de nós individualmente, mas convida a todos nós coletivamente. Trata-se de um esforço cumulativo. E assim que outras pessoas podem nos inspirar em nossa jornada *changemaker*. Por nossa vez, podemos inspirar outras pessoas. Como aprendemos no início do livro, a mudança pode ser desafiadora, porque ela ocorre de forma exponencial. Esse mesmo princípio pode se tornar nossa maior força como *changemakers*. Como Sarika, talvez você não perceba isso no momento; mas quando começa a se ver como um e se dá permissão para fazer mudanças, torna-se capaz de inspirar outras pessoas a se juntarem a você. Na verdade, talvez nunca venha a se familiarizar com todas as pessoas cuja vida foi afetada por meio de suas ações transformadoras. Mas independentemente de quem seja, onde viva ou que mudança venha a liderar, as ondas de seu trabalho chegarão a lugares que nunca imaginou ser possível.

Ao chegar ao final desta jornada, você se juntará a uma comunidade de outros *changemakers* dedicados, apaixonados e motivados por um propósito, todos prontos para liderar mudanças positivas onde quer que estejam. Agora, está conectado aos inovadores corporativos e aos defensores das bases, aos escritores, aos artistas, aos intraempreendedores e aos empreendedores. Agora, pertence aos *changemakers* do mundo.

Apoie-se Nos Ombros

Minha paixão por apoiar *changemakers* vem da humildade de reconhecer que não sei de tudo o que o mundo precisa. Mas tenho certeza de que uma coisa crucial de que ele precisa é de mais *changemakers*: mais pessoas como você, comprometidas em criar o futuro e liderar mudanças positivas, onde quer que estejam.

Ao longo deste livro, você foi apresentado a *changemakers* que incorporam os conceitos cruciais de mindset, liderança e ação.

Na introdução, conheceu Shivani Siroya, uma inovadora que causa impacto na interseção de finanças, tecnologia e inclusão. Ela nos ensinou como os conceitos de mindset de *changemaker*, como curiosidade, flexibilidade e resiliência, representam como *changemakers* aparecem diariamente em seu trabalho e em sua vida. E descobrimos que essas características podem ser aprendidas e colocadas em prática por qualquer pessoa.

No Capítulo 1, conhecemos minha aluna Hana, cujo idealismo se esvaiu quando suas novas ideias para um local de trabalho mais equitativo e inclusivo não foram aceitas de imediato. Ao encontrar inspiração em outra *changemaker* — que também havia superado contratempos e desafios — e ao contar a história dela para nossa turma, Hana se tornou uma inspiração para outra aluna. Ela aprendeu que uma das maneiras mais poderosas de praticar o mindset é ajudar outras pessoas a se tornarem *changemakers* também. Ao incorporar o otimismo aprendido, percebeu que seus contratempos iniciais não eram permanentes. E desde que superou essas dúvidas iniciais, ela passou a liderar os esforços de diversidade, equidade e inclusão com confiança renovada.

No Capítulo 2, conhecemos o *changemaker* jurídico Bryan Stevenson, que traçou seu próprio caminho de maneira impactante ao questionar regularmente o status quo. Vimos como ele atiçou a própria curiosidade — começando como alguém sem nenhum modelo a ser seguido na profissão de advogado — para reimaginar como o sistema jurídico deveria ser nos Estados Unidos. Vimos como ele nadou contra a correnteza para defender os indivíduos mais impotentes de nossa sociedade. E vimos como assumiu riscos inteligentes ao defender corajosamente casos jurídicos que a maioria dos outros advogados preferiu evitar, a fim de liderar mudanças positivas nos tribunais.

No Capítulo 3, conhecemos Gwen Yi Wong, da Tribeless, que incorpora os conceitos de "confiança sem atitude". Vimos como ela teve a confiança necessária para iniciar e liderar uma organização de alto crescimento e a humildade para saber quando chegou a hora de se afastar para que outra pessoa pudesse assumir o cargo de CEO. Aprendemos com ela que *changemakers* buscam soluções que não sejam exclusivas. Ao liderar sua equipe com confiança, permitiu que eles colaborassem melhor e criassem um novo produto muito mais rápido do que ela pôde imaginar. Ela nos mostra que o equilíbrio entre confiança e humildade permite que a mudança vá além de um único indivíduo.

No Capítulo 4, conhecemos Emily Cherniack, que fundou a organização New Politics. Ao identificar e apoiar indivíduos que são líderes servis em primeiro lugar e políticos em segundo, ela elevou um conceito de liderança que é ao mesmo tempo antigo e atual. Ela nos inspira a nos tornarmos líderes que vão além de si mesmos e a pensar eticamente e a longo prazo.

No Capítulo 5, conhecemos Darius Graham, um *changemaker* que liderou mudanças positivas em ambientes que variam de universidades a fundações, escritórios de advocacia e organizações sem fins lucrativos de base. Em cada uma das novas oportunidades que aproveitou, seu porquê permaneceu claro— conectar melhor os recursos e as soluções com os problemas a serem resolvidos —, ao passo que se manteve flexível em seu como. Manteve-se resiliente, apesar dos desafios decorrentes de assumir tantas funções novas, e usou a empatia para integrar os membros da comunidade às instituições de maneiras novas e criativas.

No Capítulo 6, conhecemos Sebastien, um gerente intermediário em uma empresa de manufatura. Apaixonado por sustentabilidade, não conseguia incentivar seus colegas a aderir aos seus esforços de compostagem. Mas ao praticar as principais habilidades de liderança do século XXI, como a liderança por meio de contatos, ele conseguiu capacitar muitos outros a se juntar a ele em seus esforços de mudança. Ao incentivar e inspirar outras pessoas a serem seus "primeiros seguidores", seus esforços de compostagem deram certo e Sebastien conseguiu liderar iniciativas de sustentabilidade ainda mais ambiciosas, sem nunca esperar que alguém lhe desse permissão para isso.

No Capítulo 7, vimos como a jogadora de basquete do Oregon, Sedona Prince, incorporou o conceito de microliderança ao aproveitar um momento de liderança para exigir igualdade. Também conhecemos o diretor de cinema Jon Chu, que conseguiu influenciar sem fazer uso de autoridade para que uma das maiores bandas do mundo lhe concedesse os direitos de usar sua música na emocionante e edificante cena final do filme *Podres de ricos*.

No Capítulo 8, vimos como a primeira-ministra da Nova Zelândia, Jacinda Ardern, personificou o melhor da liderança inclusiva após um tiroteio em uma mesquita em seu país. Criou um sentimento de "segurança psicológica", um conceito que, segundo a pesquisa organizacional do Google, é o principal indicador de uma equipe de alto impacto. E vimos como a sensibilidade cultural de Ardern reflete uma das chaves para alguém se tornar um líder inclusivo (seu impacto se multiplica quando incluímos também a humildade).

No Capítulo 9, Luis Sota deu vida à equação de impacto *changemaker* ao colocar em ação seu mindset e suas habilidades de liderança para desenvolver novas oportunidades para proprietários de casas de baixa renda no México. Também vimos como o escultor Janardhan Havanje levou a sério as palavras "a ação é o antídoto para o desespero" e inspirou as pessoas a limpar uma praia em Karnataka, na Índia.

No Capítulo 10, conhecemos Carolyn Davis, funcionária no Walmart, que nos mostrou como liderar mudanças quando elas são difíceis. Ao engajar apoiadores, cínicos e indecisos, ela demonstrou tenacidade na defesa — e, por fim, na conquista — de uma licença parental igualitária em toda a empresa. Também aprendemos sobre os esforços bem-sucedidos de Julie Kliger para reduzir o número de erros médicos em seu hospital. Tanto Kliger quanto Davis usaram o empreendedorismo normativo para incentivar a mudança por meio da cultura.

E, finalmente, no Capítulo 11, conhecemos Scott Shigeoka. Shigeoka aproveitou todo o conjunto de instrumentos do kit de ferramentas *changemaker* para liderar diversos tipos de mudança, desde arte experimental e empreendimentos musicais imersivos até uma viagem de carro com o objetivo singular de construir pontes entre pessoas com experiências diferentes. Aprendemos que *changemakers* recorrem a um kit de ferramentas que compõem o Canvas *Changemaker*, desde a articulação de uma visão até a identificação das causas fundamentais de um problema e o desenvolvimento de um projeto mínimo viável, tudo dependendo do que a situação exige, ao passo que se mantêm adaptáveis e capazes de enxergar oportunidades onde outros talvez só vejam desafios.

Os *changemakers* que conhecemos são excepcionais em seu impacto; mas, como você observou nas pesquisas, nas histórias, nas lições e nos estudos deste livro, o mindset de *changemaker*, as habilidades de liderança e caminhar em direção à ação são coisas às quais todos nós temos acesso.

Ao compartilhar as histórias deles com você, meu objetivo não é que você se sinta pressionado a seguir os passos deles. Munido de tudo o que aprendeu, agora está pronto para fazer mais do que isso: chegou a hora de adotar sua própria identidade como *changemaker* e se apoiar nos ombros desses gigantes da mudança. Este é o seu convite para aproveitar as lições que aprendeu ao longo do livro e aplicá-las à sua própria vida e à mudança que você está apto a liderar. O mundo não precisa de um clone de Nadine Burke Harris ou Sam McCracken. Ele precisa de um novo *changemaker*: você. Precisamos de todas as suas experiências, interesses, paixões e habilidades — e, sim, o mindset, a liderança e a ação de um *changemaker* — para impulsionar a mudança. Precisamos que você a lidere de onde quer que esteja, de uma forma que seja fiel a quem é e que faça a diferença que precisa fazer.

Criando Coragem

A esta altura, você já desenvolveu um mindset de *changemaker*. Aprendeu muitas habilidades novas e eficazes de liderança transformadora. Sabe o que é necessário para transformar sua ideia em ação e já incluiu tudo de que precisa no seu kit de ferramentas. Você tem a confiança da Verificação de *Changemaker*, sabe que o processo de Seja um *Changemaker* funciona e compreende que muitas pessoas como você se transformaram em *changemakers* em resultado desses conceitos e lições.

Só lhe resta uma coisa a fazer: criar a coragem para ser um também.

Quando dou aulas, sempre encerro o semestre com as palavras da romancista Anaïs Nin, ela própria uma *changemaker*. Ela escreve: "A vida encolhe ou se expande de acordo com a coragem de cada um."[1]

Agora é a hora usar a coragem que esteve dentro de você durante todo esse tempo e expandir seu impacto transformador.

Consegue encontrar essa coragem que clama aí dentro? A coragem de parar de pensar que fazer mudanças é algo que outras pessoas fazem e dizer a si mesmo que agora é algo que você deve fazer. A coragem de parar de esperar até que tudo esteja perfeito antes de liderar a mudança e, em vez disso, comprometer-se a agir agora, mesmo que isso signifique aceitar alguns fracassos ao longo do caminho.

Não tem problema, e é perfeitamente normal, sentir um pouco de medo ao pensar em se tornar um *changemaker*! Como o artista Damon Davis contou sobre seu trabalho de ouvir as histórias dos manifestantes em Ferguson, Missouri: "A coragem é contagiosa."[2] Quanto mais praticar um pouco de coragem para realizar mudanças, mais ela se multiplicará.

Não é preciso dar um grande salto; basta encontrar a coragem para começar. Isso é o que milhares de *changemakers* fizeram antes de você, e agora é sua vez de se juntar a eles.

Agora você tem tudo do que precisa para começar a liderar mudanças positivas onde quer que esteja. Tornou-se um *changemaker*.

O mundo nunca esteve tão pronto para recebê-lo. E mal posso esperar para ver o que você fará em seguida.

Agradecimentos

Se consegui alguma coisa na minha vida ou na escrita, isso se deu apenas porque tenho o imenso privilégio de passar meus dias cercado pela comunidade mais incrível que existe, sendo apoiado e incentivado por ela. Todos vocês me dão muito mais do que eu mereço ou poderia retribuir. De amigos e familiares a colegas, incluo cada um de vocês, além de nossos triunfos e lutas compartilhados, para este livro. Se, por engano, deixei alguém de fora, saiba que minha gratidão se estende além destas páginas e diretamente a você por tudo o que fez por mim. (Além disso, vamos culpar minha falta de sono como pai novato. Combinado?)

Meu primeiro agradecimento vai para os meus incríveis alunos. Vocês me motivam, desafiam e inspiram todos os dias. Muitas vezes, não consigo dormir à noite depois de dar aula, porque ainda me sinto contagiado pela energia da sala de aula e com a incrível paixão e potencial que vejo em cada um de vocês. Obrigado por me darem o maravilhoso presente de ser seu professor.

Agradeço a minha fantástica comunidade de Berkeley Haas. A Jay Stowsky por acreditar em mim, lutar por mim e me dar a maior oportunidade de todos os tempos: a de lecionar na Haas. A Erika Walker por ter se arriscado comigo e por todos os seus sábios conselhos. À reitora Ann Harrison por liderar uma escola em que um curso sobre mudança não é apenas permitido, mas apoiado e incentivado. A Laura Hassner, Brandi Pearce, Mariana Somma e Rich Lyons por seu otimismo, amizade e apoio incansável aos *Changemakers* de Berkeley. E a todos os meus colegas do corpo docente e da equipe da UC Berkeley, que tenho a honra de também poder chamar de amigos: obrigado. Agradeço à lista de reprodução Deep Focus do Spotify por estar sempre ao meu lado, especialmente durante as sessões de escrita tarde da noite. E às BMVs (bebidas mais valiosas) deste projeto de redação: kombucha e café gelado.

Agradeço a todos os *changemakers* que conheci ao longo do caminho, tanto enquanto escrevia este livro quanto antes dele. Vocês me moldaram muito mais do que poderiam imaginar. Um agradecimento especial a cada um dos *changemakers* espetaculares que descrevo neste livro. Obrigado por confiarem em mim para contar sua história e por compartilharem seu exemplo com o mundo.

Agradeço meu incrível agente, Jeff Shreve. Seu e-mail, em abril de 2020, não poderia ter chegado em melhor hora, dando início a essa nossa jornada vitoriosa, juntos. Obrigado por dar uma chance a este autor iniciante e por responder a todas as minhas perguntas ao longo do caminho com inteligência e sabedoria.

Agradeço a minha incrível editora, Nana K. Twumasi. Desde a nossa primeira conversa, ela foi a pessoa com quem eu queria trabalhar neste livro, superando todas as minhas expectativas. Obrigado por estar sempre ao meu lado, por trazer seu olhar editorial brilhante e sua mente afiada para este projeto e por me ajudar a fazer com que os leitores pensem que eu realmente sei como usar corretamente um travessão.

Agradeço a todos os meus amigos e familiares que me apoiaram durante todo o processo maluco de escrever um livro! Seu incentivo e apoio significam muito para mim. A Justin Shifrin e Ryan Abelowitz por sempre reservarem um tempo para ver como ia o livro, apesar de tudo o mais que têm para fazer. A Peter Roady por seus conselhos indispensáveis no início do projeto. A Ben Sands por ter sido a primeira pessoa , há muitos anos, a sugerir que eu escrevesse este livro. A David Nahmias por ter aceitado o acordo mais desigual da história da escrita de livros: todas as contribuições e feedbacks imensamente atenciosos em troca de um prato de shawarma de frango e uma cerveja.

Agradeço a Alana Budak por acreditar em mim e apoiar este livro de muitas maneiras. Agradeço a Emily Altman e Andrew Braunstein pela grande assistência em tudo, desde me ajudar a conseguir tempo para escrever até responder às minhas perguntas sobre análise estatística. Agradeço a Dave e Judith Altman pelo incentivo e apoio inabaláveis (e por seus cuidados como avós na hora certa!) durante todo o processo de escrita. Agradeço a Mark Budak, Glenn Budak, Sherrie Bell, Phyllis Jerome e Irwin e Gloria Altman por terem tido a bondade de sempre acreditar em mim e neste livro.

Agradeço aos meus pais, Mo e Renee Budak, por me ensinarem a importância dos valores desde pequeno, por sempre me incentivarem a ser um *changemaker* e por serem os melhores agentes de relações públicas (ferozes e não remunerados, mas sempre apreciados) que um filho poderia imaginar.

Agradeço a Asher por sempre me lembrar por que estava escrevendo este livro. Tudo o que faço é para você, e você é tudo para mim.

E, finalmente, meus maiores agradecimentos à minha esposa, Rebecca Budak. Nada disso teria sido possível sem você e sua sabedoria, empatia, bondade e amor. Você me inspira a ser um *changemaker* melhor e, o mais importante, um marido, pai e pessoa melhor a cada dia. Você é a única para mim.

Notas

Introdução

1. Abby Fifer Mandell, Megan Strawther e James Zhu, *InVenture: Building Credit Scoring Tools for the Base of the Pyramid*, Greif Center for Entrepreneurial Studies, USC Marshall, 1° de dezembro de 2015.
2. "Changemaker Skills", Ashoka, https://www.ashoka.org/en/collection/changemaker-skills.
3. Thomas L. Friedman, *Thank You for Being Late: An Optimist's Guide to Thriving in the Age of Accelerations* (Nova York: Farrar, Straus e Giroux, 2016).
4. Scott Brinker, "Martec's Law: Technology Changes Exponentially, Organizations Change Logarithmically", *Chief Martec*, 13 de junho de 2013, https://chiefmartec.com/2013/06/martecs-law-technology-changes-exponentially-organizations-change-logarithmically.

Capítulo 1

1. Carol S. Dweck, *Mindset: The New Psychology of Success* (Nova York: Ballantine, 2016).
2. Amanda Gorman, *The Hill We Climb: An Inaugural Poem for the Country* (Nova York: Viking, 2021).
3. Joe Pinsker, "People Who Use Firefox or Chrome Are Better Employees", *Atlantic*, 16 de março de 2015, https://www.theatlantic.com/business/archive/2015/03/people-who-use-firefox-or-chrome-are-better-employees/387781.
4. Stephen J. Dubner, "The Maddest Men of All", trecho do episódio 198, 26 de fevereiro de 2015, *Freakonomics Radio*, https://freakonomics.com/podcast/the-maddest-men-of-all.
5. Snigdha Sinha, "Eco-Friendly Sanitary Pads Made of Banana Fibre—Saathi Pads's Solution to Menstrual Waste", YourStory, 10 de agosto de 2015, https://yourstory.com/2015/08/eco-friendly-saathi-pads/amp.
6. Rebecca Solnit, *Hope in the Dark: The Untold History of People Power* (Edimburgo: Canongate, 2005).

7. Shashank Bengali, "His Son Died in a Road Accident, so India's 'Pothole Dada' Fills His Family's Sorrow with Stone and Gravel", *Los Angeles Times*, 15 de agosto de 2018, https://www.latimes.com/world/asia/la-fg-india-pothole-man-20180815-story.html.
8. Martin E. P. Seligman, *Learned Optimism* (Nova York: Knopf, 1991).
9. Bill Snyder, "Laura Weidman Powers: Opening Doors for Minorities in Technology", Insights by Stanford Business, Stanford Graduate School of Business, 21 de junho de 2013, https://www.gsb.stanford.edu/insights/laura-weidman-powers-opening-doors-minorities-technology.
10. "Our Culture" Berkeley Haas, https://haas.berkeley.edu/about/the-haas-difference/our-culture.

Capítulo 2

1. "Bryan Stevenson", Gruber Foundation, Universidade de Yale, https://gruber.yale.edu/justice/bryan-stevenson.
2. Isaac Bailey, "Seeking Justice: Bryan Stevenson MPP/JD 1985 Is an Indefatigable Defender of the Powerless", Harvard Kennedy School, verão de 2018, https://www.hks.harvard.edu/research-insights/policy-topics/human-rights/seeking-justice-bryan-stevenson-mppjd-1985.
3. "Bryan Stevenson".
4. Equal Justice Initiative (EJI), Postagem de Introdução, Facebook, https://www.facebook.com/equaljusticeinitiative.
5. Eva Rodriguez, "Bryan Stevenson Savors Victory in Supreme Court Ruling on Juvenile Life Sentences", *Washington Post*, 25 de junho de 2012, https://www.washingtonpost.com/lifestyle/style/bryan-stevenson-savors-victory-in-supreme-court-ruling-on-juvenile-life-sentences/2012/06/25/gJQA8Wqm2V_story.html.
6. Lizzie Kane, "Bryan Stevenson: 4 Steps to 'Change the World' ", *Q City Metro*, 29 de janeiro de 2020, https://qcitymetro.com/2020/01/29/bryan-stevenson-4-steps-to-change-the-world; " 'Hope Is Your Superpower': Bryan Stevenson Speaks at Penn State Abington", Penn State, 22 de março de 2019, https://www.psu.edu/news/academics/story/hope-your-superpower-bryan-stevenson-speaks-penn-state-abington.
7. Svenolof Karlsson e Anders Lugn, "Laila Dials a Winner", Ericsson, https://www.ericsson.com/en/about-us/history/changing-the-world/the-nordics-take-charge/laila-dials-a-winner.
8. J. Nina Lieberman, "Playfulness and Divergent Thinking: An Investigation of Their Relationship at the Kindergarten Level", *Journal of Genetic Psychology* 107, n. 2 (1965): 219, https://doi.org/10.1080/00221325.1965.10533661.
9. Morten T. Hansen, "IDEO CEO Tim Brown: T-Shaped Stars: The Backbone of IDEO's Collaborative Culture", *Chief Executive*, 21 de janeiro de 2010, https://chiefexecutive.net/ideo-ceo-tim-brown-t-shaped-stars-the-backbone-of-ideoaes-collabora tive-culture.

10. Ian Leslie, *Curious: The Desire to Know and Why Your Future Depends on It* (Nova York: Basic Books, 2015); "Ian Leslie on Why Curiosity Is Like a Muscle", Quercus Books, 7 de maio de 2014, YouTube, https://www.youtube.com/watch?v=SOGqGOnlJCI.

11. Bruce D. Perry, Lea Hogan e Sarah J. Marlin, "Curiosity, Pleasure and Play: A Neurodevelopmental Perspective", *HAAEYC Advocate*, agosto de 2000.

12. Bethany Biron, "REI Is Defying Black Friday and Closing Its Stores for the 5th Year in a Row—and It Wants Shoppers to Join Its Plan to Fight ClimateChange", *Business Insider*, 9 de novembro de 2019, https://www.businessinsider.com/rei-closed-black-friday-for-the-fifth-year-2019-11.

13. Lizz Kannenberg, "Social Spotlight: REI's #OptOutside and How a Campaign Becomes a Movement", Sprout Social, 22 de janeiro de 2020, https://sproutsocial.com/insights/social-spotlight-rei.

14. Emily Parkhurst, "'That REI Black Friday Stunt? It Worked. REI Posts Largest-Ever Membership Growth", *Puget Sound Business Journal*, 15 de março de 2016, https://www.bizjournals.com/seattle/news/2016/03/15/that-rei-black-friday-stunt-it-worked-rei-posts.html.

15. Solomon E. Asch, "Effects of Group Pressure on the Modification and Distortion of Judgments", em *Groups, Leadership and Men*, ed. H. Guetzknow (Pittsburgh: Carnegie Press, 1951), 177–90.

16. Tyler Tervooren, "Finally, a Simple Way to Tell Smart Risks from Dumb Ones", Riskology, https://www.riskology.co/smart-risk-equation.

17. Anthony Ray Hinton e Lara Love Hardin, *The Sun Does Shine: How I Found Life and Freedom on Death Row* (Nova York: St. Martin's Press, 2018).

18. E. P. Hollander, "Conformity, Status, and Idiosyncrasy Credit", *Psychological Review* 65, n. 2 (1958): 117–27, https://doi.org/10.1037/h0042501.

19. A. A. Scholer et al., "When Risk Seeking Becomes a Motivational Necessity", *Journal of Personality and Social Psychology* 99, n. 2 (2010): 215–31, https://doi.org/10.1037/a0019715.

20. Miriam Cosic, " 'We Are All Entrepreneurs': Muhammad Yunus on Changing the World, One Microloan at a Time", *The Guardian*, 28 de março de 2017, https://www.theguardian.com/sustainable-business/2017/mar/29/we-are-all-entrepreneurs-muhammad-yunus-on-changing-the-world-one-microloan-at-a-time.

Capítulo 3

1. Gwen Yi, "To Lead Is to Let Go: Why I Fired Myself as CEO of Tribeless", *Medium*, 5 de dezembro de 2018, https://gwenyi.medium.com/to-lead-is-to-let-go-why-i-fired-myself-as-ceo-of-tribeless-3f4c4eb46c.

2. Entrevista pessoal com Gwen Yi Wong em 22 de junho de 2021.

3. Amy Y. Ou, David A. Waldman e Suzanne J. Peterson, "Do Humble CEOs Matter? An Examination of CEO Humility and Firm Outcomes",

Journal of Management 44, n. 3 (setembro 21, 2015): 1147-73, https://doi.org/10.1177/0149206315604187.

4. Kibeom Lee e Michael C. Ashton, "Getting Mad and Getting Even: Agreeableness and Honesty-Humility as Predictors of Revenge Intentions", *Personality and Individual Differences* 52, n. 5 (abril de 2012): 596-600, https://doi.org/10.1016/j.paid.2011.12.004.
5. Samantha A. Deffler, Mark R. Leary e Rick H. Hoyle, "Knowing What You Know: Intellectual Humility and Judgments of Recognition Memory", *Personality and Individual Differences* 96 (julho de 2016): 255-59, https://doi.org/10.1016/j.paid.2016.03.016.
6. Jim Collins, *Good to Great: Why Some Companies Make the Leap... and Others Don't* (Nova York: Harper Business, 2001).
7. *Public Trust in Government: 1958-2021*, Pew Research Center, 17 de maio de 2021, https://www.pewresearch.org/politics/2021/05/17/public-trust-in-government-1958-2021.
8. "The State of Personal Trust", *Trust and Distrust in America*, Pew Research Center, 22 de julho de 2019, https://www.pewresearch.org/politics/2019/07/22/the-state-of-personal-trust.
9. Esteban Ortiz-Ospina e Max Roser, "Trust", *Our World in Data*, 22 de julho de 2016, https://ourworldindata.org/trust.
10. Rachel Botsman, "We've Stopped Trusting Institutions and Started Trusting Strangers", gravado em 29 de junho de 2016, em TEDSummit, Banff, Canadá, vídeo, 16:59, https://www.ted.com/talks/rachel_botsman_we_ve_stopped_trusting_institutions_and_started_trusting_strangers.
11. "University of Texas at Austin 2014 Commencement Address—Admiral William H. McRaven," Texas Exes, 19 de maio de 2014, YouTube, 19:26, https://www.youtube.com/watch?v=pxBQLFLei70.
12. Pauline Rose Clance e Suzanne Ament Imes, "The Imposter Phenomenon in High Achieving Women: Dynamics and Therapeutic Intervention", *Psychotherapy: Theory, Research & Practice* 15, n. 3 (1978): 241-47, https://doi.org/10.1037/h0086006.
13. Ruchika Tulshyan e Jodi-Ann Burey, "Stop Telling Women They Have Imposter Syndrome", *Harvard Business Review*, 11 de fevereiro de 2021, https://hbr.org/2021/02/stop-telling-women-they-have-imposter-syndrome.
14. Basima Tewfik, "Workplace Impostor Thoughts: Theoretical Conceptualization, Construct Measurement, and Relationships with Work-Related Outcomes", (tese de doutorado, Universidade da Pensilvânia, 2019), https://repository.upenn.edu/edissertations/3603.
15. Brené Brown, "The Power of Vulnerability", gravado em 11 de junho de 2010, em TEDxHouston, Houston, TX, vídeo, 20:03, https://www.ted.com/talks/brene_brown_the_power_of_vulnerability.
16. Morten Hansen, *Great at Work: The Hidden Habits of Top Performers* (Nova York: Simon & Schuster, 2018).

17. David Allen, "Opera's Disrupter in Residence, Heading to Bayreuth", *New York Times*, 20 de julho de 2017, https://www.nytimes.com/2017/07/20/arts/music/operas-disrupter-in-residence-heading-to-bayreuth.html.

18. "Anna Deavere Smith, Yuval Sharon, and Kate D. Levin—Aspen Ideas Festival", The Aspen Institute, 30 de junho de 2020, YouTube, 23:04, https://www.youtube.com/watch?v=v3Sa1CRXbeE.

19. "Take the Thomas-Kilmann Conflict Mode Instrument", Kilmann Diagnostics, https://kilmanndiagnostics.com/overview-thomas-kilmann-conflict-mode-instrument-tki.

20. Para obter mais informações e ver uma representação visual do gráfico, acesse "Thomas Kilmann Conflict Mode Instrument (TKI®)", Myers-Briggs, https://www.themyersbriggs.com/en-US/Products-and-Services/TKI.

21. Scott Shigeoka e Jason Marsh, "Eight Keys to Bridging Our Differences", *Greater Good Magazine*, Greater Good Science Center at UC Berkeley, 22 de julho de 2020, https://greatergood.berkeley.edu/article/item/eight_keys_to_bridging_our_differences.

Capítulo 4

1. Jim Heskett, "Why Isn't Servant Leadership More Prevalent?", Working Knowledge, Harvard Business School, 1° de maio de 2018, https://hbswk.hbs.edu/item/7207.html.

2. Robert K. Greenleaf, *The Servant as Leader* (Indianápolis: Robert K. Greenleaf Center for Servant Leadership, 1970).

3. "Emily Cherniack", New Politics, https://www.newpolitics.org/emily-cherniack.

4. Adam M. Grant, *Give and Take: Why Helping Others Drives Our Success* (Nova York: Penguin, 2014).

5. Cone, "New Cone Communications Research Confirms Millennials as America's Most Ardent CSR Supporters", coletiva de imprensa, 23 de setembro de 2015, https://www.conecomm.com/news-blog/new-cone-communications-research-confirms-millennials-as-americas-most-ardent-csr-supporters.

6. "2020 Edelman Trust Barometer", Edelman, 19 de janeiro de 2020, https://www.edelman.com/trust/2020-trust-barometer.

7. Alison Beard, "Why Ben & Jerry's Speaks Out", *Harvard Business Review*, 13 de janeiro de 2021, https://hbr.org/2021/01/why-ben-jerrys-speaks-out.

8. Phillippa Lally et al., "How Are Habits Formed: Modelling Habit Formation in the Real World", *European Journal of Social Psychology* 40, n. 6 (outubro de 2010): 998–1009, https://doi.org/10.1002/ejsp.674.

9. *Measuring the Economic Impact of Short-Termism*, artigo de discussão, McKinsey Global Institute, fevereiro de 2017, https://www.

mckinsey.com/~/media/mckinsey/featured%20insights/long%20 term%20capitalism/where%20companies%20with%20a%20long%20 term%20view%20outperform%20their%20peers/measuring-the--economic-impact-of-short-termism.ashx.

10. Simon Sinek, *The Infinite Game* (Nova York: Portfolio, 2020).
11. James P. Carse, *Finite and Infinite Games: A Vision of Life as Play and Possibility* (Nova York: Free Press, 1986).
12. Brian Chesky, "Open Letter to the Airbnb Community About Building a 21st Century Company", Airbnb, 14 de fevereiro de 2018, press.atairbnb.com/brian-cheskys-open-letter-to-the-airbnb-community--about-building-a-21st-century-company.
13. Cameron Sperance, "Airbnb and Vrbo Significantly Outperformed the Hotel Industry but for How Long?", *Skift*, 14 de agosto de 2020, https://skift.com/2020/08/14/airbnb-and-vrbo-significantly-outperformed--the-hotel-industry-but-for-how-long.
14. James M. Kouzes e Barry Posner, "To Lead, Create a Shared Vision", *Harvard Business Review*, janeiro de 2009, https://hbr.org/2009/01/to-lead-create-a-shared-vision.
15. Matthew Kelly, *The Long View: Some Thoughts About One of Life's Most Important Lessons* (North Palm Beach, FL: Blue Sparrow, 2014).
16. Ashlee Vance, *Elon Musk: Tesla, SpaceX, and the Quest for a Fantastic Future* (Nova York: Ecco, 2015).
17. "Future of Driving", Volvo, https://www.volvocars.com/en-vn/why--volvo/human-innovation/future-of-driving.
18. Hannah Bae, "Bill Gates' 40th Anniversary Email: Goal Was 'a Computer on Every Desk'", CNN Business, 6 de abril de 2015, https://money.cnn.com/2015/04/05/technology/bill-gates-email-microsoft--40-anniversary/index.html.

Capítulo 5

1. Mario T. García, ed., *A Dolores Huerta Reader* (Albuquerque: University of New Mexico Press, 2008).
2. Demetri Martin, *This Is a Book* (Nova York: Grand Central, 2012).
3. Thomas L. Friedman, "We Need Great Leadership Now, and Here's What It Looks Like", editorial, *New York Times*, 21 de abril de 2020, https://www.nytimes.com/2020/04/21/opinion/covid-dov-seidman.html.
4. *The Flux Report: Building a Resilient Workforce in the Face of Flux*, janeiro de 2014, Right Management, https://www.rightmanagement.co.uk/wps/wcm/connect/350a18c6-6b19-470d-adba-88c9e0394d0b/Right+Management+Flux+Report+Spread.pdf?MOD=AJPERES.
5. Stephen J. Zaccaro, "Social Complexity and the Competencies Required for Effective Military Leadership", em *Out-of-the-Box Leadership: Transforming the Twenty-First-Century Army and Other Top-Performing Organizations*, James G. Hunt, George E. Dodge

e Leonard Wong, eds. (Bingley, Reino Unido: Emerald Publishing, 1999), 131–51.

6. Gunnar Bohné, "Emotions at Play: Gaining Emotional Knowledge Using a Video Game" (tese de mestrado, Universidade de Uppsala, 2014), http://uu.diva-portal.org/smash/get/diva2:747683/FULLTEXT01.pdf.
7. "Empathy Definition: What Is Empathy", *Greater Good Magazine*, Greater Good Science Center, UC Berkeley, https://greatergood.berkeley.edu/topic/empathy/definition.
8. Patti Sanchez, "The Secret to Leading Organizational Change Is Empathy", *Harvard Business Review*, 20 de dezembro de 2018, https://hbr.org/2018/12/the-secret-to-leading-organizational-change-is-empathy.
9. Erik C. Nook et al., "Prosocial Conformity: Prosocial Norms Generalize Across Behavior and Empathy", *Personality and Social Psychology Bulletin* 42, n. 8 (2016): 1045–62, https://doi.org/10.1177/0146167216649932.
10. Anne Brice, "How Having the 'Wrong' Address Almost Cost One Graduate Everything", *Berkeley News*, 13 de maio de 2021, https://news.berkeley.edu/2021/05/13/graduation-profile-aurora-lopez.
11. Elizabeth Levy Paluck, Hana Shepherd e Peter M. Aronow, "Changing Climates of Conflict: A Social Network Experiment in 56 Schools", *Proceedings of the National Academy of Sciences* 113, n. 3 (19 de janeiro de 2016): 566–71, https://doi.org/10.1073/pnas.1514483113.
12. Byron Katie, "The Work Is a Practice", The Work of Byron Katie, https://thework.com/instruction-the-work-byron-katie.
13. Danielle D. King, Abdifatah A. Ali, Courtney L. McCluney e Courtney Bryant, "Give Black Employees Time to Rest and Recover", *Harvard Business Review*, 22 de fevereiro de 2021, https://hbr.org/2021/02/give-black-employees-time-to-rest-and-recover.
14. Audre Lorde, *A Burst of Light and Other Essays* (Mineola, NY: Ixia Press, 2017).
15. Stephen R. Covey, *The 7 Habits of Highly Effective People: Powerful Lessons in Personal Change: 30th Annivesary Edition* (Nova York: Simon & Schuster, 2020).
16. "Habit 7: Sharpen the Saw®", FranklinCovey, https://www.franklincovey.com/habit-7.
17. Arnaldo Camuffo et al., "A Scientific Approach to Entrepreneurial Decision Making: Evidence from a Randomized Control Trial", *Management Science* 66, n. 2 (fevereiro de 2020): 564–86, https://doi.org/10.1287/mnsc.2018.3249.
18. Embora eu não tenha assistido essa palestra antes de criar o exercício de fracasso, o TED talk de Jia Jiang sobre ser rejeitado propositalmente por cem dias seguidos fornece mais insights incríveis: Jia Jiang, "What I Learned from 100 Days of Rejection", 6 de janeiro de 2017, vídeo do TED, 15:31, https://www.youtube.com/watch?v=-vZXgApsPCQ.

Capítulo 6

1. Herminia Ibarra, *Act Like a Leader, Think Like a Leader* (Boston: Harvard Business Review Press, 2015).
2. HerminiaIbarra(@HerminiaIbarra),"Mynewbook#ActLikeaLeader", 9 de fevereiro de 2015, 3h45, https://twitter.com/HerminiaIbarra/status/564751835450597376.
3. "BUILD.org", Remake Learning, https://remakelearning.org/organization/build-org.
4. *State of the Global Workplace: 2021 Report*, "State of the Global Workplace", Gallup, https://www.gallup.com/workplace/349484/state-of-the-global-workplace.aspx.
5. Margaret Wheatley e Deborah Frieze, "Using Emergence to Take Social Innovations to Scale", 2006, https://www.margaretwheatley.com/articles/emergence.html.
6. Damon Centola et al., "Experimental Evidence for Tipping Points in Social Convention", *Science* 360, n. 6393 (8 de junho de 2018): 1116–19, https://doi.org/10.1126/science.aas8827.
7. Mark Wilson, "The Magic Number of People Needed to Create Social Change", *Fast Company*, 22 de junho de 2018, https://www.fastcompany.com/90176846/the-magic-number-of-people-needed--to-create-social-change.
8. Barbara Ransby, "Black Lives Matter Is Democracy in Action", editorial, *New York Times*, 21 de outubro, 2017, https://www.nytimes.com/2017/10/21/opinion/sunday/black-lives-matter-leadership.html.
9. Jane Wei-Skillern, David Ehrlichman e David Sawyer, "The Most Impactful Leaders You Have Never Heard Of", *Stanford Social Innovation Review*, 16 de setembro de 2015, https://ssir.org/articles/entry/the_most_impactful_leaders_youve_never_heard_of.
10. Shawn Achor, Andrew Reece, Gabriella Rosen Kellerman e Alexi Robichaux, "9 Out of 10 People Are Willing to Earn Less Money to Do More-Meaningful Work", *Harvard Business Review*, 6 de novembro de 2018, https://hbr.org/2018/11/9-out-of-10-people-are-willing-to-earn--less-money-to-do-more-meaningful-work.
11. Scott D. Johnson e Curt Bechler, "Examining the Relationship Between Listening Effectiveness and Leadership Emergence: Perceptions, Behaviors, and Recall", *Small Group Research* 29, n. 4 (1998): 452–71, https://doi.org/10.1177/1046496498294003.
12. Kate Murphy, *You're Not Listening: What You're Missing and Why It Matters* (Nova York: Celadon Books, 2020).

Capítulo 7

1. Drew Dudley, "Everyday Leadership", gravado em 30 de setembro de 2010, at TEDxToronto, Toronto, Canadá, vídeo, 6:01, https://www.ted.com/talks/drew_dudley_everyday_leadership.

2. Sydney Page, "She Almost Jumped Off a Bridge. She Now Returns There to Post Notes That Have Saved the Lives of Others", *Washington Post*, 3 de junho de 2021, https://www.washingtonpost.com/lifestyle/2021/06/03/suicide-bridge-note-kindness.

3. Gillian R. Brassil, "Sedona Prince Has a Message for You", *New York Times*, 29 de maio de 2021, https://www.nytimes.com/2021/05/29/sports/ncaabasketball/sedona-prince-ncaa-basketball-video.html.

4. Nancy Armour, "Opinion: Sedona Prince Has Left Her Mark on NCAA Tournament, Women's Sports", editorial, *USA Today*, 29 de março de 2021, https://www.usatoday.com/story/sports/columnist/nancy-armour/2021/03/29/ncaa-tournament-sedona-prince-impact--women-goes-beyond-oregon/7042248002.

5. Ronald A. Heifetz, *Leadership Without Easy Answers* (Cambridge, MA: Belknap Press of Harvard University Press, 1994).

6. "First Follower: Leadership Lessons from Dancing Guy", Derek Sivers, 11 de fevereiro de 2010, YouTube, 2:57, https://www.youtube.com/watch?v=f W8amMCVAJQ.

7. Liz Wiseman, *Multipliers: How the Best Leaders Make Everyone Smarter* (Nova York: Harper Business, 2017).

8. Liz Wiseman e Greg McKeown, "Managing Yourself: Bringing Out the Best in Your People", *Harvard Business Review*, maio de 2010, https://hbr.org/2010/05/managing-yourself-bringing-out-the-best-in-your--people.

9. Lauren Keller Johnson, "Exerting Influence Without Authority", *Harvard Business Review*, 28 de fevereiro de 2008, https://hbr.org/2008/02/exerting-influence-without-aut.

10. "Pitbull—Feel This Moment (Official Video) ft. Christina Aguilera", Pitbull, 15 de março de 2013, YouTube, 3:49, https://www.youtube.com/watch?v=5jlI4uzZGjU.

11. Noah J. Goldstein, Robert B. Cialdini e Vladas Griskevicius, "A Room with a Viewpoint: Using Social Norms to Motivate Environmental Conservation in Hotels", *Journal of Consumer Research* 35, n. 3 (1° de outubro de 2008): 472–82, https:// doi.org/10.1086/586910.

12. David B. Strohmetz et al., "Sweetening the Till: The Use of Candy to Increase Restaurant Tipping", *Journal of Applied Social Psychology* 32, n. 2 (31 de julho de 2002): 300–09, https://doi.org/10.1111/j.1559-1816.2002.tb00216.x.

13. Konexio (@Konexio_eu), "Our vision?", Twitter, 28 de janeiro de 2021, 1h11, https://twitter.com/Konexio_eu/status/1354718835341930496.

14. Rebecca Sun, " 'Crazy Rich Asians': Read the Letter That Convinced Coldplay to Allow 'Yellow' in the Movie", *Hollywood Reporter*, 19 de agosto de 2018, https://www.hollywoodreporter.com/news/general-news/read-crazy-rich-asians-director-s-letter-coldplay--yellow-1135826.

Capítulo 8

1. Jason Le Miere, "New Zealand PM Says She Told Donald Trump to Show 'Sympathy and Love for All Muslim Communities' ", *Newsweek*, 15 de março de 2019, https:// www.newsweek.com/new-zealand-donald-trump-mosque-muslim-1365338.
2. Andrés Tapia, "The Inclusive Leader", Korn Ferry, https://www.kornferry.com/insights/this-week-in-leadership/the-inclusive-leader.
3. Juliet Bourke e Bernadette Dillon, "The Diversity and Inclusion Revolution: Eight Powerful Truths", *Deloitte Review*, janeiro de 2018, https://www2.deloitte.com/content/dam/insights/us/articles/4209_Diversity-and-inclusion-revolution/DI_Diversity-and-inclusion-revolution.pdf.
4. Juliet Bourke e Andrea Titus, "Why Inclusive Leaders Are Good for Organizations, and How to Become One", *Harvard Business Review*, 29 de março de 2019, https://hbr.org/2019/03/why-inclusive-leaders-are-good-for-organizations-and-how-to-become-one.
5. Juliet Bourke e Andrea Titus, "The Key to Inclusive Leadership", *Harvard Business Review*, 6 de março de 2020, https://hbr.org/2020/03/the-key-to-inclusive-leadership.
6. "Introduction", re:Work, Google, https://rework.withgoogle.com/print/guides/5721312655835136.
7. Charles Duhigg, "What Google Learned from Its Quest to Build the Perfect Team", *New York Times*, 25 de fevereiro de 2016, https://www.nytimes.com/2016/02/28/magazine/what-google-learned-from-its-quest-to-build-the-perfect-team.html.
8. Amy Edmondson, "Psychological Safety and Learning Behavior in Work Teams", *Administrative Science Quarterly* 44, n. 2 (1999): 350–83, https://doi.org/10.2307/2666999.
9. "Identify Dynamics of Effective Teams", *Guide: Understand Team Effectiveness*, re:Work, Google, https://rework.withgoogle.com/guides/understanding-team-effectiveness/steps/identify-dynamics-of-effective-teams.
10. Markus Baer e Michael Frese, "Innovation Is Not Enough: Climates for Initiative and Psychological Safety, Process Innovations, and Firm Performance", *Journal of Organizational Behavior* 24, n. 1 (fevereiro de 2003): 45–68, https://doi.org/10.1002/job.179.
11. Edmondson, "Psychological Safety", 350–83.
12. Amy C. Edmondson, *The Fearless Organization: Creating Psychological Safety in the Workplace for Learning, Innovation, and Growth* (Hoboken, NJ: Wiley, 2019).
13. Maura Kessel, Jan Kratzer e Carsten Schultz, "Psychological Safety, Knowledge Sharing, and Creative Performance in Healthcare Teams",

Creativity and Innovation Management 21, n. 2 (junho de 2012): 147-57, https://doi.org/10.1111/j.1467-8691.2012.00635.x.

14. Katherine W. Phillips, "How Diversity Makes Us Smarter", *Scientific American*, outubro de 2014, https://www.scientificamerican.com/article/how-diversity-makes-us-smarter.
15. Cristian L. Dezsö e David Gaddis Ross, "Does Female Representation in Top Management Improve Firm Performance? A Panel Data Investigation", *Strategic Management Journal* 33, n. 9 (setembro de 2012): 1072-89, https://doi.org/10.1002/smj.1955.
16. Orlando Richard et al., "Employing an Innovation Strategy in Racially Diverse Workforces: Effects on Firm Performance", *Group & Organization Management* 28, n. 1 (2003): 107-26, https://doi.org/10.1177/1059601102250022.
17. Denise Lewin Loyd et al., "Social Category Diversity Promotes Premeeting Elaboration: The Role of Relationship Focus", *Organization Science* 24, n. 3 (maio-junho de 2013): 757-72, https://doi.org/10.1287/orsc.1120.0761.
18. Phillips, "How Diversity Makes Us Smarter".
19. Daniel Goleman, "Leadership That Gets Results", *Harvard Business Review*, março-abril de 2000, https://hbr.org/2000/03/leadership-that-gets-results.

Capítulo 9

1. Lanre Bakare, "Pink Seesaws Reach Across the Divide at US-Mexico Border", *Guardian*, 30 de julho de 2019, https://www.theguardian.com/us-news/2019/jul/30/pink-seesaws-reach-across-divide-us-mexico-border.
2. "Ethiopia Plants over 350 Million Trees in a Day, Setting New World Record", *UNEP*, United Nations Environment Programme, 2 de agosto de 2019, https://www.unep.org/news-and-stories/story/ethiopia-plants-over-350-million-trees-day-setting-new-world-record. Observe que a alegação não foi verificada de forma independente depois fevereiro de 2022.
3. Brandi Nicole Johnson, "7 Things Leaders, Brands, Companies and Organizations Can Do to Support Black Employees", *Medium*, 4 de junho de 2020, https://medium.com/@bnicolejohnson/7-things-leaders-brands-companies-and-organizations-can-do-to-support-black-employees-b182a44c4a72.
4. Jim Collins e Morten T. Hansen, *Great by Choice: Uncertainty, Chaos, and Luck—Why Some Thrive Despite Them All* (Londres: Random House Business, 2011).
5. *The Social Intrapreneur: A Field Guide for Corporate Changemakers*, Allianz, IDEO, Skoll Foundation, and SustainAbility, 2008, https://www.allianz.com/content/dam/onemarketing/azcom/

Allianz_com/migration/media/current/en/press/news/studies/downloads/thesocialintrapreneur_2008.pdf.

6. "Patrimonio Hoy: A Home for Everyone", CEMEX, 7 de outubro de 2015, https://www.cemex.com/-/patrimonio-hoy-a-home-for-everyone.
7. Tomas Chamorro-Premuzic. "Why You Should Become an 'Intrapreneur' ", *Harvard Business Review*, 26 de março de 2020, https://hbr.org/2020/03/why-you-should-become-an-intrapreneur.
8. Clayton M. Christensen, *The Innovator's Dilemma: The Revolutionary Book That Will Change the Way You Do Business* (Nova York: Harper Business, 2011).
9. Vincent J. Felitti, "The Relationship of Adverse Childhood Experiences to Adult Health: Turning Gold into Lead", *Zeitschrift fur Psychosomatische Medizin und Psychotherapie* 48, n. 4 (outubro de 2002): 359–69, https://doi.org/10.13109/zptm.2002.48.4.359.
10. Nadine Burke Harris, "How Childhood Trauma Affects Health Across a Lifetime", vídeo do TED, setembro de 2014, https://www.ted.com/talks/nadine_burke_harris_how_childhood_trauma_affects_health_across_a_lifetime.
11. *The Social Intrapreneur*, https://www.allianz.com/content/dam/onemarketing/azcom/Allianz_com/migration/media/current/en/press/news/studies/downloads/thesocialintrapreneur_2008.pdf.
12. Steve Blank, *The Four Steps to the Epiphany: Successful Strategies for Products That Win* (Hoboken, NJ: John Wiley & Sons, 2020); Eric Ries, *The Lean Startup: How Today's Entrepreneurs Use Continuous Innovation to Create Radically Successful Businesses* (Nova York: Crown Business, 2011).

Capítulo 10

1. Adam Grant, "Who's the Boss?: Transcript", *WorkLife with Adam Grant*, TED, 25 de maio de 2021, https://www.ted.com/podcasts/worklife/whos-the-boss-transcript.
2. "United for Respect Member Carolyn 'Cat' Davis Speaking at the 2017 Walmart Shareholders Meeting", United for Respect, 7 de outubro de 2019, YouTube, 2:57, https://www.youtube.com/watch?v=ft3drtjhMFg.
3. "The Three Types of People You'll Meet When Implementing Change", Innov8rs, 23 de setembro de 2018, https://innov8rs.co/news/the-three-types-of-people-youll-meet-when-implementing-change.
4. Christine Ingebritsen, "Norm Entrepreneurs: Scandinavia's Role in World Politics", *Cooperation and Conflict* 37, n. 1 (2002): 11–23, https://doi.org/10.1177/0010836702037001689.
5. Martha Finnemore e Kathryn Sikkink, "International Norm Dynamics and Political Change", *International Organization* 52, n. 4 (outono de 1998): 887–917, https://doi.org/10.1162/002081898550789.

6. Cass R. Sunstein, "Social Norms and Social Roles", *Columbia Law Review* 96, n. 4 (maio de 1996): 903-68, https://chicagounbound.uchicago.edu/cgi/viewcontent.cgi?article=12456&context=journal_articles.
7. Julie Kliger et al., "Empowering Frontline Nurses: A Structured Intervention Enables Nurses to Improve Medication Administration Accuracy", *The Joint Commission Journal on Quality and Patient Safety* 35, n. 12 (dezembro de 2009), https://doi.org/10.1016/s1553-7250(09)35085-0.
8. Victoria Colliver, "Prescription for Success: Don't Bother Nurses", *San Francisco Chronicle*, SFGATE, 28 de outubro de 2009, https://www.sfgate.com/health/article/Prescription-for-success-Don-t--bother-nurses-3282968.php.
9. Para obter mais informações sobre o modelo e o desenvolvimento, consulte "What Is Theory of Change?", Center for Theory of Change, https://www.theoryofchange.org/what-is-theory-of change.
10. William Samuelson e Richard Zeckhauser, "Status Quo Bias in Decision Making", *Journal of Risk and Uncertainty* 1, n. 1 (março de 1988): 7-59, https://doi.org/10.1007/bf00055564.
11. Daniel Kahneman e Amos Tversky, "Prospect Theory: An Analysis of Decision Under Risk", *Econometrica* 47, n. 2 (março de 1979): 263-91, https://doi.org.10.2307/1914185.
12. Alison Beard e Jonah Berger, "Mastering the Art of Persuasion", episódio 753, *HBR IdeaCast*, 11 de agosto de 2020, https://hbr.org/podcast/2020/08/mastering-the-art-of-persuasion.
13. Jonah Berger, *The Catalyst: How to Change Anyone's Mind* (Nova York: Simon & Schuster, 2020).
14. "Case Study: The Berkeley Haas School of Business: Codifying, Embedding, and Sustaining Culture", Série de Casos de Berkeley Haas, cases.haas.berkeley.edu/case/berkeley-haas-culture.
15. John P. Kotter, *A Sense of Urgency* (Cambridge, MA: Harvard Business Press, 2008).

Capítulo 11

1. Paulo Coelho, *The Alchemist* (Nova York: HarperOne, 1993).
2. Simon Sinek, "How Great Leaders Inspire Action", gravado em 16 de setembro de 2009, em TEDxPugetSound, Newcastle, WA, vídeo, 17:48, https://www.ted.com/talks/simon_sinek_how_great_leaders_inspire_action.
3. "Models of Impact," Verynice, http://www.modelsofimpact.co.
4. Jodi Rudoren, "Peace Deal Comes with Hummus at Israeli Restaurant", *The New York Times*, 25 de novembro de 2015, https://www.nytimes.com/2015/11/25/world/middleeast/peace-deal-comes-with-hummus.html.

5. Donella Meadows, "Leverage Points: Places to Intervene in a System", Donella Meadows Archives, Academy for Systems Change, https://donellameadows.org/archives/leverage-points-places-to-intervene-in-a-system.
6. Paul Batalden e Earl Conway, "Like Magic? ('Every System Is Perfectly Designed...')". *Institute for Healthcare Improvement*, 21 de agosto de 2015, http://www.ihi.org/communities/blogs/origin-of-every-system-is-perfectly-designed-quote.
7. Há muitas variações desse conceito, mas um ótimo recurso (com modelos úteis incluídos) da empresa Atlassian os utiliza como parte da integração de novos funcionários: "My User Manual", Atlassian, https://www.atlassian.com/team-playbook/plays/my-user-manual.
8. Robert B. Cialdini, *Influence: The Psychology of Persuasion* (Nova York: Collins, 2007).
9. Leandra Fernandez, "Empathy and Social Justice: The Power of Proximity in Improvement Science", Carnegie Foundation for the Advancement of Teaching, 21 de abril de 2016, https://www.carnegiefoundation.org/blog/empathy-and-social-justice-the-power-of-proximity-in-improvement-science.
10. Joanna Cea e Jess Rimington, "Designing with the Beneficiary", *Innovations: Technology, Governance, Globalization* 11, n. 3–4 (verão-outono de 2017): 98–111, https://doi.org/10.1162/inov_a_00259.
11. Tristan Harris, "A Call to Minimize Distraction & Respect Users' Attention", outubro de 2019, https://idoc.pub/documents/a-call-to-minimize-distraction-respect-users-attention-by-tristan-harris-d47e1096j7n2.
12. Tristan Harris, "How a Handful of Tech Companies Control Billions of Minds Every Day", gravado em 28 de abril de 2017, em TED2017, Vancouver, BC, Canadá, vídeo, 16:52, https://www.ted.com/talks/tristan_harris_how_a_handful_of_tech_companies_control_billions_of_minds_every_day.
13. "What We Do", Center for Humane Technology, https://www.humanetech.com/what-we-do.

Capítulo 12

1. Carol A. Dingle, *Memorable Quotations: French Writers of the Past* (Writers Club Press: Lincoln, Nebraska, 2000).
2. Damon Davis, "Courage Is Contagious", gravado em 24 de abril de 2017, TED2017, Vancouver, BC, Canadá, vídeo, 5:17, https://www.ted.com/talks/damon_davis_courage_is_contagious.

Índice

A

adaptabilidade 97
Airbnb 86-87
Amanda Gorman 6
apoiadores 206-209
Apple 192
arrumar a cama 59
Aurora Lopez, aluna 106-107
autoconfiança 58-60
autocuidado 109-110
autorrenovação 110-113

B

Be My Eyes 144-145
Ben & Jerry's 81-82
BlaBlaCar 57
Black Friday 37
Black Lives Matter 132-133
brandura 65-66
brincadeiras 36
Bryan Stevenson, advogado 25-27
BUILD.org 129

C

Canvas Changemaker 222-250
Carol Dweck, psicóloga 5
Carolyn Davis, funcionária do Walmart 203-205
CEMEX 193-195
changemaker XIII-XVIII
  equação do impacto 187-188
  mindset 4-23, 249
Changemaker da Semana 14-15
Change.org XV
cínicos 206-209
coalizão 247-248
Code2040 12-13
colaboração 66-71, 169-170
comunidade 245-246
confiança 52-71
conformidade 39-40
contatos 131-132
coragem 257
Corenstone OnDemand 7-8
correr riscos 41-44
créditos de idiossincrasia 40-41, 44-45
cultura 209
curiosidade 29-30, 33, 169

D

Dadarao Bilhore 10
Darius Graham, advogado 98-99
diversidade 177-178
Dolores Huerta 95-96
dominância 166-167
Dropbox 199

E

efeito patrimonial 218
Elizabeth Holmes, empreendedora 53
elogios e críticas 55
Emily Cherniack, política 77-78
Empathy Box 51
empatia 103-109, 157
  aplicada 163
empreendedorismo normativo 209-211
Equal Justice Initiative (EJI) 26, 42-43
escutar 137-138
esperança aprendida 9-10
evangelistas 244-245

F

favor de cinco minutos 78-79

favoritismo 167
Festival Fyre 54
firmeza 65-66
flexibilidade
  cognitiva 102, 174
  disposicional 102-103
  emocional 102
fracasso 116-121, 175

G

Google 170-171
Grameen Bank 48
Gwen Yi Wong, empreendedora 51-52, 70

H

Hana, aluna 3-4, 10-15
hiperespecialização 35-36
humildade 52-71, 168-169

I

i2i Ventures 114-115
IDEO 33
inclusão 168
indecisos 207-209
influência 153-161
  poderes de 155-161
inovação nas margens 8-9
Instrumento de Thomas-Kilmann de Modos de Conflito 66-67
inteligência cultural 169
intraempreendedorismo 195-196
Invest2Innovate 114
ir além de si mesmo 74-94

J

Jacinda Ardern, política 164-165
Janardhan Havanje, artista 189
Jean Guo, empreendedora 46-47
Joe Maddon, técnico de beisebol 45
jogo infinito 84-87
Jon Chu, diretor 159-161
Julie Kliger, diretora de enfermagem 211-212

K

Kalsoom Lakhan, empresária e investidora 113-115
Konexio 46-47

L

Laila Ohlgren, engenheira 29-30
Laura Weidman Powers, empreendedora 12-13
lei de
  Martec XX
  Moore XIX
liderança 52, 126-140, 249
  definição 126-127
  estilos 179-181
  ética 80-82
  inclusiva 164-170
  lateral 149-153
  momento de 146-147
  permissão 129
  servil 75-79

M

microgestão 35
microliderança 142-162
mindset 5-6
  de crescimento 5-6
  fixo 5-6
  infinito 85-86
mudanças XVIII-XXI
  covid-19 XX
  George Floyd XX
  três recursos 12-14
  veículos XIX
Muhammad Yunus 47
multiplicação inteligente 235-236

N

N7 Fund 197
Nadine Burke Harris, cirurgiã 197
navegador de internet 7
New Politics 77-78

O

oportunidade 229-232
otimismo aprendido 9-10

P

paciência urgente 219
Paige Hunter 145
paixão e positividade 157-158

Patagonia 36-37
Pebble 199
pensamento
convergente 31
divergente 31-33
pensamento de longo prazo 82-87
Peppy Pals 103-104, 236-237
perguntas 34-35, 138
por quê 92-93
permanência 10-11
permeabilidade 11
personalização 11-12
pessoas em forma de T 33
Pitbull, rapper 153
primeiro seguidor 150-151
Princípios de Definição de Liderança 22-23
projeto mínimo viável 240-242
propósito 134-135
prova social 245

Q

questionar o status quo 26-49
quociente de risco 42-47

R

radar antipersuasão 218-219
realizadores 243-245
REI 38-39
relacionamentos 155-156
Rosie Linder, executiva 103

S

Saathi
absorventes 8-9
salto de confiança 57
Samar, aluno 191-193
Sarika Saksena, aluna 251-252
Scott Shigeoka, consultor 68, 221-222
Sedona Prince, jogadora de basquete 147-149
segurança 158
psicológica 170-175
Seja um Changemaker, curso universitário XIV-XVII
Sid Espinosa, empresário 83-84
síndrome do impostor 59-60
StartSomeGood.com XV, 88-89, 100-101, 190
startup enxuta 198-200
sucesso 97
Suzanne McKechnie Klahr, empreendedora 129

T

Tala, startup XI-XII
tempo de curiosidade 34
teoria da mudança 213-216
The Hill We Climb, poema 6
The Industry 66
Theranos 53
Tim Cook, empresário 80-81
Tony Carr, empreendedor 13
tragédias 10
transparência 64-65
Tribeless 51-52, 70
Tristan Harris, cientista da computação 247-248
Two Birds Brewing 28-29

V

valores 135
Verificação de Changemaker 16-22
verynice 235-236
viés do status quo 216-217
vieses 170
visão 87-93, 135, 156-157, 226-229
vitórias 136
vulnerabilidade 64

W

William H. McRaven, almirante 58

Y

Yoshi the Fish 189
Yuval Sharon, diretor 66
Yvon Chouinard, empresário 36-37

Sobre o Autor

Alex Budak é um empreendedor social e membro profissional do corpo docente da UC Berkeley Haas, onde criou e leciona o curso transformador "Seja um Changemaker". Antes disso, atuou como um dos cofundadores da StartSomeGood.com e ocupou cargos de liderança na Reach for Change e na Change.org. Hoje, dá aulas, palestras, presta consultoria e assessoria a organizações de todo o mundo, com a missão de ajudar pessoas de todas as esferas da vida a se tornarem changemakers. Ele se formou na Universidade de Georgetown e na UCLA e recebeu o prêmio de recém-formado do ano da UCLA. Adora se aventurar em viagens, apostar nos azarões e passar o tempo com seus dois changemakers favoritos: sua esposa, Rebecca, e seu filho. Mais informações em: http://alexbudak.com (conteúdo em inglês).

Conteúdo adicional

Para obter mais ferramentas, recursos e recomendações para apoiá-lo em seus esforços como changemaker, visite: http://changemaker.us/resources (conteúdo em inglês).

Este livro foi impresso nas oficinas gráficas da Editora Vozes Ltda.,
Rua Frei Luís, 100 – Petrópolis, RJ.